REGARDS SUR L'HISTOIRE

*

Collection historique dirigée par

Olivier PICARD
PROFESSEUR A PARIS X-NANTERRE

pour l'Histoire Ancienne

Jean FAVIER
PROFESSEUR A LA SORBONNE
DIRECTEUR GÉNÉRAL
DES ARCHIVES DE FRANCE

pour l'Histoire Médiévale

Jean-Pierre POUSSOU
PROFESSEUR A LA SORBONNE

pour l'Histoire Moderne

Jacques VALETTE
PROFESSEUR A L'UNIVERSITÉ
DE POITIERS

pour l'Histoire Contemporaine

OUVRAGES PARUS DANS LA COLLECTION

1. FOHLEN (CL.) et SURRATEAU (J.-R.), *Textes d'Histoire Contemporaine.*
2. DEVÈZE (M.) et MARX (R.), *Textes et Documents d'Histoire Moderne.*
3. MIÈGE (J.-L.), *L'impérialisme colonial italien de 1870 à nos jours.*
4. LIGOU (D.), *Le Protestantisme en France de 1598 à 1715.*
5. LÉON (P.), *Économies et Sociétés de l'Amérique latine. Essai sur les problèmes du développement à l'époque contemporaine 1815-1967.*
6. CHARLES-PICARD (G.) et ROUGÉ (J.), *Textes et documents relatifs à la vie économique et sociale dans l'Empire Romain (31 avant J.-C.-225 après J.-C.).*
7. BOUVIER (J.), *Initiation au vocabulaire et aux mécanismes économiques contemporains (XIXe et XXe s.). (5e édition) 3e tirage.*

8-9. RENOUARD (Y.), *Les Villes d'Italie de la fin du Xe s. au début du XIVe s. (nelle édition par Ph. Braunstein). Tomes 1 et 2.*

10. VIDALENC (J.), *Le Second Conflit Mondial — Mai 1939-Mai 1945.*

11-12. DEVÈZE (M.), *L'Espagne de Philippe IV (1621-1665). Tomes 1 et 2.*

13. ZELLER (G.), *La Réforme — De Luther au Concile de Trente. (épuisé).*
14. GLENISSON (J.) et DAY (J.), *Textes et documents d'Histoire du Moyen Age, XIVe-XVe s.-I. Perspectives d'ensemble : les « crises » et leur cadre.*
15. FAVIER (J.), *Finance et Fiscalité au Bas Moyen Age.*
16. RICHÉ (P.) et TATE (G.), *Textes et documents d'Histoire du Moyen Age, Ve-Xe s.-I. Ve-milieu VIIIe s.*

ISBN 2-7181-3803-3
ISSN 0768-1283

REGARDS SUR L'HISTOIRE

HISTOIRE MODERNE
Sous la direction de Jean-Pierre POUSSOU

LA PÉNINSULE IBÉRIQUE A L'ÉPOQUE DES HABSBOURG

par

Philippe LOUPÈS
Professeur à l'Université
de Bordeaux III

J.P. DEDIEU
Directeur de Recherches
au C.N.R.S.

SEDES
88, boulevard Saint-Germain
PARIS Ve

17. RICHÉ (P.) et TATE (G.), *Textes et documents d'Histoire du Moyen Age, Ve-Xe s.-II. milieu VIIIe-Xe s.*

18. BORDES (M.), *L'administration provinciale et municipale en France au XVIIIe s.*

19-20. CHAUNU (P.), *L'Espagne de Charles Quint. Tomes 1 et 2.*

21. PERROY (E.), *La terre et les paysans en France aux XIIe et XIIIe s.*

22. LE GALL (J.), *La religion romaine de l'époque de Caton l'Ancien au règne de l'empereur Commode. (épuisé).*

23. BOUARD (M. de), *Manuel d'archéologie médiévale. De la fouille à l'histoire. (épuisé).*

24. ARMENGAUD (A.), *La famille et l'enfant en France et en Angleterre du XVIe au XVIIIe s. (épuisé).*

25. DELORME (J.)., *Le monde hellénistique (323-133 av. J.-C.). Événements et institutions.*

26. VALETTE (J.), *Vie économique et sociale des grands pays de l'Europe occidentale et des États-Unis (début du XXe s.-1939).*

27. VALETTE (J.), *État et vie économique dans les grands pays industriels, en U.R.S.S. et en Italie (début du XXe s.-1939).*

28. MAURO (F.), *Le Brésil du XVe siècle à la fin du XVIIIe s. (épuisé).*

29. DEVÈZE (M.), *Antilles, Guyanes, la mer des Caraïbes de 1492 à 1789.*

30. GLÉNISSON (J.) et DAY (J.), *Textes et documents d'Histoire du Moyen Age, XIVe-XVe s-II. Les structures agraires et la vie rurale.*

31. CROUZET (F.), *L'économie de la Grande-Bretagne victorienne.*

32. CHARLES-PICARD (G.), *Rome et les villes d'Italie, des Gracques à la mort d'Auguste.*

33. CORVISIER (A.), *La France de Louis XIV (1643-1715). Ordre intérieur et place en Europe. (3e édition).*

34-35. TAVENEAUX (R.), *Le catholicisme dans la France classique (1610-1715). Tomes I et II. (épuisés).*

36. VALETTE (J.), *Problèmes des relations internationales (1918-1949) (épuisé).*

37. PICARD (O.), *Les Grecs devant la menace perse. (épuisé).*

38. CORVISIER (A.), *Sources et méthodes en histoire sociale.*

39. CHAUNU (P.), *Église, culture et société. Essai sur Réforme et Contre-Réforme (1517-1620). (2e édition).*

40-41. VOGLER (B.), *Le Monde germanique et helvétique à l'époque des Réformes (1517-1618). Tome I (épuisé). Tome II.*

42. NOUAILHAT (Y.-H.), *Évolution économique des États-Unis du milieu du XIXe s. à 1914.*

43. PIÉTRI (Mme N.), *Évolution économique de l'Allemagne du milieu du XIXe s. à 1914.*

44. ROWLEY (A.), *Évolution économique de la France du milieu du XIXe s. à 1914. (épuisé).*

45. ROWLEY (A.), *Évolution économique de la Russie du milieu du* XIXe *s. à 1914. (épuisé).*

46. GUILLAUME (P.), *Individus, familles, nations. Essai d'histoire démographique -* XIXe-XXe *siècles.*

47. CHASTAGNOL (A.), *L'évolution politique, sociale et économique du Monde Romain, de Dioclétien à Julien. (2e édition).*

48. MEYER (J.), *Les villes en Europe occidentale de 1650 à 1791.*

49. POUSSOU (J.-P.), LOTTIN (A.), VAN DER WOUDE (Ad.), SOLY (H.) et VOGLER (B.), *Les villes en Europe occidentale (milieu du* XVIIe *s. à la veille de la Révolution française). Tome II — Angleterre, Pays-Bas et Provinces Unies et Allemagne rhénane.*

50. BARDET (J.-P.), *Rouen aux* XVIIe *et* XVIIIe *s. : les mutations d'un espace social. 2 volumes.*

51. PIÉTRI (Mme N.), *L'Allemagne de l'Ouest (1945-1969). Naissance et développement d'une démocratie.*

52. MOUGEL (F.-Ch.), *Vie politique en Grande-Bretagne (1945-1970).*

53. VATIN (Cl.), *Citoyens et non-citoyens dans le monde grec. Début* VIe *s-336 av. J.-C. (épuisé).*

54. LORCIN (Mme M. Th.), *Société et cadre de vie (1050-1250) en France, Angleterre et Bourgogne.*

55. BÉRENGER (J.), BUTEL (P.), CORVISIER (A.), MEYER (J.), POUSSOU (J.-P.), RABREAU (D.), SCHNAPPER (A.), TULARD (J.), WEBER (Mlle E.), *L'Europe à la fin du* XVIIIe *s. (vers 1780 à 1802).*

56. LOUPÈS (Ph.), *L'Espagne de 1780 à 1802.*

57. LABOURDETTE (J.-F.), *Le Portugal de 1780 à 1802.*

58-60. VALETTE (J.) et WAHL (A.), *Les Français et la France (1859-1889). Tomes I et II.*

59. LE GLAY (M.), *Villes, temples et sanctuaires de l'Orient romain.*

61. PERNOT (M.), *Les guerres de religion (1559-1598).*

62. BUICAN (D.), *Génétique et pensée évolutionniste.*

63. GEORGELIN (J.), *L'Italie au* XVIIIe *s.*

64. WAHL (A.), *Cultures et mentalités en Allemagne (1918-1960). (épuisé).*

65. CABANES (P.), *Les Illyriens de Bardylis à Genthios.* IVe-IIe *s. av. J.-C. (2e édition).*

66. COINTET (Mme M.), *Histoire culturelle de la France (1918-1959). (2e édition).*

67. MOUGEL (F.-Ch.), *Histoire culturelle du Royaume-Uni (1919-1959).*

68. BERCÉ (Y.-M.), DELILLE (G.), SALLMANN (J.-M.), WAQUET (J.-C.), *L'Italie au* XVIIe *s.*

69. HERMANN (Chr.), MARCADÉ (J.), *La Péninsule ibérique au* XVIIe *s. (2e tirage).*

70. RICHÉ (P.), *L'Europe barbare de 476 à 774. (2e édition revue et corrigée).*

71. LEROY (Mme B.), *Pouvoir et société politique dans les royaumes ibériques (début XIVe-milieu XVe siècles).*

72. LADOUS (R.), *De l'État russe à l'État soviétique de 1825 à 1941.*

73. MARTIN (J.-P.), *Les provinces romaines d'Europe centrale et occidentale (31 av. J.-C.-235 ap. J.-C.).*

74. BENSIDOUN (S.), *Alexandre III.*

75. COQUIN (Fr.-X.), *Des pères du peuple au Père des peuples. La Russie de 1825 à 1929.*

76. MARTIN (J.-P.), *Société et religions dans les provinces romaines d'Europe centrale et occidentale (31 av. J.-C.-235 ap. J.-C).*

77. BÉLY (L.), BÉRENGER (J.) et CORVISIER (A.), *Guerre et paix dans l'Europe du XVIIe siècle (1618-1721), tome I. (2e édition).*

78. BÉLY (L.), BERCÉ (Y.-M.), MEYER (J.) et QUATREFAGES (R.), *Guerre et paix dans l'Europe du XVIIe siècle (1618-1721), tome II. (2e tirage).*

79. BÉRENGER (J.), LOUPÈS (Ph.) et KINTZ (J.-P.), *Guerre et paix dans l'Europe du XVIIe siècle (1618-1721) — Textes et documents, tome III.*

80. LOUPÈS (Ph.) et DEDIEU (J.P.), *La Péninsule Ibérique à l'époque des Habsbourg — Textes et documents.*

81. POUSSOU (J.-P.), *La croissance des villes au XIXe siècle (France, Royaume-Uni, États-Unis et Pays germaniques). (2e édition).*

82. WEIL (Fr.), *Naissance de l'Amérique urbaine (1820-1920).*

83. PIÉTRI (Mme N.), BUFFET (C.) et MICHEL (B.), *Les villes et sociétés urbaines dans les pays germaniques — 1815-1914.*

84. BÉRENGER (J.) et MEYER (J.), *La France dans le Monde au XVIIIe siècle.*

85. DURAND (Y.), *La Société française au XVIIIe siècle.*

86. JOST (Mme M.), *Aspects de la vie religieuse en Grèce (du début du Ve à la fin du IIIe s. av. J.-C.).*

87. BUTEL (P.), *L'Économie française au XVIIIe siècle.*

88. VALETTE (J.), *Indochine 1940-1945 — Français contre Japonais.*

89. LOUPÈS (Ph.), *La Vie religieuse en France au XVIIIe siècle.*

90. VALETTE (J.), *La France et l'Afrique — L'Afrique Subsaharienne de 1914 à 1960.*

PREFACE

Cet ouvrage n'est pas une histoire d'Espagne de plus, qui s'ajouterait à l'impressionnante et solide série que nos collègues espagnols et français ont publié depuis une trentaine d'années. Notre propos est différent : il est de fournir à nos étudiants des documents originaux, jusqu'ici difficilement accessibles dans leur langue.

L'origine de ce recueil est fortuite. il s'agit tout simplement de la question d'agrégation [1] des années 1988-1990, qui avait d'ailleurs quelque peu surpris. En déplaçant le regard historique de l'Europe du Nord-Ouest vers le bassin occidental de la Méditerranée, en un XVIIe siècle jugé à tort précocement « décadent », les nécessités de l'oral nous avaient amené à multiplier les traductions.

Indépendamment de leur finalité première, les grands concours ont du bon. Ils stimulent la recherche, renouvèlent parfois la problématique, suscitent à l'occasion de réelles vocations parmi les jeunes historiens, incitent à des publications de mise au point et de synthèse. En s'inscrivant dans le droit fil de deux autres ouvrages récents des éditions SEDES (2), ce livre détermine un axe hispanique.

Le long XVIIe siècle (1598-1714), point de départ de notre entreprise a été dépassé et, finalement, nous nous sommes ralliés à un espace bi-séculaire qui permet de mieux appréhender les constantes de la longue durée et de saisir les évolutions. Les parallélismes de structure et souvent de destin entre l'Espagne et le Portugal nous ont incité à rapprocher les deux pays qui se lancent presque en

---

1. « Etats et provinces de l'Europe du Sud-Ouest au XVIIe siècle (1598-1714) : Etats italiens et ibériques, îles du bassin occidental de la Méditerranée, Provence, Languedoc, Rousillon ».

2. Leroy (Béatrice), *Pouvoir et société politique dans les royaumes ibériques (début XIVe-milieu XVe siècles)*. SEDES, Paris 1991, 408 p., Hermann (Christian) et Marcadé (Jacques), *La péninsule ibérique au XVIIe siècle*, SEDES, Paris, 1989, 348 p. Egalement au SEDES, concernant l'histoire de l'Espagne : Chaunu (Pierre), *L'Espagne de Charles Quint*, Paris, 1973, 2 vol. et Devèze (Michel), *L'Espagne de Philippe IV (1621-1665)*, Paris, 1970-1971, 2 vol.

même temps dans la grande aventure des Découvertes, vivent difficilement l'expérience de l'union personnelle (1580-1640). Dans ce recueil, le Portugal, qui était jusqu'à ces dernières années le grand oublié de l'histoire européenne, récupère la place qui était la sienne, puisqu'environ le tiers des documents lui sont consacrés.

Sans la négliger pour autant, nous nous sommes efforcés d'aller au-delà de l'histoire évenementielle, pour éclairer les stuctures politiques, économiques ou sociales. Cela nous a amené à publier un certain nombre de documents originaux directement tirés des archives. Nous sommes conscients que quelques-uns d'entre eux sont complexes, mais des ouvrages récemment parus en français en faciliteront la compréhension. En fait, ces textes ne sont pas plus difficiles d'abord que les documents habituellements commentés sur l'histoire de France ; nombre d'entre eux ont d'ailleurs subi avec succès « l'épeuve du feu », ayant fait l'objet de commentaire soit en travaux dirigés, soit à l'oral de l'agrégation.

D'aucuns pourront juger notre sélection déséquilibrée. La subjectivité n'en est pas absente, mais elle n'explique pas tout : nous avons tenté, dans la mesure où nous avons pu trouver des documents qui ne présentaient pas de difficultés insurmontables, de refléter certains axes que privilégie la recherche actuelle.

Il eut été intéressant de présenter les textes soit dans un ordre strictement chronologique, soit en constituant des dossiers thématiques. nous y avons renoncé pour des raisons pratiques et nous avons opté pour une division régionale. On trouvera donc une première partie sur l'Espagne, une seconde sur le Portugal ; dans toutes deux, l'ordre des documents est chronologiques. La richesse des textes permettra à l'utilisateur de retrouver, d'un document à l'autre, des échos et des correspondances qui enrichiront sa lecture.

A la suite de chaque document, nous indiquons sous une forme abrégée les ouvrages qui en faciliteront le commentaires, en signalant systématiquement, mais non exclusivement, les œuvres en français ou en anglais, plus accessibles à notre public potentiel. Ces indications renvoient à la bibliographie générale, strictement alphabétique, qui se trouve en fin de volume. Nous avons en outre selectionné quelques ouvrages de base, indispensables pour une première approche, que nous avons rangés à part et dont nous faisons suivre la mention d'une brève description.

Pour conclure, nous devons exprimer notre très vive gratitude à Charles Serès (Université de Bordeaux III), qui a joué un rôle essentiel dans la traduction des textes portugais ; à François et Delfina Guichard (Maison des Pays Ibériques), qui ont largement collaboré ; à Jean-François Labourdette ; au recteur Antonio Oliveira Ramos et à Aurélio de Oliveira (Université de Porto), qui nous ont aidés dans leur collecte et leur sélection. Nous n'aurons garde d'oublier Manuel Bustos (Université de Cadix), Jean-Frédéric Schaub (EHESS), Bartolomé Bennassar (Université de Toulouse-le-Mirail) et William Doyle (Université de Bristol) qui nous ont généreusement fourni ou suggéré des documents. Nous avons enfin une dette de reconnaissance envers les auteurs des ouvrages que nous avons mis à contribution et dont nous signalons scrupuleusement l'apport au fil du texte.

L'ESPAGNE

GENEALOGIE DES HABSBOURG D'ESPAGNE (1500–1700)

Ceci n'est pas un document original, mais une tentative des auteurs de présenter la généalogie complète des Habsbourg d'Espagne et des Rois Catholiques, en y incluant les enfants morts sans postérité et, dans la mesure du possible, les bâtards. Certains renseignements, notamment en ce qui concerne les naissances illégitimes, sont imprécis. La complexité des données interdisait de les présenter sous forme de schéma. Pour chaque souverain nous donnons donc la liste de ses conjoints, chacun précédé du numéro d'ordre du mariage. Immédiatement au-dessous, nous rangeons, précédées d'un point, les naissances vivantes correspondant à cette union, dans l'ordre chronologique. Les astérisques indiquent que les personnages ainsi désignés font ailleurs l'objet d'une mention plus précise. On remarquera l'invraisemblable endogamie de la famille et les signes d'épuisement de la race qui s'accentuent au XVIIe siècle, ainsi que le bon usage qui est fait des bâtards.

Isabelle I la Catholique, (1451–1504, reine de Castille en 1474) ; fille de Jean II, (1405–1454, roi de Castille en 1406) et de sa seconde épouse Isabelle de Portugal (?–1496), elle-même fille de l'infant Jean de Portugal (1400–1442).

1 – 1469. Ferdinand le Catholique (1452–1516), roi d'Aragon (1479–1516) sous le nom de Ferdinand II ; roi de Castille (1474–1516) sous le nom de Ferdinand V ; fils de Jean II (1397–1479, roi d'Aragon et de Sicile en 1458).

● Isabelle de Portugal (1470–1498), épouse en 1490 l'infant Alphonse de Portugal (1475–1491), fils de Jean II (1455–1495, roi de Portugal en 1481). Epouse en 1497, en secondes noces, Emmanuel I (1469–1521, roi de Portugal en 1495), fils adoptif de Jean II de Portugal*. Un seul enfant : Michel (1498–1500), mort sans descendance.

● Jean de Castille (1478–1497), épouse en 1497 Marguerite d'Autriche (1480–1530), fille de Maximilien I

(1459-1519, empereur en 1493) et de Marie I (1457-1482, duchesse de Bourgogne en 1477), elle-même fille de Charles le Téméraire (1433-1477, duc de Bourgogne en 1467).

● Jeanne, dite la Folle (1479-1555, reine de Castille 1504-1555), épouse en 1496 Philippe I le Beau (1478-1506, roi de Castille 1504-1506), fils de l'empereur Maximilien I* et de Marie de Bourgogne*, dont la notice suit.

● Marie de Castille (1482-1517), épouse en 1500 Emmanuel I de Portugal*, veuf d'Isabelle de Portugal*. Mère de Jean III (1502-1557, roi de Portugal en 1521). Mère d'Isabelle de Portugal (1503-1539), la future épouse de Charles Quint. Mère du Cardinal Henri (1512-1580, roi du Portugal en 1578), mort sans descendance légitime.

● Catherine d'Aragon (1485-1536), épouse en 1500 Arthur (1486-1502), fils de Henri VII (1457-1509, roi d'Angleterre en 1485), puis Henri VIII (1491-1547, roi d'Angleterre en 1509), frère de son premier mari, qui la répudie en 1529. De ses nombreux enfants, seule survécut Marie I Tudor (1516-1558, reine d'Angleterre en 1553), seconde épouse de Philippe II, roi d'Espagne*.

*Ferdinand le Catholique**

1 – 469. Isabelle I la Catholique*

● Voir la notice d'Isabelle I la Catholique.

2 – 1506. Germaine de Foix (1488-1536), fille de Jean de Foix (mort en 1500), comte d'Etampes, et de Marie d'Orléans (morte en 1493), cette dernière soeur de Louis XII (1462-1515, roi de France en 1498). Germaine épousera en secondes noces Jean de Brandebourg-Anspach, gouverneur et vice-roi de Valence, et, en troisièmes noces (1526) Ferdinand d'Aragon (mort en 1550), duc de Calabre. Vice-reine de Valence (1512-1520 et 1523-1536).

● Jean d'Aragon, mort sans descendance en 1509.

10 – Bâtards

● Alphonse d'Aragon (1470-1520), archevêque de Saragosse (1478-1520) et de Valence (1512-1520), régent d'Aragon à la mort de Ferdinand le Catholique*.

● Jeanne d'Aragon (1500-1577), épouse Ascanio Colonna (mort en 1557), prince de Tagliacozzo, mère de Marc-Antoine Colonna (1535-1584), commandant de la flotte pontificale à Lépante.

*Jeanne I, dite la Folle**

Voir les notices d'Isabelle I la Catholique et de Philippe I le Beau.

*Philippe I le Beau**

1 – 1496. Jeanne, dite la Folle*, fille des Rois Catholiques.

● Eléonore d'Autriche (1498–1558), épouse en 1518 Emmanuel I de Portugal*, veuf d'Isabelle de Portugal* et de Marie de Castille*. Epouse en seconde noce en 1521 François Ier (1494–1547, roi de France en 1515).

● Charles (1500–1558), roi de Castille et d'Aragon (1516–1556) sous le nom de Charles Ier, empereur (1519–1555) sous le nom de Charles Quint, notice suivante.

● Isabelle d'Autriche (1501–1526), épouse de Christian II (1481–1559, roi de Danemark en 1513).

● Ferdinand I (1503–1564, roi de Bohème et de Hongrie en 1526, empereur en 1556), épouse en 1527 Anne Jagellon (morte en 1547), soeur de Louis II Jagellon (1506–1526, roi de Bohème et de Hongrie en 1516).

● Marie (1505–1558), épouse en 1522 Louis II Jagellon*. Régente de Hongrie (1526–1528). Gouverneur des Pays-Bas (1531–1555).

● Catherine d'Autriche (1507–1578), épouse en 1524 Jean III (1502–1557, roi de Portugal en 1521).

*Charles I, dit Charles Quint**

1 – 1526. Isabelle de Portugal (1503–1539), fille d'Emmanuel I de Portugal* et de Marie de Castille*.

● Philippe II (1527–1598, roi de Castille et d'Aragon en 1556), notice suivante.

● Marie d'Autriche (1528–1603), épouse en 1548 Maximilien II (1527–1576, empereur en 1564), fils de Ferdinand I* et d'Anne Jagellon*.

● Jeanne d'Autriche (1535–1573), épouse en 1532 Jean (1537–1554), infant du Portugal, fils unique de Jean III du Portugal* et de Catherine d'Autriche*. Mère de Sébastien Ier (1554–1578, roi du Portugal en 1557).

10 – Bâtards

● Marguerite d'Autriche, dite Marguerite de Parme (1522–1586), de Jeanne Van del Ghyst. Epouse en 1533

Alexandre de Medicis (1510–1537, duc de Toscane en 1532), neveu du pape Clement VII. Epouse en 1538, en secondes noces, Octave Farnèse (1520–1585, duc de Parme en 1585), neveu du Pape Paul III et demi-frère de Catherine de Médicis (1519–1589, épouse le futur roi de France Henri III en 1533). Régente des Pays-Bas (1559–1567) et mère d'Alexandre Farnèse (1545–1592), l'un des plus fameux généraux de son temps.

● Jean d'Autriche (1545–1578), d'une bourgeoise de Ratisbonne. Il fut commandant en chef de la flotte chrétienne à Lépante, commandant en chef de l'armée chargée d'écraser les morisques révoltés de Grenade et gouverneur général des Pays-Bas. Père de deux enfants illégitimes : Jeanne d'Autriche (morte en 1650), épouse du prince de Butera, noble napolitain, qui laissa une descendance ; Anne d'Autriche, qui mourut abbesse du monastère de las Huelgas de Burgos.

*Philippe II**

1 – 1543. Marie Emmanuelle (1527–1545), fille de Jean III*, roi de Portugal, et de Catherine d'Autriche*, soeur de Charles Quint.

● Charles d'Autriche (1545–1568), mort sans descendance.

2 – 1554. Marie I Tudor*, fille d'Henri VIII*, roi d'Angleterre, et de Catherine d'Aragon*, elle-même fille des Rois Catholiques*.

3 – 1560. Isabelle de Valois (1546–1568), fille de Catherine de Médicis* et de Henri II (1519–1559, roi de France en 1547), lui-même fils de François Ier*, roi de France, et d'Eléonore d'Autriche*.

● Isabelle Claire Eugénie d'Autriche (1566–1633), épouse en 1598 l'archiduc Albert d'Autriche (1559–1621), fils de l'empereur Maximilien II* et de Marie d'Autriche*, elle-même fille de Charles Quint. Régente des Pays-Bas espagnols (1621–1633).

● Catherine Michèle d'Autriche (1567–1597), épouse en 1585 Charles Emmanuel Ier (1562–1630, duc de Savoie en 1580).

4 – 1570. Anne d'Autriche (1549–1580), fille de l'empereur Maximilien II* et de Marie d'Autriche. Elle était la soeur de l'archiduc Albert*.

● Ferdinand (1571–1578).

● Charles Laurent (1573–1575).

• Diègue (1575–1582).

• Philippe III (1578–1621, roi d'Espagne en 1598), notice suivante.

• Marie (1580–1583).

*Philippe III**

1 – 1598. Marguerite d'Autriche (1584–1611, morte en couches). Son père, Charles (1540–1590, archiduc de Styrie en 1564), était fils de l'empereur Ferdinand I* ; sa mère Marie était fille d'Albert de Wittelsbach (mort en 1579, duc de Bavière en 1550) et d'Anne, elle-même fille de Ferdinand I*.

• Marie (1603).

• Anne d'Autriche (1601–1666), épouse en 1615 Louis XIII (1601–1643, roi de France en 1610), fils de Henri IV (1553–1610, roi de France en 1589) et de Marie de Médicis (1573–1642).

• Philippe IV Dominique Victor (1605–1665, roi d'Espagne en 1621), notice suivante.

• Marie d'Autriche (1606–1632), épouse en 1631 Ferdinand III (1608–1657, empereur en 1637).

• Charles d'Autriche (1607–1632), mort sans descendance légitime.

• Ferdinand d'Autriche (1609–1641), dit le « cardinal-infant », archevêque de Tolède (1620–1641), cardinal (1619-1641), gouverneur général des Pays-Bas, mort sans descendance légitime mais en laissant au moins un bâtard.

• Marguerite Françoise (1610–1617).

• Alphonse « le cher payé » (1611–1613).

*Philippe IV**

1 – 1614. Isabelle de Bourbon (1603–1644), fille de Henri IV*, roi de France et de Marie de Medicis*. Soeur de Louis XIII*, roi de France.

• Marguerite Marie (1621).

• Marguerite (1623).

• Marguerite Eugénie (1625–1626).

• Isabelle Marie Thérèse (1627).

• Balthazar Charles (1629–1646).

• Marie Dominique Jacynthe (1635).

• Marie Thérèse (1638–1683), épouse en 1660 Louis

XIV (1638–1715, roi de France en 1643), fils de Louis XIII* et d'Anne d'Autriche*.

2 – 1649. Marie Anne d'Autriche (1634–1696), sa nièce, fille de l'empereur Ferdinand III* et de Marie d'Autriche*.

● Marguerite Thérèse (1651–1673), épouse en 1666 son oncle maternel Léopold I (1640–1705, empereur en 1657), fils de l'empereur Ferdinand III* et de Marie d'Autriche*.

● Marie Ambroise (1655).

● Philippe Prosper (1657–1661).

● Ferdinand Thomas (1658–1659).

● Charles II (1661–1700, roi d'Espagne en 1665), notice suivante.

10 – Bâtards

● François Ferdinand Isidre d'Autriche (1626–1634), de la fille du comte de Chinchon.

● Anne Marguerite de Saint Joseph, supérieure du couvent de l'Incarnation à Madrid, morte à 26 ans, sans descendance.

● Jean Joseph d'Autriche (1629–1679), de la « Calderona », une comédienne. Elevé à la cour, il joua un rôle politique important dans la seconde moitié du XVIIe siècle. Jamais marié, il eut trois filles, toutes illégitimes, mortes toutes trois religieuses, sans descendance, dont Marguerite de la Croix d'Autriche (1650–1686).

● Alphonse d'Autriche dit Alphonse de Saint Thomas Enriquez (mort en 1692), dominicain, évêque d'Osma (1661–1664), de Plasencia (1664), de Malaga (1664–1692).

● Charles.

● Ferdinand, dit Ferdinand Valdés (mort en 1702), général de l'artillerie de Milan, gouverneur de Navarre.

● Alphonse Antoine de Saint Martin (c. 1642–1705), de Thomasse Aldama, dame de la reine. Abbé d'Alcala, évêque d'Oviedo (1675–1681) et de Cuenca (1681–1705).

● Jean du Saint-Sacrement, dit Jean Cossio, moine augustin, prédicateur célèbre.

*Charles II**

1 – 1679. Marie Louise d'Orléans (1662–1689), fille de Philippe d'Orléans (1640–1701). Ce dernier était frère de

Louis XIV*, roi de France et fils de Louis XIII*, roi de France, et d'Anne d'Autriche*

2 – 1689. Marie Anne de Neubourg (1667-1740), fille de Philippe-Guillaume, duc de Bavière-Neubourg (mort en 1690, Electeur Palatin en 1685), et d'Isabelle-Amélie de Hesse-Darmstadt.

EVALUATION DE LA POPULATION ESPAGNOLE AUX XVIe ET XVIIe SIECLES (milliers)

Les données sur la population espagnole du XVIe siècle sont fournies par des listes fiscales de comptages par feux, de dates diverses pour les différents royaumes. Les dates de 1530 et de 1591 valent, en gros, pour la Castille. Les chiffres pour la Couronne d'Aragon, à ces deux dates, sont des interpolations. Les documents de 1768, eux aussi des comptages fiscaux, donnent des chiffres par têtes, pour toute l'Espagne continentale. Les documents du XVIIe et de la première moitié du XVIIIe siècle ne permettent aucune estimation globale fiable.

Tel quel, ce tableau doit être compris comme une évaluation reflétant ce que l'un des meilleurs spécialistes actuels considère comme vraisemblable.

Régions	1530	1591	1768	1787
Andalousie	762	1067	1661	1847
Asturies	81	133	403	348
Nouvelle Castille	614	1145	1131	1142
Vieille Castille	1049	1254	978	1232
Estrémadure	305	451	273	417
Galice	263	504	1088	1346
Léon	503	633	600	628
Murcie	74	115	317	338
Pays Basque et Navarre	268	296	425	535
Couronne de Castille	3919	5598	6879	7833
Aragon	255	310	530	623
Catalogne	251	364	878	899
Pays Valencien	273	360	739	783
Couronne d'Aragon	779	1034	2147	2305
Espagne continentale	4698	6632	9023	10138

Source : Nadal (Jordi), « Población española durante el siglo XVI, XVII y XVIII. Un balance a escala regional », Pérez Moreda (Vicente) et Reher (David-Sven), éd. *Demografía histórica en España*, Madrid, Ed. del Arquero, 1988, p.40.

Bibliographie : Molinié-Bertrand, *Au siècle d'Or...* ; Bennassar, *Histoire des Espagnols*, NADAL, *Población...*

BAPTEMES EN ESPAGNE (1580–1789)
Moyennes décennales. Base 100 = 1620–1629

Pour tenter de combler les vides des dénombrements, on a compté les baptêmes dans 115 paroisses rurales et urbaines réparties dans diverses régions, en faisant le pari queles taux de natalité étaient restés à peu près stables sur le long terme et que le nombre des naissances (ainsi estimé) permettait d'évaluer grossièrement la population. Des agrégats non pondérés ont donné les résultats suivants qui, quoique très suggestifs, n'ont de valeur qu'indicative.

NB : Dans le Léon, ne sont représentées que les provinces actuelles de Zamora et de Salamanque. La Nouvelle Castille ne comprend aucune paroisse de Madrid.

	Nouvelle Castille	Vieille Castille	Léon	Estré-madure	Galice	Anda-lousie	Catalo-gne
1580-1589	103		109	112		118	
1590-1599	106	121	101	106		102	89
1600-1609	105	122	93	105		95	88
1610-1619	100	110	100	107	117	93	94
1620-1629	100	100	100	100	100	100	100
1630-1639	93	79	91	92	93	101	94
1640-1649	86	92	104	78	124	94	92
1650-1659	93	84	97	73	122	109	82
1660-1669	95	93	86	85	124	109	90
1670-1679	94	120	81	92	156	111	96
1680-1689	93	102	77	81	149	102	101
1690-1699	99	109	81	86	149	109	116
1700-1709	92	112	85	101	158	121	118
1710-1719	96	110	88	95	157	119	115
1720-1729	107	130	101	105	170	136	128
1730-1739	97	124	99	103	178	137	134
1740-1749	97	125	121	110	171	146	137
1750-1759	106	133	139	121	185	160	161
1760-1769	112	139	132	125	203	170	156
1770-1779	117	142	128	122	196	173	182
1780-1789	119	152	138	122	210	174	197

Source : Nadal (Jordi), « Población española durante el siglo XVI, XVII y XVIII. Un balance a escala regional »,

Pérez Moreda (Vicente) et Reher (David-Sven), éd., *Demografía histórica en España*, Madrid, Ed. del Arquero, 1988, p.43.

Bibliographie : Molinié-Bertrand, *Au siècle d'Or...*; Bennassar, *Histoire des Espagnols...*; Nadal, *Población...*

DIMES DE L'ARCHEVECHE DE SEVILLE. DIVERS ARCHIPRETRES ET TOTAL DE L'ARCHEVECHE. (1587-1708)
Blé et orge. Quantités en fanègues.

En dépit des problèmes que pose leur interprétation, les dîmes restent le meilleur moyen d'évaluer la production agricole d'une région. Ce tableau met en relief à la fois les

	Séville	Jérez	Carmona	Ecija	Total de l'archevêché
1587	20.828	11.794	14.117	16.876	213.236
1588	18.682	9.516	19.618	21.589	204.700
1589	9.104	4.677	7.518	9.315	124.749
1590	20.691	19.800	19.652	30.636	289.250
1591	10.131	6.081	8.532	13.988	162.953
1592	26.906	16.959	25.748	30.760	313.628
1593	13.825	13.550	14.540	12.104	211.049
1594	28.615	23.176	24.262	28.626	301.335
1595	23.404	15.382	30.020	26.405	274.720
1596	18.667	2.005	22.500	(20.389)	212.961
1597	11.580	6.955	11.014	(11.187)	162.171
...					
1600	19.857	13.534	19.639	27.343	289.604
1601	19.426	17.760	29.832	18.565	246.378
1602	8.106	(7.410)	12.624	(7.746)	137.341
1603	14.596	10.718	19.959	37.068	210.308
...					
1605	10.778	7.192	6.389	1.632	100.940
1606	13.694	7.317	10.908	(12.775)	168.112
1607	21.294	14.044	25.030	19.867	226.921
1608	13.905	14.128	14.688	8.467	210.927
1609	26.298	15.864	23.491	16.157	257.295
1610	12.319	19.765	34.561	33.180	315.724
1611	14.080	12.730	15.364	15.188	186.825
1612	29.081	20.183	32.312	21.856	281.644
1613	17.404	13.982	21.556	14.182	180.128
1614	33.883	20.487	36.875	30.998	345.950
1615	21.321	14.850	24.201	22.276	241.912
...					
1617	24.144	10.100	37.829	16.006	252.940
1618	23.339	18.892	25.066	32.259	279.602
1619	21.726	18.534	22.528	20.980	245.684

	Séville	Jérez	Carmona	Ecija	Total de l'archevêché
1620	26.302	18.831	32.005	26.840	306.854
...					
1627	23.864	9.698	21.571	23.139	237.101
...					
1629	26.045	21.921	24.546	18.041	230.242
1630	26.870	18.119	33.509	35.081	289.050
1631	35.645	15.063	27.226	27.165	333.180
1632	32.696	14.492	28.965	29.263	289.655
1633	68.903	18.829	36.461	24.001	341.760
1634	26.728	18.340	21.872	21.546	262.929
1635	12.093	12.480	10.724	13.361	144.692
1636	20.886	(21.131)	15.674	(22.622)	208.863
1637	22.335	19.799	21.835	17.171	228.172
1638	39.804	26.044	39.692	28.434	341.324
1639	29.204	20.951	29.261	28.575	274.886
1640	34.299	23.202	31.050	19.752	287.816
1641	30.179	20.922	34.535	19.101	260.894
1642	18.656	9.512	36.105	26.893	232.756
1643	11.102	10.295	16.558	20.833	170.576
1644	26.050	12.710	31.598	25.375	259.156
1645	27.272	15.975	32.320	20.510	276.698
1646	9.860	12.605	10.042	13.690	138.241
1647	6.944	9.917	9.503	8.828	111.394
1648	16.939	15.709	23.166	19.131	233.286
1649	13.679	17.814	20.704	19.820	247.206
1650	4.448	8.310	8.047	6.248	90.114
1651	9.666	(15.934)	13.374	(11.980)	158.652
1652	15.827	(28.292)	25.596	(21.271)	296.727
1653	8.487	(10.036)	(9.237)	(11.406)	116.285
1654	19.680	23.272	21.421	(15.029)	262.696
1655	21.800	16.417	21.424	21.305	227.319
1656	14.902	16.048	20.281	(20.826)	209.944
1657	12.280	13.279	11.847	9.945	158.989
1658	10.357	16.604	8.542	(7.953)	143.804
1659	10.843	18.780	9.121	(17.149)	172.383
1660	22.249	20.667	20.223	18.873	280.926
1661	14.809	15.688	15.586	12.904	175.939
1662	17.863	18.245	19.899	12.656	207.199
...					
1676	23.500	(6.974)	28.410	18.484	271.240
1677	3.599	(961)	12.357	9.469	133.954
1678	3.735	998	(24.278)	19.049	137.746
1679	15.936	(4.258)	26.272	20.613	260.422

	Séville	Jérez	Carmona	Ecija	Total de l'archevêché
1680	4.331	(1.157)	(7.139)	(5.601)	79.438
1681	17.535	17.087	29.031	21.950	261.704
1682	12.472	(12.153)	19.089	13.741	195.121
1683	3.429	(3.341)	(5.248)	(3.777)	107.806
1684	5.795	(5.645)	20.034	5.635	109.057
1685	5.474	11.359	6.010	(5.322)	133.571
1686	21.192	17.712	15.914	(17.347)	211.127
1687	10.346	22.175	12.651	(8.327)	190.221
1688	26.262	27.935	31.192	16.000	310.516
1689	14.188	15.775	8.424	(8.643)	164.021
1690	24.418	20.451	25.113	11.358	272.760
1691	26.913	14.657	28.505	12.443	269.105
1692	13.775	11.912	20.403	22.177	198.914
1693	25.096	3.025	42.577	25.817	337.260
1694	28.835	19.876	33.548	25.582	304.808
1695	20.821	10.873	25.572	19.953	252.032
1696	19.191	9.089	26.019	16.757	223.279
1697	20.316	12.202	27.244	25.011	250.002
1698	19.698	11.684	23.183	19.684	258.822
1699	17.547	22.255	32.695	29.450	263.405
1700	18.613	21.199	30.893	28.545	265.311
1701	29.058	24.762	39.358	38.259	352.295
1702	18.025	15.294	23.889	18.000	206.880
1703	32.982	19.978	33.963	25.270	309.034
1704	23.680	14.222	29.651	33.021	277.920
1705	25.424	20.434	35.022	32.462	316.303
1706	24.310	12.270	26.434	22.800	236.719
1707	23.814	11.645	29.152	27.182	261.859
1708	9.618	(4.703)	9.561	(10.978)	144.224

tendances longues, les fluctuations d'une année sur l'autre et des variations géographiques importantes dans des régions géographiquement proches. L'archevêché de Séville s'étendait sur les provinces actuelles de Séville, de Huelva, jusqu'à la frontière portugaise, et sur le nord de la province de Cadix. Les archiprêtrés dont on donne ici les chiffres n'en constituaient qu'une partie. Une fanègue équivaut, en gros, à un demi-hectolitre. Les chiffres entre parenthèses sont des évaluations.

Source : Ponsot, *Atlas...*, pp. 234-235.

Bibliographie : Bennassar, *Un siècle d'or...*; Bennassar, *Histoire des Espagnols...*; Bennassar, *L'Espagne dde l'immobilisme...*; Ponsot, « Fluctuations... » ; Anés, *Crisis...*; García Sanz, « Dîmes et production...»

INDICES DE LA PRODUCTION CEREALIERE EN VIEILLE CASTILLE (1570–1799)

Base 100 : moyenne des années 1585–1589, 1650–1659, 1720–1729, 1790–1799

	Région de Ségovie		Tierra de Campos	
	Blé	Blé+orge	Blé	Blé+orge
1570-1579	109	106	91	91
1580-1589	115	112	115	106
1590-1599	91	83	88	75
1600-1609	87	82	100	87
1610-1619	88	82	97	81
1620-1629	100	96	87	75
1630-1639	63	62	...	...
1640-1649	82	80	71	70
1650-1659	77	76	75	80
1660-1669	87	83	56	60
1670-1679	80	78	72	74
1680-1689	90	88	66	65
1690-1699	88	84	79	80
1700-1709	78	80	97	95
1710-1719	93	88	93	92
1720-1729	91	95	83	94
1730-1739	94	91	95	97
1740-1749	92	93	101	96
1750-1759	115	110	105	100
1760-1769	81	80	98	99
1771-1779	95	93	116	113
1780-1789	110	105	122	117
1790-1799	116	116	126	119

Source : Yun Casalilla (Bartolomé), *Sobre la transición al capitalismo en Castilla. Economía y sociedad en Tierra de Campos (1500–1830)*, Valladolid, Junta de Castilla y León, 1987, p.432.

Bibliographie : Bennassar, *Un siècle d'or...*; Bennassar, *Histoire des Espagnols...*; Bennassar, *L'Espagne, de l'immobilisme...*; Ponsot, « Fluctuations... » ; Anes, *Crisis...*; García Sanz, « Dîmes et production... »

LA PRIME DE L'ARGENT EN NOUVELLE-CASTILLE AU XVIIe SIECLE

Au XVIIe siècle, la monnaie de billon chasse rapidement la monnaie d'argent en Castille, au rythme des émissions et des déflations successives. L'argent, dans les transactions commerciales, se trouve alors surévalué par rapport au billon, à un taux qui varie légèrement selon les régions. L'historien économiste nord-américain Hamilton a tenté de mesurer ces fluctuations. Voici les chiffres qu'il donne pour la Nouvelle-Castille.

1620	5,1	1641	69,9	1662	81,0
1621	3,2	1642	132,3	1663	96,9
1622	5,7	1643	25,7	1664	107,8
1623	11,3	1644	28,1	1665	100,2
1624	13,3	1645	27,1	1666	129,7
1625	25,8	1646	35,3	1667	142,7
1626	54,8	1647	40,2	1668	153,1
1627	50,9	1648	43,2	1669	172,9
1628	34,9	1649	48,6	1670	175,0
1629	15,1	1650	49,9	1671	185,3
1630	20,3	1651	53,0	1672	187,5
1631	18,3	1652	50,3	1673	187,5
1632	18,6	1653	50,0	1674	189,5
1633	22,6	1654	50,0	1675	200,5
1634	25,1	1655	50,0	1676	208,9
1635	27,1	1656	50,0	1677	212,5
1636	25,6	1657	56,3	1678	218,8
1637	29,4	1658	64,7	1679	231,3
1638	35,6	1659	62,0	1680	85,4
1639	38,8	1660	57,8	1681	50,0
1640	39,2	1661	65,6	1682	50,0

Source : Hamilton, *Tesoro americano...*, p.108 ; Hamilton, *Guerra y precios...*, p.58.

Bibliographie : Hamilton, *War and Prices...*; Hamilton, *American Treasure...*

INDICE DES PRIX. NOUVELLE-CASTILLE. 1501-1700 Base : voir au pied du tableau

L'Espagne a connu, comme toute l'Europe, une forte hausse des prix au XVIe siècle, phénomène qui a suscité alors un débat, toujours en cours, entre les tenants d'une hausse provoquée par l'afflux de métal américain et les tenants d'une hausse provoquée par l'augmentation de la demande. L'augmentation des prix nominaux s'est poursuivie au XVIIe siècle, contrairement aux autres pays. Hamilton la mesure ici pour la Nouvelle Castille, à partir de la comptabilité de diverses institutions. Cette série est la plus sûre de son ouvrage.

1501	68,5	1551	63,0	1601	84,1	1651	72,7
1502	69,7	1552	71,2	1602	79,6	1652	76,6
1503	68,9	1553	65,5	1603	79,0	1653	76,7
1504	71,2	1554	63,5	1604	81,1	1654	72,4
1505	80,0	1555	59,9	1605	86,7	1655	74,6
1506	110,6	1556	61,9	1606	86,6	1656	68,9
1507	108,4	1557	72,2	1607	84,8	1657	66,1
1508	95,9	1558	72,1	1608	84,4	1658	68,9
1509	74,5	1559	72,7	1609	81,0	1659	70,8
1510	76,2	1560	80,4	1610	82,3	1660	70,7
1511	84,1	1561	82,8	1611	80,0	1661	72,0
1512	72,9	1562	85,3	1612	78,2	1662	69,5
1513	80,3	1563	85,9	1613	82,9	1663	77,5
1514	85,3	1564	88,3	1614	88,3	1664	89,1
1515	87,9	1565	88,5	1615	84,2	1665	91,8
1516	80,7	1566	91,6	1616	88,6	1666	94,8
1517	76,3	1567	92,7	1617	90,0	1667	94,8
1518	86,2	1568	93,7	1618	88,4	1668	102,2
1519	82,8	1569	91,8	1619	80,6	1669	102,9
1520	74,0	1570	93,5	1620	86,2	1670	98,4
1521	87,9	1571	95,4	1621	82,7	1671	96,3
1522	110,0	1572	96,4	1622	89,5	1672	96,9
1523	85,7	1573	101,6	1623	87,5	1673	93,5
1524	95,3	1574	97,3	1624	93,2	1674	96,2
1525	99,6	1575	101,1	1625	93,7	1675	98,0
1526	103,8	1576	97,4	1626	107,7	1676	101,8
1527	96,7	1577	96,6	1627	113,8	1677	104,3
1528	96,4	1578	96,8	1628	109,2	1678	107,7
1529	107,9	1579	113,4	1629	113,0	1679	113,4
1530	118,0	1580	104,2	1630	109,7	1680	90,2
1531	118,4	1581	103,0	1631	105,2	1681	70,2
1532	103,5	1582	102,3	1632	111,4	1682	61,6
1533	100,7	1583	108,0	1633	104,7	1683	65,3
1534	125,2	1584	115,7	1634	107,4	1684	67,0
1535	85,6	1585	116,2	1635	100,5	1685	64,6
1536	107,7	1586	109,5	1636	105,3	1686	57,7
1537	102,5	1587	113,1	1637	109,1	1687	57,9
1538	118,6	1588	104,2	1638	112,8	1688	58,7
1539	110,5	1589	112,7	1639	108,2	1689	60,0
1540	121,3	1590	118,1	1640	106,1	1690	60,7
1541	104,5	1591	113,5	1641	114,7	1691	61,7
1542	127,5	1592	115,7	1642	123,0	1692	62,0
1543	124,9	1593	111,9	1643	112,4	1693	59,6
1544	119,4	1594	113,5	1644	111,9	1694	61,3
1545	105,5	1595	114,1	1645	113,3	1695	66,0
1546	129,5	1596	113,6	1646	113,2	1696	64,4
1547	127,5	1597	114,4	1647	109,2	1697	62,1
1548	131,2	1598	126,3	1648	119,1	1698	65,2
1549	170,1	1599	134,0	1649	120,4	1699	67,1
1550	145,2	1600	130,7	1650	122,8	1700	66,6

Source : Pour la période 1501-1550, Hamilton, *Tesoro americano...*, pp.202-203 ; base 100 : 1521-1530. Pour la période 1551-1600, *ibidem*, pp.212-213 ; base 100 : 1571-1580. Pour la période 1601-1650, *ibidem*, pp.229-230 ; base ; 100 : 1621-1630. Pour la période 1651-1700, Hamilton, *Guerra y precios...*p.152 ; base 100 : 1671-1680.

Bibliographie : Hamilton, *War and Prices...*; Hamilton, *American Treasure...*

LA MORT DE PHILIPPE LE BEAU ; FOLIE DE LA REINE SUR FOND D'INTRIGUES POLITIQUES (1506-1507)

La mort d'Isabelle la Catholique (1504) place sur le trône de Castille Jeanne, sa fille, et, avec elle, son mari Philippe le Beau, héritier des Maisons de Habsbourg et de Bourgogne. L'union des Couronnes de Castille et d'Aragon est compromise. Ferdinand se retire, mais il garde un fort parti à la cour. En 1506, la mort subite de Philippe procure à ses partisans une occasion inespérée de reprendre le pouvoir, alors que Jeanne donne des signes de dérangement mental. Pierre Martyr d'Angléria (1457-1526) était un humaniste italien, attiré à la cour d'Espagne par Ferdinand, qui lui confia l'éducation des pages de la maison royale. Il était en relation épistolaire avec nombre d'intellectuels dans toute l'Europe et ses lettres latines, d'une élégance parfaite, constituent une source importante sur son époque.

Eh bien, Messieurs, fiez-vous à la pompe des apparences humaines ! Le dirai-je ou le tairai-je ? Le roi Philippe est mort ! Ce Philippe qui, tel son grand-père maternel, se voyait déjà maître du monde. Le 25 de ce mois, cette âme noble, jeune, intelligente et talentueuse, cet homme élégant et robuste a cessé de vivre. Il s'est évanoui, comme fleur printanière ! Lui, fils et petit-fils d'empereurs romains, lui le gendre d'un si grand roi et d'une si grande reine, une fièvre légère a suffi à l'emporter. En un clin d'oeil, il a succombé. Pendant sa maladie, la reine n'a pas quitté son chevet. En proie à une douleur si profonde qu'elle en devenait insensible, elle n'a pas versé une larme.

Selon la coutume de Flandre, ses serviteurs ont veillé le cadavre toute la nuit, le cadavre revêtu de vêtements précieux, entouré de tentures, comme lorsqu'il siègeait, vivant, sur le trône royal, le cadavre gisant sur un haut catafalque dans une grande salle... Au lever du soleil, on l'en déposa pour l'embaumer. Deux chirurgiens, spécialement mandés, l'ouvrirent des pieds à la tête. Ils retirèrent la chair des mollets et des jambes et firent s'écouler le sang pour retarder la putréfaction. On enleva son coeur, dit-on, que l'on plaça dans un récipient d'or, pour le déposer aux côtés de ses ancêtres. On trépana le crâne, on ouvrit le cerveau ; on ouvrit le ventre et on en retira les intestins. On l'embauma avec de la chaux et des aromates, faute de myrrhe, on le cousit, on l'enveloppa de bandelettes de lin, on fixa les membres à chacune des articulations. Puis on le plaça dans un cercueil de plomb, lui-même enfermé dans une caisse de bois. On l'a déposé, temporairement, à la Chartreuse de Miraflores... Il a déclaré, par testament, vouloir être enterré à Grenade, aux côtés de sa belle-mère, la reine Isabelle.

Burgos, le 28 septembre 1506.

J'ai déjà dit comment le cadavre de Philippe avait été déposé à la Chartreuse de Miraflores. La reine, sa veuve, a voulu le transporter à Grenade, selon sa dernière volonté... Elle ordonna qu'on ouvrit la sépulture. Les chartreux refusèrent. La reine insista. On fit venir l'archevêque de Burgos, qui lui remontra que les rois et le testament du défunt interdisaient une telle précipitation, qu'il fallait attendre six mois. Elle devint folle de rage et ordonna à ses serviteurs d'ouvrir le caveau et d'en extraire le cercueil. Ni les nobles, ni les prélats, ne purent la faire changer d'avis. Ils convinrent de ne pas insister, de peur que, dans sa colère, elle ne fasse une fausse couche et ne perde l'enfant qu'elle porte en son sein. On exhuma donc son mari, le 20 décembre... devant le corps diplomatique tout entier. On nous appela pour reconnaître le cadavre. Nous vîmes une forme couchée, mais on ne distinguait pas si elle avait visage humain, car, toute enveloppée de bandelettes imprégnées d'onguents et recouverte d'une épaisse couche de chaux, elle paraissait une tête de plâtre... Nous le transportons sur un char tiré par quatre chevaux, recouvert d'ornements royaux, de soie et d'or. Nous nous sommes arrêtés à Torquemada... à mi-chemin de Valladolid. Nous ne savons pas si la reine voudra passer outre avant d'accoucher. Dans l'église paroissiale, des soldats en arme gardent le cadavre, comme si des ennemis devaient donner assaut à la ville. On en interdit strictement l'entrée à toute femme. La reine est rongée de la même jalousie qui la torturait pendant la vie de son époux. On célèbre tous les jours l'office des morts, comme s'il venait de mourir...

Torquemada, 24 décembre 1506.

Nous avons enfin levé l'ancre de Torquemada la pestiférée... La reine nous a conduits à deux lieues de là, dans une ville [*villa*] composée de 28 cabanes et d'une petite maison passablement confortable, où elle se trouve bien, mais qui ne contient qu'elle. Les nobles se sont hébergés où ils ont pu. L'archevêque de Tolède et le Connétable gouvernent : ils attendent avec impatience le roi Ferdinand. Nombreux, cependant, ceux qui voudraient qu'il n'arrivât jamais... La reine fuit tout le monde.

Elle veut que son mari soit escorté et traité avec la pompe que j'ai dite. A peine avions-nous passé le pont magnifique qui unit Torquemada à Hornillos, que nous arrivâmes à un couvent de femmes. La reine, croyant qu'il s'agissait d'un monastère d'hommes, ordonna de faire halte et de déposer le cercueil en plein champ. Lorsqu'elle se rendit compte qu'il s'agissait de femmes, elle ordonna de décamper immédiatement. Puis, en rase campagne, la nuit, à la lueur de torches que la violence du vent empêchait presque de brûler, elle ordonna de sortir le cadavre.

On fit venir à cet effet des artisans, qui ouvrirent la caisse de bois, puis celle de plomb. Elle contempla longuement le corps et fit appeler les nobles comme témoins. Elle fit ensuite refermer le cercueil et ordonna de le transporter, à dos d'homme, à Hornillos, où nous arrivâmes au chant du coq... La reine veut absolument rester chaste et elle est convaincue qu'il lui faut, pour cela, n'habiter que de petits villages. Elle a fait venir les conseillers de Palencia, où réside la Cour. Elle a confirmé ceux qu'elle connaissait et qu'avaient choisi ses parents. Elle a renvoyé les autres... Ni les conseils, ni les prières n'ont pu la fléchir : elle a absolument voulu renvoyer tous les nouveaux. Aux anciens, elle a donné le gouvernement du royaume jusqu'à l'arrivée de son père...

Hornillos, le 1er mai 1507.

Source : Pierre Martyr d'Angléria, *Lettres*... D'après Diaz-Plaja (Fernando), *Historia de España en sus documentos, siglo XVI,* Madrid, Cátedra, 1988, pp.59-61.

Bibliographie : Pérez, *Isabelle et Ferdinand*...; Pérez, *Communidades*...; Chaunu, *Espagne de Charles Quint*...

LA CONQUETE DE LA NAVARRE VUE PAR GUICHARDIN (1512)

Francesco Guiciardini (1483-1540), dit Guichardin, homme politique et historien florentin, était en 1512 ambassadeur de Florence à la cour de Ferdinand le Catholique. Il informe ses mandants, presque au jour le jour, de la marche des événements. Il écrira aussi plus tard une célèbre Histoire d'Italie.

J'ai dit à votre Seigneurie, dans ma dernière lettre, comment le roi avait ordonné à ses gens de marcher sur la Navarre. Ils arrivèrent devant Pampelune, la capitale du royaume, résidence du souverain, qui se retira au-delà des Monts, de sorte que la ville, d'ailleurs mal fortifiée, se rendit sans résistance. Les autres villes du royaume se sont rendues de même, mises à part Estella, Tudela et deux ou trois forteresses importantes que n'a pas encore occupées l'armée. On tente de les réduire par la négociation, sans violences.

Dans ce but, et pour rendre plus crédibles les promesses des Espagnols, le roi est parti de Burgos avec la cour. Nous sommes, aujourd'hui 21, à Logroño, aux confins de la Castille et de la Navarre, où nous séjournons depuis le 17 courant. A l'arrivée du roi, Tudela et le territoire d'Estella se sont soumis. Les forteresses et quelques villages résistent encore, mais, sans espoir de secours, on pense que tout ce qui se trouve de ce côté des Pyrénées se rendra dans les jours qui viennent. Si bien que Sa Majesté aura acquis à peu de frais une province... qui complète fort bien ses royaumes, qu'elle ferme du côté des Pyrénées...

Le roi de Navarre s'est retiré au-delà des Monts, dans une partie du royaume qu'on appelle le Béarn, où l'on dit que Monsieur de la Palisse est arrivé avec 1200 lances et une grosse infanterie. Il n'a pas passé les cols, dit-on, non pas faute de troupes, mais parce que les Français se méfient d'une population, espagnole par la langue et les coutumes qui, il y a peu encore, était sujette du roi d'Aragon...

C'est une acquisition magnifique, non pour les recettes fiscales, qui ne dépassent guère 50 000 ducats, mais pour ce qu'elle complète ces royaumes et que le fait d'avoir occupé les Pyrénées jusqu'à leur versant septentrional ferme aux Français tout accès à l'Espagne et ouvre, en revanche, aux Espagnols la route de France...

Source : Guiciardini, *Viaje a España...*, lettres du 22-25 août et du 17 septembre 1512. D'après Diaz-Plaja (Fernando), *Historia de España en sus documentos, siglo XVI*, Madrid, Cátedra, 1988, pp.86-89.

Bibliographie : Chaunu, *Espagne de Charles Quint...*; Leroy, *Navarre...*; Boissonnade, *Histoire de la réunion...*

LE NOUVEAU MONDE VU D'EUROPE, PAR PIERRE MARTYR D'ANGLERIA (1514)

L'humaniste Pierre Martyr d'Angléria, que nous avons déjà rencontré p.27, était en relation avec la presque totalité des hommes qui menèrent à bien la découverte et l'exploration de l'Amérique. Il exerça même des responsabilités dans la gestion du nouvel empire colonial. Il ne se rendit jamais sur place, mais ses lettres jouèrent un rôle non négligeable pour diffuser la nouvelle de la découverte dans le monde savant de l'époque.

Tu me demandes des nouvelles du Nouveau Monde. On y découvre tous les jours d'autres merveilles... En suivant les côtes de ce vaste territoire, Christophe Colomb, son premier découvreur, et les Espagnols ses émules après lui, ont découvert quantité de rivières, des grandes, des moyennes et des petites. Ils en ont trouvé une, entre autres, si large qu'on a peine à croire qu'elle soit œuvre de la seule nature : on dit qu'elle est large de quatre vingts milles, et qu'il s'agit bien d'une rivière et non d'un golfe marin, qu'elle est pleine d'eau douce qui coule vers la mer, qu'on y trouve quantité d'îles et qu'il n'y a, à l'intérieur, ni flux ni reflux. Des caravelles l'ont remontée sur quarante lieues... Leurs équipages ont salué de nombreux roitelets indigènes, avec lesquels ils ont échangé des cadeaux et tissé des liens d'amitié, bien qu'au début, ils aient essayé de les repousser... Les indigènes appellent ce fleuve le Marañon. La plupart des marins placent son embouchure au-delà de l'équateur, d'autres en deçà, mais tous avouent perdre de vue le pôle arctique.

Il y a là grande variété de langues et de nations ; une immense diversité d'animaux, d'oiseaux, de poissons et de monstres ; des coutumes qui diffèrent d'un endroit à l'autre. De toute part abondent l'or et les perles... On y trouve mille et mille petits paradis, mais aussi des régions désertiques, sabloneuses, horribles à force de stérilité. Ici vivent les Caraïbes, des cannibales, qui mangent la chair humaine et reçoivent les visiteurs à coups de flèches empoisonnées ; ailleurs des indigènes pacifiques et hospitaliers. La plupart des arbres, là-bas, ne perdent jamais leurs feuilles et les prés verdoient toute l'année.

Les habitants de ces contrées jouissent d'un printemps et d'un automne perpétuels. Ils ignorent les rigueurs de l'hiver et les étés pénibles. Ceux qui vivent sur les collines ou les rives des fleuves sont heureux. Sur les plus hautes montagnes, on aperçoit, par place, des neiges éternelles ; mais les vallées les plus profondes, où tombent des montagnes les rayons du soleil, sont chaudes, car on est sur l'équateur, ou tout près... Je ferai un jour un récit détaillé de ces découvertes qui, à mon sens, dépassent tout ce que racontent les anciens cosmographes...

Valladolid, le 18 décembre 1513.

Source : Pierre Martyr d'Angléria, *Lettres...* D'après Diaz-Plaja (Fernando), *Historia de España en sus documentos, siglo XVI,* Madrid, Cátedra, 1988, pp.93-94.

Bibliographie : Chaunu, *Expansion...*; Chaunu, *Conquête...*; Duviols, *Amérique...*

LES REVENDICATIONS DES « COMUNEROS » (VERS 1520)

Le programme des comuneros *reste ambigu et son interprétation suscite de violents débats parmi les spécialistes. Il est exposé dans plusieurs documents, parfois contradictoires. Nous citons ici un catalogue de revendications non daté, qui pourrait avoir été rédigé en septembre 1520 par un groupe de députés aux Cortès, peut-être comme document de travail interne. Il ne semble pas, en tout cas, avoir valeur officielle, mais exprimer le point de vue d'un groupe de* comuneros *radicaux (Pérez,* Comunidades, *pp.538-539). Ceci posé, il n'en est pas moins intéressant pour connaître les préoccupations profondes des révoltés. L'alcalde est le chef de la municipalité. Il exerce, théoriquement, la juridiction de première instance. Les « cas de cour » sont des délits particulièrement graves dont le roi se réservait traditionnellement la connaissance (lèse-majesté, brigandage de grands chemins, etc.). L'ordre de Saint-Jean de Jérusalem possédait en Espagne de vastes domaines qui jouissaient d'un privilège d'extraterritorialité partielle.*

Après le roi Charles, aucune femme ne pourra succéder dans le royaume. En l'absence d'héritiers en ligne purement masculine, pourront succéder des mâles nés de fille..., à condition qu'ils soient nés et aient été baptisés en Castille...

Il y aura au Conseil du roi autant d'auditeurs qu'il y a d'évêchés dans les royaumes de Castille. Chaque évêché élira trois juristes [*letrados*], riches en science et en conscience, de quarante ans au moins, parmi lesquels le roi en choisira un, qui sera, sa vie durant, auditeur pour cet évêché... Le roi ne pourra en nommer d'autres, ni renvoyer ceux-ci. Il ne pourra... suspendre les sentences et les ordres qu'ils auront rendus ou donnés.

Lorsqu'il faudra réunir des Cortès, les agglomérations du domaine royal de chaque évêché éliront deux procureurs pour les représenter aux Cortès, un hidalgo et un roturier [*labrador*]. Ils ne pourront concéder aucune grâce, ni le roi ne pourra leur en concéder. Chaque évêché élira un clerc séculier, deux chevaliers [*caballeros*]... et deux frères mendiants, un franciscain et un dominicain... Si quelqu'un se plaint du roi aux Cortès, qu'on lui fasse justice avant la fin de la session.

En cas de minorité ou d'incapacité du roi, ou s'il s'absentait du royaume, les procureurs et le Conseil... éliraient un gouverneur, pris dans l'état des chevaliers...

Le roi ne pourra nommer de corrégidor en aucun lieu. Les villes [*ciudades y villas*] éliront le premier jour de l'année trois personnes parmi les hidalgos et trois autres parmi les roturiers [*labradores*], qui nommeront à leur tour, pour trois ans, un alcalde du civil et un alcalde du criminel...

On nommera dans la ville principale de chaque évêché deux personnes non privilégiées et solvables, qui se chargeront pour trois ans de la perception de tous les impôts royaux. Le roi pourra nommer dans chaque évêché un gouverneur, qui gouvernera la contrée et aura charge de châtier les criminels... Il ne connaîtra au civil qu'en appel et, au criminel, les cas de cour.

Les offices municipaux d'échevin [*regidor*], jurat,

notaire, alguazil et autres, seront réservés aux personnes nées dans le lieu de leur exercice...

Les bénéfices, dignités, abbayes, prieurés, évêchés... et le gouvernement des forteresses... seront réservés aux personnes nées dans les évêchés... où ils se trouvent.

Les maîtrises, prieurés et commanderies de Saint-Jean seront réservés à des personnes nées et baptisées en Castille.

Les offices de la Maison du roi seront réservés à des personnes nées et baptisées en Castille...

Les impôts royaux seront perçus par abonnement [*encabezamiento*], au niveau qu'ils avaient à la mort de la reine Isabelle, sans qu'on puisse les augmenter. Le roi ne pourra jamais exiger de « service » [*servicio*] du royaume.

Le roi ne pourra exporter ni donner licence d'exporter aucune monnaie du royaume, ni de l'or ou de l'argent en lingot. Aucune monnaie de billon n'aura cours dans le royaume, à moins d'y avoir été fondue ou marquée.

Le roi ne pourra concéder aucune licence d'exportation de grain ou de viande sans l'accord des Cortès... Le bénéficiaire paiera un droit... dont le montant sera affecté à la guerre contre les maures et au rachat des captifs...

Le roi ne pourra aliéner aucune ville [*ciudad, villa*], ni village, ni aucun des impôts qui appartiennent aujourd'hui à la Couronne.

Le roi restituera aux villes [*ciudades y villas*] les territoires, les biens communaux et les... localités que ses prédécesseurs leur ont enlevés au profit de particuliers. S'il s'y refuse, les villes pourront les récupérer par la force, en s'aidant l'une l'autre...

Tous pourront porter toutes sortes d'armes... Tous seront obligés de posséder des armes [selon leur fortune]... et, chaque année, pour la fête de saint Jacques, les alcaldes et les échevins de chaque agglomération passeront en revue les habitants et leurs armes, et ceux qui n'y assisteront pas ou ne pourront présenter l'armement prévu par la loi seront mis à l'amende...

Les agglomérations ne seront pas obligées d'accorder le gîte gratuit au roi et à sa suite plus de trois jours. Passé ce délai, le gîte sera payant pour tous, comme en Aragon...

Quiconque entretiendra un cheval pour la guerre... ne paiera que les contributions que payent les hidalgos...

Le roi enlèvera les offices, bénéfices, dignités et commanderies aux personnes qui les détiennent, si elles ne sont pas nées et n'ont pas été baptisées dans le royaume...

Dans chaque évêché on tiendra un registre qui contiendra la liste des agglomérations..., le chiffre de la population..., le montant des impôts royaux de toutes natures, et on nommera deux personnes pour leur perception... Des revenus du roi, on fera quatre parties : l'une lui sera donnée pour l'entretien de sa Maison ; les trois autres resteront aux mains des percepteurs qui, en temps de guerre, solderont pour y aller autant d'hidalgos que le permettra l'argent qu'ils auront en caisse, à raison de 10 000 maravédis l'an, et 3 000 en temps de paix...

Pour chaque hidalgo qu'on enverra à la guerre, on enverra aussi un roturier [*pechero*], également soldé 10 000 maravédis... L'argent non dépensé sera mis de côté... pour les guerres futures.

Avant de commencer une guerre, le roi réunira les procureurs et le Conseil en Cortès. Il leur en exposera les causes, afin qu'ils voient si elle est juste... Le roi ne pourra faire la guerre sans leur consentement...

Les bulles seront prêchées sans suspendre les anciennes et leur produit sera dépensé pour faire la guerre aux maures...

Toute personne appelée à succéder au trône jurera les présents articles avant d'être acceptée pour roi... Elle reconnaîtra ne recevoir la couronne qu'à ces conditions et le droit pour le royaume de se défendre, si elle les viole... Elle jurera aussi de préserver les privilèges et toutes les villes de la Couronne...

Source : Codoin, I, pp.272-283.

Bibliographie : Pérez, *Comunidades...*; Haliczer, *Comuneros...*

LES DIFFICULTES DE L'INQUISITION AVEC UN ACCUSE QUI IGNORE CATECHISME (1531)

L'Espagne est catholique. Les Castillans, dans leur immense majorité, se veulent chrétiens et se pensent comme tels. C'est même l'un des fondements de leur personnalité. Mais, dans la première moitié du XVIe siècle, ils considèrent encore presqu'unanimement que chacun est ca-

pable d'établir avec Dieu une liaison personnelle suffisante à assurer son salut, qui rend inutile la connaissance des règles et des doctrines que la hiérarchie et les théologiens considèrent indispensables. Cela ne signifie pas qu'il n'existe pas un corps structuré de doctrine et de morale. Mais ce n'est pas celui des clercs. Le décalage est particulièrement sensible dans cet interrogatoire de l'inquisition de Tolède. L'accusé, Pedro Martinez, de Urda, un village de la Manche, est vieux-chrétien. Il est accusé d'une pécadille. Les parties entre crochets sont résumées.

On lui demanda s'il sait qu'il y a péché mortel lorsqu'un célibataire connaît charnellement une célibataire – Il répondit que non – On lui demanda s'il sait qu'il y a péché mortel lorsqu'un célibataire ou un homme marié connaît charnellement une femme mariée – Il répondit que non – On lui demanda s'il sait que c'est un péché mortel de faire l'amour avec une parente – Il répondit que non – On lui demanda s'il sait que c'est un péché mortel de faire l'amour avec sa sœur – Il répondit que non. Il se reprit aussitôt et dit qu'il sait bien que c'est un péché mortel, la femme étant sa sœur.

- On lui demanda s'il a entendu dire que c'est un péché pour les hommes de connaître charnellement leur sœur – Il dit que non – On lui demanda s'il a entendu dire qu'il n'y a pas péché mortel lorsqu'un homme connaît charnellement une célibataire – Il affirma ne jamais l'avoir entendu dire, non plus que ce soit un péché qu'un homme connaisse charnellement une femme – On lui demanda s'il a lui-même dit qu'il n'y a pas péché lorsqu'un célibataire connaît charnellement une célibataire – Il dit ne pas s'en souvenir.

– On lui demanda pourquoi il ne s'est pas marié – Il dit que pour servir ses parents, qui n'ont pas pu le marier [- On lui fait réciter les quatre prières fondamentales – le Pater, l'Ave Maria, le Credo, la Salve – et raconter sa vie].

– Interrogé – Il dit qu'il y a quinze ans qu'il se confesse chaque année avec le prieur de Urda – Interrogé – Il dit ne pas savoir combien sont les péchés mortels que confessent les chrétiens – On lui demanda d'en dire au moins quelques-uns – Il n'en sut aucun – Interrogé – Il dit savoir que les Commandements auxquels obéissent les chrétiens, les Commandements de Dieu, sont dix, comme les dix doigts de la main – Interrogé – Il fut incapable de les réciter – On lui demanda le premier commandement – Il ne le sut pas – On lui demanda s'il avait communié comme les autres chrétiens pour Pâques – Il répondit que oui, à Urda, de la main du prieur, avec les autres.

– On lui demanda ce qu'il fait comme chrétien, puisqu'il dit ignorer les péchés mortels et les Commandements de Dieu – Il répondit qu'il n'est qu'un paysan – On lui demanda ce qu'est obligé à savoir le vieux-chrétien (*sic*) pour se sauver et obtenir la gloire du ciel – Il répondit ne pas le savoir, qu'on l'en instruise – On lui demanda à quoi l'on pouvait voir qu'il était chrétien, puisqu'il dit ne pas savoir ce que le chrétien doit faire pour se sauver et obtenir la gloire du ciel – Il répondit qu'il faut bien servir Dieu – On lui demanda en quoi – Il répondit qu'en beaucoup de choses – Qu'il les dise – Il répondit qu'il faut chômer toutes les fêtes, qu'il ne se souvient de rien d'autre.

– Interrogé – Il dit ne pas savoir les articles de la foi – On lui demanda de dire ceux qu'il avait entendu mentionner, même s'il en oubliait – Il dit n'en connaître aucun – On lui demanda ce qu'il croit, puisqu'il dit ignorer le nombre des articles de la foi et n'en connaître aucun – Il dit tout ignorer à ce propos – On lui demanda s'il sait que tout chrétien est obligé de croire et respecter les Commandements de Dieu – Il dit le savoir – On lui demanda s'il sait que tout chrétien qui ne respecte pas les Commandements de Dieu lorsqu'il le peut pèche mortellement – Il répondit qu'il le sait bien – On lui demanda comment il le sait – Il répondit que parce qu'il l'a entendu dire à d'autres.

– On lui dit que, puisqu'il ignore ce qu'est obligé à savoir tout chrétien..., Messieurs les Inquisiteurs ont de bonnes raisons de ne pas le considérer comme tel. Il faut qu'il apprenne tout cela. Aussi lui ordonne-t-on de se rendre à Saint-Pierre-Martyr [la principale maison des Dominicains à Tolède, très liée à l'inquisition de cette ville] pour s'informer auprès de quelque frère des choses de notre foi, ainsi qu'il convient. Il se représentera au tribunal, à l'audience de l'après-midi, à deux heures, pour qu'on décide de son sort.

Source : Archivo Histórico Nacional de Madrid, Section Inquisition, liasse 73, dossier 2, fol.11 ro–14 vo.

Bibliographie : Dedieu, *Administration...*

L'ESPAGNE, FRONTIERE DE LA CHRETIENTE : L'OBSEDANTE AFRIQUE DU NORD (VERS 1535)

Les Rois Catholiques ont achevé la Reconquête en 1492. Mais l'Espagne reste une frontière de la chrétienté. Le croissant et la croix s'affrontent toujours en Méditerranée occidentale. Alger constitue la base principale de la marine musulmane dans la région. En 1535, Charles Quint lance une expédition sur Tunis, dans le but de couper les communications entre l'Afrique du Nord et l'empire Turc. C'est la « juste guerre » par excellence, celle à laquelle aucun espagnol digne de ce nom ne peut s'opposer. L'Empereur informe solennellement toutes les villes du royaume qu'il prend personnellement la tête de l'expédition.

... Au cours des dernières Cortès dont j'ai ordonné la tenue dans la ville de Madrid, j'ai donné aux procureurs, vos représentants, tous les détails nécessaires sur les forces que rassemblait Barberousse, avec l'aide du Turc, l'ennemi commun de la chrétienté, pour attaquer notre sainte religion et, en particulier, nos royaumes. De tout cela, vous aviez d'ailleurs déjà idée. J'ai indiqué à cette occasion les mesures que nous avions prises pour l'été, afin de résister à cette menace, défendre nos royaumes et assurer la sécurité du monde chrétien ; les préparatifs auxquels nous avions procédé et les stocks que nous avions constitués. Vous savez que, par la suite, les efforts de nos royaumes [d'Espagne] et les secours envoyés par quelques-unes de nos autres possessions nous ont permis d'amener ces préparatifs au terme qu'exigeait l'entreprise.

Pour activer celle-ci et nous trouver mieux à même de donner les ordres nécessaires, nous nous sommes rendus à Barcelone et nous avons fait preuve d'une telle diligence que tout ce que devaient préparer nos royaumes [d'Espagne], Gênes, Naples et la Sicile est prêt. En outre, le prince de Melfi, Andrea Doria, est arrivé avec ses galères, ainsi qu'une partie (nous attendons le reste dans les jours prochains) de l'escadre dont nous aide le Sérénissime roi de Portugal, notre frère. Nos forces sont maintenant suffisamment importantes pour mener à bien l'entreprise que nous projetons.

Etant donné son importance pour l'honneur et le service de Notre-Seigneur, la défense et le bien commun de la chrétienté, la protection et la sécurité de nos royaumes, notre autorité et notre prestige, j'ai déterminé de m'embarquer avec notre armée afin de mieux pourvoir, par notre présence, à tout ce qui conviendra ; afin de mieux obvier aux efforts de Barberousse et de visiter en chemin, si faire se peut, nos royaumes de Naples, de Sicile et de Sardaigne. Je consacrerai à tout ceci le moins de temps possible et je reviendrai en ces royaumes [d'Espagne] au plus tôt, afin de pourvoir à leur bien public, dans la paix enfin retrouvée. Je ne les oublierai d'ailleurs pas pendant mon absence. Je les confie entre temps à la Sérénissime impératrice et reine mon épouse bien aimée, à qui ils ne sont pas moins chers qu'à moi. Je vous demande, je vous ordonne, de lui obéir et de la servir, d'accomplir ses ordres comme s'ils émanaient de ma personne et de vivre en toute quiétude, comme je l'attends de votre fidélité.

Fait à Barcelone, le 9 mai 1535.

Moi, le roi.

Par ordre de Sa Majesté,

Cobos, Grand Commandeur.

Source : Codoin, I, pp.154–159.

Bibliographie : Braudel, *Méditerranée*...; Bennassar, *Chrétiens d'Allah*...; Mas, *Turcs*...

LES MORISQUES, UNE CINQUIEME COLONNE MUSULMANE

Le péril n'est pas uniquement extérieur. En Espagne même, quelques centaines de milliers de « morisques », bien qu'officiellement chrétiens, se considèrent comme musulmans et se placent sous la protection des puissances islamiques. Ils étaient quelques centaines à Daimiel, un gros bourg de la Manche. Ces trois témoignages passés devant l'inquisition de Tolède nous les montrent polémiquant avec les « vieux-chrétiens », espagnols de souche, à propos, précisément, des événements d'Afrique du Nord. Les trois témoins sont vieux-chrétiens.

Aux environs de la fête de saint Jacques [de 1535], le témoin se trouvait chez Lope de Inestrosa [le chef de la communauté morisque de Daimiel]. Ils étaient seuls. Inestrosa déclara que l'inquisition de Grenade s'en étant pris aux morisques et en ayant brûlé quelques-uns, Barberousse l'avait appris et avait écrit à l'inquisiteur en question que, s'il recommençait, il aurait affaire à lui et qu'il n'en laisserait pas morceau plus grand que l'oreille...

Il y a deux ans environ [vers 1535-1536], le témoin... entendit dire à Lope de Inestrosa : « Nous avons un privilège que vous n'avez pas, vous, les vieux-chrétiens : l'Inquisition ne peut rien contre nous ». Le témoin manifesta son étonnement. L'autre répondit que Barberousse avait appris à Alger que l'inquisition de Grenade mettait des san-benito aux morisques. Il avait fait rassembler tous les captifs chrétiens sur la place, et il y en avait cinq mille. Il avait ordonné d'amener du bois pour les brûler. Des frères de la Merci, qui étaient là pour racheter les captifs, s'étaient alors agenouillés devant lui et l'avaient prié très fort de ne les point brûler, promettant d'intervenir auprès de l'Empereur, notre seigneur, et du pape pour... qu'on interdise à l'Inquisition de poursuivre les morisques...

Il y a sept ans [c'est-à-dire en 1535], le témoin se trouvait dans le jardin de son père... avec d'autres jeunes filles de son âge. Diego Carrillo, un morisque, fils de Diego Carrillo, gardait le jardin de son propre père, à côté. On parlait de la guerre que l'Empereur faisait aux Turcs. Une des compagnes du témoin dit alors : « Personne ne prie Dieu pour le Turc ! ». Le témoin vit et entendit Diego Carrillo répondre : « Ne priez-vous pas pour votre roi ? Nous aussi nous prions pour le nôtre ! » Toutes ensemble, elles lui répliquèrent : « Vous êtes donc des maures ? ». Le jeune homme se mit à insulter le témoin et ses amies et il voulait les maltraiter pour avoir dit qu'ils étaient maures.

Source : Archivo Histórico Nacional de Madrid, Section Inquisition, liasse 194, dossier 5, fol.19 v° et 15 r°-v° ; liasse 497, dossier 3, fol.51 r°, d'après Dedieu, « Morisques et vieux-chrétiens à Daimiel au XVIe siècle », Temimi Abdeldjelil, dir., *Religion, Identité et Sources documentaires sur les Morisques Andalous*, Tunis, Institut Supérieur de Documentation, 1984, t.I, pp.211-212.

Bibliographie : Cardaillac, *Morisques et Inquisition...*; Cardaillac, *Morisques et Chrétiens...*

CHARTE DE PEUPLEMENT DE LA RAYA, DANS LA « HUERTA » DE MURCIE (1545)

Dans la première moitié du XVIe siècle, la région de Murcie, jusque là peu peuplée, connaît une forte croissance démographique, appuyée sur le « boom du murier » et de l'industrie de la soie. L'oligarchie municipale murcienne, propriétaire des zones irriguées de la huerta, *se dispute une main-d'oeuvre rare. Ici, Rodrigo de Puxmarin tente de repeupler ses terres de La Raya, après qu'une inondation eût détruit un premier village. Le document ne parle que des terrains à bâtir. Nous savons, par ailleurs, que les habitants prenaient à ferme les terres que ce même propriétaire possédait aux alentours. Nous avons là une preuve de la souplesse d'un système seigneurial assez différent de celui qui prévalait en Castille proprement dite.*

Le document retrouvé, daté de 1548, est la confirmation d'un accord conclu en 1545. Nous ne donnons que ce qui concerne ce dernier. La tahulla *est une mesure agraire utilisée surtout dans les terres d'irrigation qui vaut de 11 à 12 ares.*

Au nom de Dieu tout-puissant et de Notre-Dame la Vierge Marie, mère de notre Rédempteur Jésus-Christ, vrai Dieu et vrai homme, pour son honneur et son service et pour celui de l'apôtre seigneur saint Jacques, à qui j'ai grande dévotion. Sachent tous ceux qui la présente verront ou entendront lire que moi, Rodrigo Puxmarin y Soto, chevalier de l'ordre de chevalerie de Saint-Jacques, domicilié en la très noble et très loyale ville de Murcie, échevin *regidor* d'icelle, sur les terres qui m'appartiennent au bord du canal d'irrigation de La Raya et du chemin public qui va de ladite ville à celle d'Alcantarilla, en un lieu nommé La Raya de Santiago [en espagnol, *Santiago* signifie saint Jacques], entre moi et les personnes qui s'y sont établies, fut passé, à la fin de l'année 1545, un acte par lesquels je leur donnais et répartissais mes terres afin qu'ils y édifient des maisons, qu'elles y habitent et soient mes censitaires perpétuels aux conditions suivantes :

Premièrement, que je donne à chacun des feux domiciliés en cet endroit, de mes propres terres, un quart de *tahulla* pour y construire une maison, après déduction de l'espace nécessaire aux rues.

Item, que je ferai construire, à mes frais, tout autour du village et pour sa protection, une digue capable de contenir les inondations.

Item, que je puisse installer un four dans ledit village, sans que personne d'autre n'ait le droit d'en installer un dans sa maison ni sur ses terres.

Item, que j'installerai, gérerai et approvisionnerai moi-même la boucherie du village ; que je percevrai la moitié de ses revenus, l'autre moitié revenant à la municipalité.

Item, que je pourrai installer une auberge dans ledit village, sans que personne d'autre puisse le faire.

Item, qu'on ne puisse vendre du vin ailleurs qu'à la taverne de ladite auberge et que l'*alcabala* de ce vin, ainsi que les droits supplémentaires qui seraient éventuellement perçus sur lui, servent à payer les impôts dus à la reine et au roi nos seigneurs.

Item, que chaque année, pour Noël, je puisse, et mes héritiers et successeurs après moi, désigner un « député » qui s'occupera des affaires du village et qui fixera le prix des choses. Ce député sera libre d'impôts pendant l'année de sa charge.

Item, que les feux qui peuplent et peupleront à l'avenir cet endroit de La Raya de Santiago me payent, chacun d'entre eux, à moi et à mes héritiers et successeurs, chaque année, perpétuellement et pour toujours, en reconnaissance de la seigneurie directe que je me réserve, une fanègue [un demi-hectolitre environ] de froment de qualité marchande, pour la Saint Jean-Baptiste, et une poule, pour Noël ou à tout autre moment de l'année qu'on l'exigerait. Le premier paiement de la poule a eu lieu à la Noël de la fin 1546 et la première fanègue de blé a été payée à la Saint Jean-Baptiste de l'année 1547. Ceci continuera par la suite, perpétuellement. Ils me paieront de la même manière lods et ventes, et droits d'emphytéose. Ceci en raison des terrains à bâtir que j'ai donné aux dits feux. Ce sens et tribut pèse sur chacun de ces terrains et sur les maisons qui y sont construites.

Item, que les habitants qui peupleront ledit endroit soient obligés d'y résider cinq ans d'affilée et que, dans les quatre ans, ils aient édifié sur leur lot une maison avec chambre et cuisine et qu'ils aient entouré le tout de trois murs. En cas de départ ou d'absence, ils seront obligés malgré tout au paiement dudit cens et tribut.

Item, que chacun puisse louer sa maison en tout ou

divisée en deux ou trois appartements, sans payer plus d'un cens, en dépit de la division. Mais si, avec mon assentiment, il divisait la maison et en vendait la moitié, ou une partie, ou la cédait à l'un de ses enfants, on me paierait alors deux cens, d'une poule et d'une fanègue chacun, comme si l'on avait reçu de moi deux lots.

Item, je me suis offert pour prêter de l'argent en rente constituée aux habitants dudit endroit, pour leur permettre de construire leur maison. Ils doivent me rembourser, chaque année cinq ducats sur le principal que je leur ai prêté, outre les intérêts courus...

[Suit la confirmation de l'accord de 1545, datée du 25/2/1548.]

Source : Archivo Histórico Provincial de Murcia, livre 1, fol. 115 v° et suivants, d'après Lemeunier (Guy), « Dos cartas pueblas : La Raya, 1548 y Agramón, 1800 », *Areas,* V, 1985, pp.105-106.

Bibliographie : Salomon, *Campagne...*; Bennassar, *Lexique...*; Guilarte, *Régimen...*; Lemeunier, *Proceso...*; Domínguez Ortiz, *Clases privilegiadas...*

CERTIFICAT DE CIRCONCISION MEDICALE (1545)

La circoncision est signe de judaïsme ou d'islam. Alonso Vazquez de Acuña prend ses précautions, en faisant dresser acte notarié du fait qu'il se fait circoncire pour des raisons médicales.

En la très noble ville [*ciudad*] de Grenade, le 24 novembre de l'an de grâce 1545, parut devant moi, notaire public, et devant les témoins ci-dessous, Alonso Vazquez de Acuña, domicilié en cette ville, fils de feu le jurat Pedro de Morales (Dieu ait son âme), domicilié en cette ville. Il m'a requis de lui donner témoignage en forme publique que, malade, retenu au lit par une maladie de son membre viril, il dut se faire soigner afin d'éviter plus grand péril à son corps. Aujourd'hui même, en ma présence, l'a soigné Antonio Martinez, chirurgien, domicilié en cette ville, qui s'occupe de lui depuis huit jours. A cette date, en ma présence, le dit Antonio Martinez avait estimé qu'il fallait amputer le prépuce, pour guérir le cancer qui s'y mettait, ce qu'il a fait, en ma présence, avec un bistouri. Il a ensuite étanché le sang avec un cautère de feu, en ma présence et en celle des témoins ci-dessus, ce dont je donne témoignage.

Témoins : Pedro de Bilches et Bernal Davya, domiciliés en cette ville. Je certifie connaître personnellement ledit Alonso Vazquez de Acuña.

Source : Archives Notariales de Grenade, fonds du notaire Cristóbal del Barrio, 1-3, d'après Domínguez Ortiz (Antonio) et Vincent (Bernard), *Historia de los moriscos...*, p.267.

Bibliographie : Méchoulan, *Sang...*; Sicroff, *Controverses...*; Vincent, *Circoncision...*; Domínguez Ortiz, *Moriscos...*; Cardaillac, *Morisques et Chrétiens...*

L'HIDALGO FAMELIQUE (1554)

Lazarillo de Tormes, le héros du premier roman picaresque (1554), dresse un tableau satirique de la société espagnole de son temps en contant ses aventures avec les différents maîtres qu'il sert. Le type de l'hidalgo (mot traduit ici par « écuyer ») famélique qu'il brosse, bien qu'il ne reflète que partiellement la réalité, est resté classique.

J'allais de porte en porte sans trouver secours (car charité s'est envolée au Ciel), quand Dieu mit sur ma route un écuyer qui se promenait par la rue, assez bien mis et bien peigné, la démarche compassée et réglée. Il me regarda, je le regardai, il me dit : « Garçon, cherches-tu un maître ? – Oui, Monsieur, dis-je – Viens donc quant à moi, me répondit-il...» Il était grand matin... Il me mena derrière lui par toute la ville, ou presque. Nous passâmes par les places où l'on vendait le pain et autres provisions. Je crus (voire même souhaitais) qu'il m'y chargerait de ce qui s'y vendait, car c'était l'heure de se pourvoir du nécessaire. Mais il passait au large à grands pas. « Sans doute rien n'est ici à son gré, me disais-je. Nous achèterons ailleurs. »

Nous nous promenâmes ainsi jusqu'à onze heures sonnées qu'il entra en l'église cathédrale, et moi après, et ouït fort dévotement messe et les autres offices, jusqu'à ce que tout fut fini et les gens retirés. Lors, sortîmes et descendîmes bon pas le long d'une rue. Moi, j'allais le plus content du monde à la pensée que nous n'étions guère en peine de chercher à dîner. Je jugeais que ce mien maître était un homme à se pourvoir de longue main, et que nous trouverions le dîner tout appareillé à la mesure de mes désirs, voire de mes besoins. L'horloge, cependant, sonna une heure après midi. Lorsque nous arrivâmes à une maison devant laquelle mon maître s'arrêta, et moi aussi ; et mettant sa cape en écharpe sur l'épaule gauche, tira une clef de sa manche, en ouvrit la porte et nous entrâmes... Alors il me demanda : « Et toi, garçon, as-tu mangé ? – Nenni, Monsieur, répondis-je. Huit heures n'étaient pas encore sonnées quand j'ai rencontré Votre Grâce. – Quant à moi, dit-il, pour matin qu'il fût, j'avais déjeuné ; et quand je prends si tôt quelque chose, je ne mange jusqu'à la nuit. Pour ce, passe-toi du mieux que tu pourras ; nous souperons tantôt...»

... Lorsque je l'ouïs tenir ces propos, peu s'en fallut que je ne tombasse de mon haut... Je dissimulai du mieux qu'il me fut possible, et dis : « Monsieur, je suis garçon, Dieu soit loué, qui ne se tourmente guère pour manger, et m'ose vanter, parmi mes pareils, pour l'un des plus sobres de bouche, dont toujours fut loué des maîtres que j'ai servis. – C'est vertu, répondit-il, et je t'en aimerai davantage. Car soi saouler est affaire de pourceaux, et manger réglement d'homme de bien. » « Oui, oui, Monsieur, je t'entends bien, dis-je à part moi. Maudite soit la médecine et vertu que ces miens maîtres que je rencontre trouvent en la faim ! »

Adonc me mis en un coin derrière la porte et tirai de mon sein quelques bribes de pain qui m'étaient restées [d'une aumône qu'on m'avait faite]. Il les vit et me dit : « Viens ça, garçon, qu'est-ce que tu manges ? » Lors m'approchai et lui montrai le pain. Des trois croûtons que j'avais, il en prit un, le meilleur et le plus gros, et dit : « Sur ma vie, ce pain-là n'a pas mauvaise mine »... Je connus incontinent de quel pied il clochait...

Au matin... mon maître mit son épée au côté et dit : « Ah, garçon, si tu savais quelle pièce c'est ! Je ne la donnerais pas pour un marc d'or »... Et la tirant de sa gaine, passait les doigts sur le fil : « La vois-tu ? Je gagerais d'en trancher un flocon de laine ! »... Puis il la rengaina et mit à sa ceinture, en laquelle pendait aussi un chapelet de grosses patenôtres. Lors, d'un pas mesuré, la taille droite, non sans un branle gracieux de la tête et du buste, le bout de la cape jeté tantôt sur l'épaule tantôt sous le bras, la main droite au côté, passa le seuil et me dit : « Lazare, aie soin de la maison, tandis que je vais ouïr la messe »...

Quand je vis qu'il était deux heures, qu'il ne venait point et que la faim me tenaillait, je fermai la porte, laissai la clé en l'endroit qu'il m'avait dit et retournai à mon premier office [la mendicité]. D'une voix basse et dolente, les mains sur la poitrine, Dieu devant mes yeux et la bouche pleine de son nom, je me mis à mendier mon pain de porte en porte... Comme j'avais sucé ce métier avec le lait... j'usai si bien d'adresse que premier que l'horloge sonnât quatre heures, j'avais engrangé autant de livres de pain en mon corps, sans compter deux autres que je tenais en mes manches et dans mon giron. Lors m'en revins au logis et pris mon chemin par la triperie : j'y demandai l'aumône à une femme, laquelle me donna un morceau de pied de boeuf et quelque peu de tripes cuites.

Quand j'arrivai à la maison, j'y trouvai mon bonhomme de maître... A peine fus-je entré qu'il s'en vint à moi... Adonc lui montrai le pain et les tripes que je portais dans un pan de ma casaque, à quoi il ne se montra point farouche, ains me dit : « Je t'ai attendu à dîner, et quand j'ai vu que tu ne venais pas, j'ai dîné seul. Au reste, tu as fait en homme de bien, car mieux vaut mendier pour l'amour de Dieu que voler. Dieu me confonde si j'en suis fâché ! Je ne te veux prier fors d'une chose : qu'on ne sache que tu demeures avec moi, pour ce qui touche mon honneur »... Je commençai à mordre en mes tripes et en mon pain, non sans regarder à la dérobée mon malheureux maître... Je me demandais si je ferais bien de le convier : toutefois, pour ce qu'il m'avait dit avoir dîné, je craignais qu'il refusât...

L'année fut stérile de grains et advint que Messieurs les Conseillers firent crier à son de trompe que tous les pauvres étrangers fussent bannis du lieu, sous peine du fouet quiconque y serait dorénavant trouvé. Et quatre jours après que la criée en fut faite, je vis, en exécution de l'édit, une procession de pauvres qu'on menait fouetter par les quatre rues de la ville, dont je fus tant épouvanté qu'oncques depuis ne pris hardiesse de mendier. Adonc,... il nous advint de demeurer deux ou trois jours sans manger.

Pour ce qui est de moi, quelques pauvres femmes me sauvèrent la vie, bonnetières et filandières de coton qui demeuraient auprès, desquelles pris connaissance à raison du voisinage. De la misère qu'on leur donnait, toujours me baillaient quelque chosette, dont, presque trépassé, me passais. Toutefois, j'avais moins pitié de moi que de mon piteux maître, qui en huit jours n'avala un seul morceau, ou du moins au logis, auquel fûmes tout ce temps sans y rien manger. Je ne sais au vrai où c'est qu'il allait, comment il dînait ni de quoi. Il fallait le voir revenir à midi et descendre la rue, plus droit et plus long que levrier de bonne race : lors, pour soutenir son malheureux honneur, selon qu'ils disent, prenaient un fétu de paille, dont il n'y avait guère à la maison, et sortait sur le pas de la porte pour s'y curer les dents, quoiqu'il n'y eût rien entre...

Un jour que nous avions raisonnablement dîné et qu'il était à son aise, [mon maître] me conta toutes ses affaires. Si me dit qu'il était de Castille la Vieille et qu'il avait quitté son pays parce qu'il ne se voulait abattre à lever son bonnet à un gentilhomme son voisin. Par quoi lui dis : « Monsieur, s'il est tel que vous dites et qu'il fût plus riche que vous, vous n'auriez point failli en lui ôtant le vôtre le premier, puisqu'il en usait de même à votre endroit – Certes, il était gentilhomme, voire plus riche que moi, et m'ôtait son bonnet aussi bien. Mais puisqu'en tant de rencontres je saluais le premier, c'était bien raison qu'une fois il s'avançât et me gagnât de la main... Il me souvient qu'un jour en mon pays j'outrageai de parole certain artisan, et encore le voulus battre, pour ce qu'il me disait, chacune fois que le trouvais : « Dieu vous garde, Monsieur »... – « Et comment, Monsieur, lui dis-je, n'est-ce pas belle manière de saluer que de dire : « Dieu vous garde ? » – Sache, à la male heure, me répondit-il, qu'il ne se dit qu'aux gens de petite extrace, et ne doit-on saluer ceux de haute dignité, comme moi, sinon par un : « Je baise les mains de Votre Grâce »...

Source : Lazarillo de Tormes, trad. Molho et Reille, Paris, Pléiade, 1968, pp.27-39.

Bibliographie : Molinié-Bertrand, *Hidalgos*...; Bennassar, *Valladolid*...; Bennassar, « Etre noble...»

LAS CASAS PROCLAME L'ILLEGITIMITE DE LA CONQUETE DES INDES (1564)

Bien différente de celle de Pierre Martyr d'Angléria (p.27), la vision du dominicain Las Casas. Il connaissait de première main les réalités de la conquête, qu'il avait pu observer sur place. D'abord horrifié par les excès de l'exploitation de la population indienne par les blancs, il évolua vers des positions de plus en plus radicales qui l'amenèrent, au nom des principes chrétiens et du droit naturel, à nier le droit de conquête coloniale.

Tous les Espagnols qui participèrent à la capture d'Atabalipa [l'Inca Atahualpa] et le firent mettre à mort commirent, ce faisant, une grave injustice et péchèrent mortellement... Ceux qui firent mettre à mort Atabalipa sont obligés, sous peine de damnation éternelle, de restituer le royaume du Pérou à ses héritiers, ou à ceux qui auraient dû lui succéder selon le droit ou la coutume indigène...

Les Espagnols qui participèrent à la capture et à la mort d'Atabalipa sont obligés de restituer intégralement l'or et les trésors qu'ils amassèrent à l'occasion de son emprisonnement, à savoir l'or dont il emplit, pour sa rançon, la pièce où il était enfermé et tous les autres objets de valeur dont les espagnols s'emparèrent... Ils sont obligés de restituer tout le bien mal acquis par ceux qui vinrent après eux dans ces royaumes et qui spolièrent tant de chefs de leurs honneurs et dignité, de leurs richesses, de leurs domaines, de leurs vassaux, privant également les autres Indiens de leurs biens et libertés, en leur imposant la servitude des *repartimientos*...

Chacun de ces Espagnols (ils n'étaient pas deux cents) est obligé *in solidum* de restituer aux ayant-droit les royaumes du Pérou, les immenses trésors de la rançon d'Atabalipa et le bien mal acquis, depuis le début, par tous les autres Espagnols. Je dis bien que chacun est obligé de tout restituer si, à sa connaissance, les autres ne l'ont pas fait. Ceux qui, ayant les moyens, refuseraient de restituer, perdraient leur salut...

Le roi de Castille et de Léon ne peut posséder au Pérou aucune mine d'or, d'argent ou d'un autre métal, aucun gisement d'émeraudes ou de pierres précieuses, sans la permission et la volonté, librement exprimée, des rois du Pérou et de leurs héritiers. Il ne peut davantage les céder à des tiers... Que les mines aient été découvertes avant ou après l'arrivée des Espagnols, que leurs découvreurs fussent indiens ou espagnols, les Espagnols ont commis vol et rapine ; ils sont obligés de restituer tout l'or et l'argent qu'ils en ont tirés, sous peine de damnation éternelle...

Les Espagnols qui vivent ou ont vécu dans les royaumes du Pérou sont obligés de restituer intégralement l'or, l'argent et tous les objets de valeur qu'ils ont pris dans les temples... des Indiens...

Le très noble et très-chrétien roi de Castille et de Léon est obligé, sous peine de damnation, de faire en sorte, par tous les moyens appropriés, que le petit-fils de

Guainacapac, héritier des royaumes du Pérou, actuellement en fuite avec son armée dans les montagnes des Andes, regagne les territoires chrétiens pour y être converti à la foi...

Le roi catholique de Castille, notre souverain, est obligé, sous peine de damnation, de restituer les royaumes du Pérou à l'Inca, petit-fils de Guainacapac, j'entends à celui qui est l'héritier de ces royaumes. Il est également obligé de rendre aux autres seigneurs ce qui leur appartenait...

Si ces restitutions entraînaient la rebellion des possesseurs d'*encomiendas [encomenderos]* contre le roi d'Espagne, par suite de leur refus d'abandonner les *repartimientos*, le roi serait obligé de leur faire la guerre, fut-ce au péril de sa propre vie, afin de délivrer les innocentes populations qu'ils oppriment...

Source : Bartolomé de las Casas, *Tratado de las doce dudas*, 1564, trad. Bataillon (Marcel) et Saint-Lu (André), *Las Casas et la défense des Indiens*, Paris, Gallimard, coll. Archives, 1971, pp.258-260.

Bibliographie : Mahn-Lot, *Bartolomé de Las Casas...*; Arnoldson, *Leyenda negra...; García Cárcel, Legenda negra...*

L'ARRESTATION DU PRINCE CARLOS D'APRES L'AMBASSADEUR DE FLORENCE (1568)

Charles d'Autriche (1545-1568), fils de Philippe II et de Marie de Portugal, héritier du trône, donna rapidement des signes d'un dérangement mental qu'aggrava un traumatisme cranien consécutif à une chute (1562). Poussé par son entourage, il se mit en tête de se faire confier le gouvernement des Flandres et accusa son père de s'y opposer par jalousie. En 1565, il tenta de s'échapper d'Espagne pour s'y rendre. Il renouvela sa tentative en 1568. Philippe II décida alors de l'enfermer, après avoir consulté un groupe de théologiens pour assurer sa conscience (janvier 1568). Son arrestation acheva de déséquilibrer le malheureux, qui mourut en juillet de la même année. Cet événement eut un énorme retentissement. Il fut monté en épingle par la propagande anti-espagnole et constitue, jusqu'à aujourd'hui, l'un des éléments de la « légende noire » de Philippe II.

Le 17 [janvier 1568], le roi entendit la messe dans la chapelle, très calme, accompagné du prince son fils, à son habitude... Le lendemain, au milieu de la nuit, Sa Majesté fit appeler dans ses appartements quatre membres du Conseil d'Etat : Ruy Gómez, le prieur don Antonio, le duc de Feria et Luis Quijada. Il descendit avec eux dans la chambre du prince son fils. Celui-ci était au lit, sur le point de s'y renfermer pour dormir, lorsqu'entra le roi en compagnie des personnes susdites et qu'il s'approcha du lit. Le prince, en les voyant, sauta du lit en chemise en s'écriant : « Qu'est-ce ? Votre Majesté veut me tuer ? Pourquoi ? ». Le roi lui répondit de se recoucher, qu'il n'était venu que pour le faire soigner, pour son bien. Le prince répliqua : « Votre Majesté veut me faire lier comme un fou ? Je ne suis pas fou, seulement au désespoir ». Sa Majesté lui répéta de se coucher, qu'elle ne venait lui faire aucun mal. Ce faisant, elle s'approchait de son chevet, jusqu'à saisir l'épée du prince, qui s'y trouvait, et la faire passer à l'un de ceux qui l'accompagnaient. Soulevant les oreillers, elle en retira une arquebuse chargée de plusieurs balles, qu'elle donna à un autre. Elle ordonna de fouiller la chambre, d'en enlever toutes les armes et tous les instruments de fer, d'en clouer les fenêtres. Elle fit saisir un coffret où le prince gardait ses papiers et vérifier avec soin qu'il n'y en avait pas d'autre. Elle faisait preuve, tout ce temps, d'un grand calme et d'une extraordinaire force d'âme. Il fallait voir comme elle répétait sans cesse : « Calmez-vous, c'est pour votre bien ».

Le prince s'était remis au lit, en bredouillant un flot de paroles sans suite, qui se perdaient dans ses sanglots... Le roi appela le duc de Feria et lui confia la garde du prince, avec un nombre suffisant de soldats pour l'empêcher de quitter la chambre. Il lui adjoignit Luis Quijada, que devait relever Ruy Gómez, de sorte que l'un des trois fut toujours présent pour observer ses faits et gestes et pour en prendre soin comme s'il s'agissait du roi lui-même. Il fit en outre appeler deux gentilshommes de la chambre [du prince], don Ricardo de Mendoza et le comte de Lerma, et leur ordonna de le servir comme devant, mais sans porter d'armes, et de veiller à ce qu'il ne parle à personne ni ne reçoive de lettres...

Au matin, il fit mander l'ambassadeur de l'Empereur et l'informa des événements de la nuit, en lui annonçant qu'il en rendrait promptement compte à son maître... Il convoqua ensuite en séance plénière le Conseil royal d'Espagne [c'est-à-dire le Conseil de Castille], à qui il donna les mêmes informations ; puis le Conseil des Indes, auquel il précisa qu'il s'était vu contraint à prendre ces mesures à l'encontre de son fils pour le service de Dieu et le bien de ses sujets, qu'il s'en expliquerait publiquement et qu'il montrerait la justesse de ses motifs et leur conformité à la morale chrétienne... Il interdit enfin le départ des courriers de la Cour... afin qu'on ne publie rien avant qu'un communiqué officiel n'ait établi la vérité des choses.

Source : Correspondance diplomatique florentine, publiée par Reumont (Alfred), « Prigionia e morte di don Carlo di Spagna », *Archivo Storico Italiano,* série II, t.XI, 1860, pp.35 et suiv., d'après Diaz-Plaja (Fernando), *Historia de España en sus documentos, siglo XVI,* Madrid, Cátedra, 1988, pp.397-398.

Bibliographie : Gachard, *Don Carlos..*; Parker, *Philip II...*; Juderías, *Leyenda negra...*; Arnoldson, *Leyenda negra... ; García Cárcel, Legenda negra...*

LA MORT DU PRINCE CARLOS D'APRES LE NONCE CASTAGNA (1568)

La situation de Philippe II, déjà délicate, s'aggrava encore quelques semaines plus tard lorsque le prince mourut.

Le prince d'Espagne, comme il est naturel, s'est montré très affecté tout le temps qu'a duré son emprisonnement. Vers la fin, il atteignit un point de frénésie que l'on doit considérer comme du désespoir et il se mit à mener une vie si désordonnée qu'il paraissait que, ne pouvant mettre fin à ses jours par la violence, il voulait y parvenir ainsi. D'abord il refusa de manger. Il se tenait aussi, nu, face à une fenêtre par où entrait le vent ; il allait pieds nus dans son appartement ; il s'ingéniait à rester mouillé ; il faisait refroidir son lit, deux ou trois fois par nuit, avec un moine rempli de neige, qu'il y gardait ; il buvait de l'eau glacée, sans rien manger. Personne n'osait lui interdire ces excès, par crainte des hurlements qu'il poussait et du tapage qu'il menait en ce cas ; d'autant que tout cela était à peine pire que ce qu'il faisait lorsqu'il était encore libre.

L'angoisse, cependant, et le manque d'exercice avaient fait de tels ravages que, lorsqu'il voulait manger après cela, il ne pouvait rien garder. Ses vomissements s'aggravaient, au point de faire craindre pour sa vie... Son entourage appela confesseur et médecin, mais, dans son désespoir, il n'écoutait ni l'un ni l'autre, refusant de prendre soin de son corps ni de son âme. Le roi, devant les progrès du mal et son affaiblissement continuel, éprouvait, comme tout le monde, une vive douleur. Il plut cependant à Notre-Seigneur d'éclairer l'esprit du prince, de sorte que, subitement, il parut tout changé : il tenait maintenant des propos pleins de gravité et de sagesse ; il demanda un confesseur, au cas où il mourrait, et se confessa avec beaucoup de dévotion...

Peu après, il demanda l'heure. On lui répondit que minuit passé. Il dit alors : « Maintenant ». Puis il se fit donner un cierge béni et, se tournant vers son confesseur : « Aidez-moi, père », lui dit-il. Il expira en se battant la poitrine autant que son état le lui permettait, avec grande force d'âme et tranquillité. Il envoya demander au roi, avant sa mort, son pardon et sa bénédiction... Le roi a refusé de le voir [pendant sa maladie] et a interdit toute visite à la reine, considérant peut-être le cas comme désespéré et pensant que de telles visites ne pouvaient que troubler les deux parties, sans rien apporter de positif. Je crois, pour ma part, qu'il considérait depuis le début que ce n'était que simagrées qu'il faisait pour obtenir sa libération.

Je crois comprendre que le roi, en tant que père, a été très touché de ce décès, mais qu'en tant que chrétien, il le supporte avec toute la résignation que nous devons avoir face aux tribulations que Dieu nous envoie. Le bas peuple paraît très affecté, tout comme certains personnages importants et quelques grands, de ceux que leur éloignement des affaires consigne chez eux. Le corps diplomatique a été invité à la cérémonie de sépulture, qui a eu lieu le 24. Le corps était porté par les grands d'Espagne, les ducs, les marquis, les comtes, tous en grand deuil, avec la pompe habituelle en pareil cas.

Source : Serrano, *Correspondencia diplomática,* II, pp.421 et suivantes, d'après Diaz-Plaja (Fernando), *Historia de España en sus documentos, siglo XVI,* Madrid, Cátedra, 1988, p.412.

Bibliographie : Gachard, *Don Carlos...*; Parker, *Philip II...*; Juderías, *Leyenda negra...*; Arnoldson, *Leyenda negra...; García Cárcel, Legenda negra...*

TAILLE ET COMPOSITION DE L'ARMÉE ESPAGNOLE DE FLANDRES (1567-1661)

L'Espagne était à la tête d'un véritable empire multinational. Le fait est bien mis en valeur par la composition de son armée des Flandres telle que la décrit Geoffrey Parker à différentes dates du XVIe et du XVIIe siècles. On remarquera les fluctuations des effectifs en fonction des périodes et on comparera ces chiffres à ceux de l'armée française, en se souvenant que l'armée des Flandres n'était que l'une de celles qu'entretenait l'Espagne. Les Espagnols constituaient l'élite de ces troupes. Sous le nom de « Bourguignons » sont désignés les habitants de la Franche-Comté.

	Infanterie									
	Espagnols	Pays-Bas	Allemands	Italiens	Bourguignons	Britaniques	Autres	Ttl infanterie	Cavalerie	Total général
9/1572	9100	19500	24440					53040	14219	67259
12/1573	7900	33400	16200					57500	4780	62280
3/1574	8016	38110	27449					73575	12750	86325
1/1575	7830	25420	23600					56850	2400	59250
5/1576	6125	22616	21226					49967	1490	51457
2/1578	4093	9692	8680		2100			24565	3038	27603
9/1580		29678	13000	384				43062	2373	45435
10/1582	4636	20295	26438	4754	1500			57623	3539	61162
4/1588	9668	30211	11309	5339	1556	1722		59805	3650	63455
11/1591	9579	18871	21989	2421	2119	463		55442	6722	62164
3/1607	6545	15018	16776	3679	1145	2442		45605	4160	49765
3/1609	6528	3571		2613	848	1699		15259	1500	16759
8/1611	5566	2564	352	2118	855	1468		12923	1718	14641
5/1619	6310	9391	4058	1833	947	1169	2124	25832	3378	29210
6/1620	10449	9739	9212	4126	3929	1154		38609	7004	45613
3/1623	3739	21642	21041	3907	704	3812	362	55207	7399	62606
4/1624	7354	33267	21062	8212	4127	3926		77948	7568	85516
1/1627	6077	27412	20132	4137	2013	1772		61543	6815	69358
9/1633	5693	27821	12549	3793	2260	3494		55610	7648	63258
1/1640	17262	37111	14929	3872	1067	2692		76933	11347	88280
12/1643	10438	31438	16067	3348	940	1191		63422	14095	77517
2/1647	9685	24127	14310	2415	672	2515		53724	11734	65458
9/1661	5481	8178	7470	1179	449	2317		25074	7984	33058

Source : Parker (Geoffrey), *El ejército de Flandes...*, pp. 321-322.

Bibliographie : Hermann, *Premier âge...*; Parker, *Army...*; Alcalá-Zamora, *España, Flandes...*; Quatrefages, *Tercios...*

PROPHETIE MORISQUE EN « ALJAMIADO » (XVIe siècle)

*Morisques et vieux-chrétiens s'affrontent à coup de prophéties. Le genre s'inscrit dans une longue tradition, bien enracinée en Espagne et encore vivace en Europe en plein XVIIe siècle. L'affrontement religieux qui sous-tend le conflit dont il s'agit ici lui donne, cependant, une force particulière. L'*aljamiado *est une manière particulière de noter l'espagnol en caractères arabes.*

Bismillah [en arabe : Au nom de Dieu]

Ceci est le testament du Grand Turc... Muhammad Uzman, celui qui gagna Constantinople, copié d'un document envoyé par don Lope Jiménez de Urrea, vice-roi de Sicile, à sa femme, qui résidait alors à Aranda de Moncayo.

Très cher fils, bonheur et longue vie à toi, puisque nos jours sont comptés. La grâce du très-haut Créateur et de son prophète Muhammad soit avec toi. Amen !

... Très cher fils, ... nous prierons [après notre mort] le grand Allah et son grand prophète Muhammad, en compagnie de Murat, notre père, d'illustre mémoire, de renforcer tes armées et de te donner la victoire sur ces païens de chrétiens ; qu'Il te permette d'entrer dans les palais de nos prédécesseurs romains — car c'est le grand Allah et son prophète Muhammad qui nous en empêchent pour l'instant ; qu'Il te permette de renverser la maison de Pierre et de Paul ; de briser les idoles d'or, d'argent et de marbre ; de détruire, de déposséder et de disperser le grand païen à la tête rasée et ses cardinaux ; qu'il ne soit plus jamais question d'eux, à Rome ni à Arroba [village du centre de l'Espagne], que sa foi soit humiliée et qu'elle cède la place à la foi et à la croyance du grand prophète Muhammad...

Tu donneras de l'avoine à ton cheval sur l'autel de Pierre et de Paul, avant de revenir te faire couronner à Constantinople ; tu soumettras la face de la terre, du Levant au Ponant ; tu reviendras à Constantinople, et tu feras la prière sur notre tombe tous les jours de l'année...

Source : Real Academia de la Historia, mss. T 18, fol.128 r°-132 v°. Traduction à partir de la transcription de l'*aljamiado* en caractères latins de Cardaillac (Louis), *Morisques et chrétiens...*, pp.401-406.

Bibliographie : Domínguez Ortiz, *Moriscos...*

L'IDEAL DU PRINCE ; INSTRUCTIONS DE PHILIPPE II A JUAN D'AUTRICHE AVANT LA BATAILLE DE LÉPANTE (1570)

Il s'agit d'instructions personnelles sur la conduite que doit suivre le jeune prince. Les instructions politiques et militaires ont fait l'objet d'un autre document. Conscient du caractère idéologique de la guerre en cours, Philippe II définit ici le souverain modèle tel qu'il le conçoit. L'influence de la contre-réforme se fait sentir.

Mon frère,

Outre l'instruction que je vous ai remise sur votre charge de capitaine général de la mer... l'amour que je vous porte, l'estime que j'ai pour vous et les vœux que je forme pour votre personne et votre réputation m'obligent à vous donner les conseils suivants :

Premièrement : Dieu seul doit être la source et le fondement de tout ce que vous entreprendrez, car sur Lui sont fondées toutes choses et toute saine résolution. Tel est votre devoir de bon et véritable chrétien... Craignez donc Dieu, montrez-vous bon chrétien, non seulement dans les faits, mais aussi en apparence, en songeant que par vos démonstrations vous donnerez le bon exemple ; qu'ainsi, Dieu vous couvrira de bienfaits infinis et fera croître chaque jour votre réputation... Il rémunère sur le champ les mérites de ceux qui le servent et donne cent pour un. A tout instant, exaltez ses grandeurs, à tout instant louez son saint nom. Remettez-vous en sa volonté en toutes vos pensées, en tous vos actes. Ne demandez dans vos prières que votre bien, non la satisfaction de vos désirs...

Vous aurez soin de fréquenter souvent la confession, spécialement pour la Noël, Pâques et Pentecôte, ainsi que les fêtes solennelles. Vous recevrez le Très-saint Sacrement lorsque les circonstances vous le permettront. A terre, vous entendrez fréquemment la messe et vous prierez en particulier, en réservant du temps pour vos dévotions et vos méditations. En tout, vous vous montrerez bon catholique et bon chrétien...

La vérité et l'accomplissement des promesses, voilà le

fondement du crédit et de l'estime des hommes... Ce sont qualités plus nécessaires encore chez les grands et chez ceux qui détiennent des charges publiques... Quant à vous, étant donné l'importance de celles que je vous confie, vous êtes obligé de servir Dieu en premier lieu, moi-même en second, le reste du monde en troisième et de tenir en tout votre parole. Comme il est plus facile de la donner que de la tenir, je vous exhorte avec la plus grande insistance à ne le faire qu'après mûre réflexion et après avoir pesé les inconvénients de votre promesse...

Vous userez de vos pouvoirs judiciaires avec droiture et sans faire acception de personnes. En cas de nécessité, vous userez de rigueur et ferez des exemples au gré des circonstances, sans oublier pour autant modération et miséricorde, à l'instar de Dieu, chez qui ces vertus sont aussi infiniment présentes que la rigueur justicière...

Vous vous souviendrez que la flatterie et les belles paroles sont inconvenantes pour qui les dit et insultantes pour qui les reçoit. Vous leur ferez tel visage que les flatteurs comprennent combien vous les méprisez... Vous en ferez autant pour ceux qui, en votre présence, maltraiteraient la personne et l'honneur des absents, en tenant pour sûr qu'à l'occasion ils en feront autant à votre égard... Nous devons, nous qui sommes appelés par la Providence à commander, surveiller plus que les autres nos fréquentations, de manière à apprendre des bons et ne point nous rendre incorrigibles au contact des méchants.

Vous vivrez et procéderez avec la plus grande retenue en ce qui concerne la décence de votre personne, car c'est matière qui, outre l'offense faite à Dieu, est source de bien des maux... et fort mauvais exemple. Si, peu ou prou, vous vous adonnez à l'incontinence, perdez tout espoir de prospérité, de bonheur dans vos entreprises et de succès. Car, emportée d'une ivresse honteuse, votre raison ouvrira de part en part ses portes à tous les vices... L'impureté est un ennemi qui nous colle à la peau. Ses ravages sont si terribles et si prompt est son effet que Dieu a voulu laisser toujours le remède à portée de nos mains : par le signe de la croix, nous nous armons pour lui résister et nous mettons en fuite cette tentation, comme d'ailleurs toutes les autres. Mais pour que ce divin remède fasse son effet, il faut que l'accompagne une droite intention et que nous demandions à Dieu la force de résister aux impulsions et aux assauts de la chair, car la croix ne fait qu'accroître la confusion de ceux qui l'utilisent à des fins injustes ou sans avoir l'intention de lui voir accomplir ses merveilles. Je voudrais qu'on loue votre chasteté autant que les autres vertus que vous ne manquerez pas d'exercer. Vous me feriez ainsi grand plaisir et votre réputation y gagnerait. Agissez en conséquence. C'est important pour moi, ce l'est encore plus pour vous...

Ne fréquentez que des hommes mûrs, pleins de jugement et de prudence, de science, d'expérience et de conscience. Estimez-les, aimez-les. Faites-en les marche-pieds par lesquels vous vous élèverez à la gloire. Qu'ils soient le point d'ancrage et la boussole de toutes vos entreprises. Ne mettez jamais en pratique vos desseins les plus grands sans les avoir passés, auparavant, au creuset de leur avis et de leur approbation. Ils en ressortiront épurés, plus sûrs et plus efficaces. Ne résolvez rien sans leur consentement... mais prenez garde à ce qu'ils ne s'imaginent pas être la seule cause de vos succès, car s'il n'est homme qui ne veuille pour lui seul la gloire tout entière d'une grande victoire, c'est vous, et vous seuls, qui devez en jouir, même si d'autres y ont quelque part...

Ne vous abandonnez pas à goinfrerie. Mangez pour vivre, ne vivez pas pour manger. La sobriété rend l'homme robuste. Trop manger en fait un glouton, irascible et luxurieux. La goinfrerie tue l'âme. Elle tue aussi le corps.

Soyez généreux sans excès, sans atteindre à la prodigalité. La générosité vous convient. La prodigalité vous rendrait méprisable, car le prodigue agit sans réflexion : on le tient pour nuisible à la monarchie, incapable de gouverner.

Récompensez en mon nom services et mérites. Ne décidez pas les promotions au vu des seuls états de service : tenez compte de la capacité du sujet et de la qualité de l'emploi que vous allez lui donner...

Fuyez le jeu, autant que faire se peut, particulièrement les cartes, les dés et autres divertissements du même genre, car ce sont les plus pernicieux. Vous donnerez ainsi un bon exemple et vous éviterez des occasions de perdre la sérénité et la mesure que vous devez toujours garder. Il est bien rare, en effet, que même les plus grands personnages ne perdent pas leur calme en jouant... Si vous gagnez, rendez tout ; car c'est honte pour une personne telle que vous de garder ce qu'elle gagne. Le pire des rufians n'agit pas autrement.

Ne montrez trop de familiarité à aucun grand, fut-il votre ami, car cela nuirait beaucoup à votre prestige et au respect que vous méritez et qu'il faut qu'on ait pour vous. Traitez chacun avec bienveillance, mais chacun à sa place, et votre autorité à la sienne...

Vous prendrez garde à ne pas vous mettre en colère sans fondement sérieux, pour vous calmer aussitôt : ce sont là manières d'enfant plus que de prince. Si, pour de graves motifs, vous vous êtes irrité contre quelqu'un, ne revenez pas en arrière sans lui avoir fait sentir les effets de votre juste indignation. On appréciera ainsi votre prudence, vos raisons et la justesse de votre procédé.

Vous mettrez le plus grand soin à n'adresser à personne, pour bas qu'il soit, parole injurieuse qui l'offense. Votre bouche est faite pour honorer, pour distribuer des bienfaits, non pour deshonorer. Vous ferez châtier les coupables..., mais ce n'est pas votre bouche qui doit dicter le châtiment..., ni vos mains l'accomplir. Ce serait chose indigne et je tiendrais pour infâme la personne de votre qualité qui agirait ainsi...

Dans la vie de tous les jours, vous veillerez à garder le plus grand calme, sans fausse note, sans jamais perdre votre sérénité, car c'est chose nuisible à l'autorité de personnes de votre sorte...

Je sais bien que l'on commet mille insolences à bord des navires, pour le plus grand dommage du service de Dieu et du mien propre. Je sais qu'on y blasphème et qu'on y sacre tout haut, sans parler de toutes sortes d'iniquités et de friponneries. Je vous recommande, je vous ordonne d'apporter à ces matières toute l'attention qu'elles méritent...

Les sodomites seront brûlés sans délais à la première escale, en présence de toute l'escadre, ou du moins des navires qui se trouveront à proximité. Ceci s'applique au sodomite actif comme au passif, sans aucune espèce de pitié, et n'admet aucune discussion.

Le blasphémateur sera châtié, la première fois par quatre parcours de baguettes, la seconde par huit. La troisième, on le jettera à la mer pour qu'il y meure. Vous ferez publier cela sur tous les navires qui relèvent de moi, afin que nul ne l'ignore. Il n'y aura aucune pitié pour les coupables...

Suivez toujours les conseils et les avis les plus raisonnables. Faisant ainsi, même en cas de défaite, si vous vous défendez bien jusqu'au bout, votre réputation ne sera pas atteinte, car les plus grands personnages... ont perdu des batailles, sans perdre pour autant leur gloire ; c'est Dieu, en effet, qui donne la victoire : nous, les hommes, nous nous contentons de fournir les instruments les meilleurs possibles, dans l'attente du sort qu'il plaira à Sa Majesté divine de nous réserver...

Aranjuez, le 23 mai 1570.

Le Roi.

Source : Valladares, *Semanario Erudito,* XI, pp. 257-272, d'après Diaz-Plaja (Fernando), *Historia de España en sus documentos, siglo XVI,* Madrid, Cátedra, 1988, pp.440-446.

Bibliographie : Bennassar, *Histoire des Espagnols...*; Bennassar, *Inquisition...*; Le Roy Ladurie, *Monarchies...*; Lesure, *Lépante...*; Parker, *Philip II...*; Maravall, *Philosophie politique...*; Maravall, *Cultura...*

PROPHETIE CHRETIENNE CONTRE LES MORISQUES (1572)

*Les chrétiens répondent aux morisques (p.50) par des prophéties qui annoncent la défaite de l'empire turc. La lettre qui suit a été envoyée à l'inquisiteur-doyen de Grenade par Pedro Deza (1500-1520). Ce dernier est un personnage illustre. Alors président de la chancellerie de Grenade (1566-1576), il fut ensuite cardinal et président, à Rome, de la Congrégation de l'Inquisition. L'*encubierto *est un personnage eschatologique qui, resté caché pendant longtemps, se révèlera à la fin pour sauver son peuple d'un grand danger. Nous sommes au lendemain de Lépante.*

Illustrissime et révérendissime seigneur,

... Au début du soulèvement de Grenade, un cordonnier très âgé, mon voisin, m'apporta un très vieux livre manuscrit où il manquait quelques pages, qui aurait appartenu, disait-il, à un ancien président [de la chancellerie de Grenade]... Le livre entier traitait de prophéties et d'étranges prédictions. Il était question à un endroit du soulèvement du royaume, en langage et sous le voile prophétique, mais exactement comme il s'est passé. Le texte disait :

« Les sarrasins d'Espagne, ces animaux sauvages, se

soulèveront et, sortant de leurs cavernes emplies de venin, feront grand ravage parmi les chrétiens. Ceux-ci seront si divisés qu'ils ne pourront s'unir face au danger. Alors viendra l'*encubierto* pour sauver les chrétiens et détruire les sarrasins... Il s'appelle Austro, il va sur du bois... Il est très beau, blond, blanc de peau ; agréable sa parole, et véritable...»

Lorsqu'on me montra ce livre, au début du soulèvement, je n'y prêtai guère attention et je n'y vis que matière à rire, car il n'est pas homme moins crédule que moi en ces affaires. Mais après l'arrivée du seigneur don Juan, et comme certaines de ces prophéties se réalisaient, j'en montrai copie [au prince]. Il lui parut d'abord que c'était un faux. Je lui apportai alors l'original. Lorsqu'il le vit si ancien, et l'écriture si antique, il lui donna grand crédit. Je ne me souviens pas s'il l'a gardé ou si je l'ai encore...

Je vis aussi, vers cette époque, un livre de prédictions écrit en italien par un moine allemand. Il me parut avoir vu juste en ce qui concerne plusieurs années passées. Je remarquais, en particulier, qu'il annonçait le soulèvement à la fin de 1568. Je fis donc traduire le texte des années 1567 à 1583. Il y est dit qu'en 1571 les Turcs subiront une sévère défaite de la main d'un membre de la famille d'Autriche, fils de l'empereur Charles, et que beaucoup se convertiront à notre sainte foi. J'ai déjà dit le peu d'attention que je prête à ces écrits. Mais voyant entièrement réalisées les prédictions passées, je compte que Dieu achèvera ce qui est si bien commencé... et je ne doute pas que cette victoire, si imprévue qu'on doit y voir un miracle, n'annonce le temps où Notre-Seigneur en finira, par la main de Sa Majesté, avec leur ennemi commun. Celui-ci est vaincu et brisé, ses forces anéanties, sa douleur de la blessure encore toute fraîche. Ses équipages manquent d'entraînement. Il lui faut du temps pour se refaire et la chance a tourné en faveur des chrétiens. Nos forces ont doublé, nous avons repris espoir et courage, nos armées et nos flottes ont acquis de l'expérience et le sort nous favorise. Menés par le capitaine qui nous conduit et avec l'aide de Dieu, il faut faire une descente [en Méditerranée orientale] ce printemps même...

« Grenade, le 29 janvier 1572.

Don Pedro de Deza. »

Source : Instituto Valencia de Don Juan, envío 1, d'après Cardaillac, *Morisques et chrétiens...*, pp.424–425.

Bibliographie : Aldea Vaquero, *Diccionario...*, art. « Deza, Pedro » ; Milhou (Alain), *Colón...*; Ruiz Rodríguez, *Real Chancillería...*

AVIS RELATIF A LA FLOTTE DES INDES (1572)

Un important édifice de crédit repose sur l'arrivée des métaux précieux des Indes. Les marchands tentent avec anxiété de connaître, avant même l'arrivée de la flotte, ce qu'elle transporte. L'arrobe vaut 11,502 kg.

Compte et enregistrement de l'or, de l'argent, des réaux et de la teinture et des cuirs que transportent l'escadre et la flotte [*armada y flota*] qui arrivent sous le commandement de don Cristobal de Eraso, le tout exprimé en ducats de onze réaux :

Pour Sa Majesté	653 240 ducats
Pour les particuliers, or et argent	2 041 757 ducats
6 200 arrobes de cochenille à 400 réaux l'arrobe	225 818 ducats
110 000 cuirs de vache, à un ducat et demi pièce	165 000 ducats
Total	3 085 816 ducats

Il faut y ajouter quantité de perles, de sucre et d'autres marchandises.

Ces nouvelles ont été données par un lieutenant [*alférez*] de l'escadre [*armada*], qui est arrivé aujourd'hui premier novembre. Il avait quitté la flotte [*flota*] dans le canal des Bahamas. On l'attend, avec l'aide de Dieu, dans six jours. Dieu la protège.

Séville, le 1er novembre 1572.

(au dos)

1572. Ce qu'apporte la flotte [*flota*] des Indes.

Au magnifique seigneur Simon Ruiz, mon maître, à Medina del Campo.

Port : un réal.

Source : Fonds Simon Ruiz, liasse 196, section III, d'après Lapeyre, *Une famille...*, p.619.

Bibliographie : Lapeyre, *Monarchies...*; Chaunu, *Conquête et exploitation...*; Chaunu, *Séville...*; Morineau, *Gazettes...*

L'HUMANISME ESPAGNOL ; LA CONCEPTION DE L'HISTOIRE DE DIEGO HURTADO DE MENDOZA (vers 1575)

Dans la préface qu'il compose vers 1574 pour sa Guerre de Grenade, *ouvrage qui raconte la révolte des morisques de ce royaume contre Philippe II, Diego Hurtado de Mendoza (1504–1575), fin lettré, aristocrate, militaire et diplomate, ancien élève de ce Pierre Martyr d'Angléria que nous avons déjà rencontré (p. 27), expose sa conception de l'histoire. C'est une sorte de chant du cygne de l'humanisme espagnol qui, dans son imitation de Tacite, annonce en même temps la naissance d'un courant de réflexion sur l'Etat, œuvre de praticiens et non plus d'universitaires, qui connaîtra son heure de gloire au XVIIe siècle.*

Ce livre traite de la guerre qu'a menée dans le royaume de Grenade, contre les rebelles nouveaux-convertis, Philippe II, Roi catholique d'Espagne, fils de Charles, l'empereur invaincu. Je suis en partie témoin oculaire des faits ; je les ai en partie entendu conter à ceux qui y ont participé. Bien des choses que je vais raconter paraîtront à certains, je le sais, trop infimes, trop basses pour mériter d'être écrites, comparées aux grands événements qui remplissent les *Histoires* d'Espagne. Longues guerres à l'issue diverse ; prise et pillage de cités populeuses ; rois défaits et jetés en prison ; lutte du père contre le fils, du frère contre le frère, du beau-père contre le gendre ; souverains déposés, rétablis, déposés à nouveau, mourant enfin sous le fer ; lignages éteints ; bouleversements dans la succession des royaumes... Voilà le champ immense où prend son essor l'oeuvre de l'écrivain. J'ai choisi, quant à moi, un chemin plus étroit, difficile, stérile, peu brillant, mais plein de fruit et d'enseignements pour l'avenir : petits commencements, révolte de brigands, assemblées d'esclaves, tumultes de vilains, jalousies, haines, brigues et mesquines ambitions ; lenteur des décisions, manque d'argent, refus de voir les choses en face, sous-estimation des difficultés ; manque de ressort et d'allant chez des esprits pourtant habitués à comprendre, à trancher et à dissimuler en de plus hautes questions... Ce n'est pas perdre son temps que de considérer comment de petits débuts, de causes toutes particulières et ponctuelles, sont nées de grandes épreuves, des difficultés sans nombre qui mirent l'Etat presque en danger de mort.

On contera une guerre que nous estimons ici secondaire et de peu d'importance, mais que l'on considère à l'étranger comme une grande affaire qui, tant qu'elle dura, tint occupé, et non sans espoir, l'esprit des princes, nos amis comme nos ennemis, nos voisins comme les plus lointains. Guerre d'abord cachée et sans cesse achevée, sans cesse recommencée, à la fin guerre ouverte, fruit de la peur et de l'industrie, mais aussi de l'intrigue et de l'ambition. Le peuple morisque progressivement rassemblé, jusqu'à former des armées véritables ; l'Espagne mobilisant toutes ses forces pour éteindre l'incendie ; le roi, abandonnant son repos pour se rapprocher du péril ; le roi, obligé d'appeler au commandement don Juan d'Autriche, son frère, le fils de l'empereur Charles, que les victoires de son père obligeaient à se montrer tel que nous le vîmes enfin. Lutter chaque jour, lutter petitement, lutter partout contre l'ennemi, contre le froid et la chaleur, contre la faim, le manque de munitions et d'équipements ; sans cesse des pertes, sans cesse la mort ; jusqu'à voir l'ennemi, nation guerrière, courageuse, bien armée, favorisée par le terrain, appuyée par les barbares et les Turcs, enfin vaincu, rendu à merci, exilé de son pays, dépouillé de sa propre maison, de ses biens, prisonnier, hommes et femmes liés ensemble, ses enfants vendus aux enchères publiques ou emmenés au loin ; captivité, déportation dignes, dans leur grandeur de ce que rapporte l'histoire. Victoire jusqu'au bout douteuse, périls si graves qu'on put se demander si c'était eux ou nous que Dieu voulait punir, jusqu'à ce que l'issue découvre que, s'il avait brandi pour nous la menace, c'est eux qu'il avait châtié.

Etranger à tout sentiment d'amour ou de haine, je ne veux pour récompense que la reconnaissance de ceux qui accepteront le fruit que libéralement j'offre à leur réflexion. Qu'il n'y ait pas d'autre fondement au souvenir qui restera de moi.

Source : Diego Hurtado de Mendoza, *Guerra de Granada,* éd. Bernardo Blanco-González, Madrid, Castalia, 1970 [Lisbonne, 1627], pp.95-96.

Bibliographie : Redondo, *L'humanisme...*; Nader, *The Mendoza...*; Maravall, *Estado....*

« RELATION TOPOGRAPHIQUE » DE CORRAL DE CARACUEL (1575)

En 1575, puis en 1578, Philippe II entreprit une grande enquête sur les villages et les villes de Castille. Des commissaires devaient être envoyés dans chaque agglomération, munis d'un questionnaire sur l'histoire, la population, la situation géographique et économique, l'habitat, les fêtes et dévotions, les ruines et monuments anciens, les célébrités locales et les familles nobles de l'endroit. Ils devaient s'informer auprès des autorités et des plus vieux habitants du lieu. Les enquêteurs furent accueillis avec méfiance. De nombreux villages, surtout sur les terres seigneuriales, refusèrent de répondre ou ne le firent que très imparfaitement. On n'a conservé les réponses (peut-être n'alla-t-on jamais au-delà) que pour la Nouvelle Castille : des montagnes qui coupent la péninsule en deux au nord de Madrid jusqu'à la Sierra Morena, limite de l'Andalousie. Encore ne concernent-elles que la moitié des agglomérations de la région. Telles quelles, elles constituent cependant une source de première importance pour l'histoire de l'Espagne.

Nous traduisons ici quasiment dans son intégralité (nous ne coupons que quelques formules juridiques) la réponse de Corral de Caracuel (aujourd'hui Corral de Calatrava), village situé sur le territoire de l'ordre militaire de Calatrava, à une vingtaine de kilomètres au sud-ouest de Ciudad Real. L'extension de ce document est médiocre, mais assez représentative de la moyenne des rapports fournis par les agglomérations de cette taille. Les réponses suivent l'ordre du questionnaire. Quand il manque des numéros, c'est qu'il n'y a pas eu de réponse à la question correspondante.

Le texte est technique et non dépourvu de pièges. On n'entreprendra pas son commentaire sans l'aide des ouvrages cités en bibliographie. Sauf indication contraire, le mot « ville » traduit, dans le texte, l'espagnol « villa ». « Villa » a un sens juridique : le titre implique une municipalité indépendante. Il s'oppose à « lieu » (lugar), qui désigne une agglomération soumise à une « villa » et dépourvue d'une municipalité propre de plein exercice.

En la ville de Corral, de l'ordre de Calatrava, le 1er décembre 1575, les très magnifiques seigneurs Antonio Fijón et Andres Hernández, alcaldes ordinaires de Sa Majesté en ladite ville, en vertu d'une instruction de Sa Majesté dont il appert qu'elle demande la description et l'histoire des agglomérations de l'Espagne, transmise par l'illustre seigneur le licencié Xaramillo, gouverneur du district [*partido*] d'Almodovar, dont fait partie ladite ville, ordonnèrent à Messieurs Diego Ordoñez, Lope de Rosales et Antonino, domiciliés en ladite ville, [de répondre au questionnaire]...

1. Cette ville s'appelle Corral de Caracuel. Elle tient son nom, à en croire les anciens, de la proximité d'une ville nommée Caracuel jadis très peuplée, d'après les livres d'histoire. Les ruines qui s'y trouvent le prouvent d'ailleurs, ainsi qu'une forteresse, ou château, qu'il y a là. Il y avait en contre-bas de Caracuel un corral qui servait à ferrer les vaches. C'est là que s'est installée notre ville. D'où, selon toute vraisemblance, son nom.

2. C'est une belle agglomération, qui existe depuis 180 ans. On ignore qui l'a fondée.

3. Son titre de ville est immémorial, au moins depuis qu'elle appartient au gouvernorat d'Almodovar del Campo du Campo de Calatrava.

4. Elle est située dans le royaume de Tolède, dans la région d'Almagro.

7. Elle appartient à l'ordre de Calatrava.

8. Pour les cortès et autres affaires de ce type, elle relève d'Almodovar. C'est Tolède qui représente cette circonscription.

9. Elle relève de la Chancellerie de Grenade et, en tant qu'agglomération de l'ordre de Calatrava, du Conseil des Ordres. Elle est à quarante lieues de Grenade.

10. Le gouvernorat est à Almodovar. Etant une ville, cependant, elle a ses alcaldes, qui connaissent de toutes les affaires judiciaires, sauf si le gouverneur les évoque à lui. Il y a trois lieues jusqu'au gouvernorat.

11. Elle appartient à l'archevêché de Tolède. La cathédrale est à vingt lieues. Elle se trouve dans l'archiprêtré de Calatrava.

12. Comme ville de l'ordre de Calatrava, elle a un recteur [curé], mais pas de prieur.

13. Dans la direction où se lève le soleil, on trouve La Cañada, à une petite lieue, entre le levé du soleil et le sud, à main droite. Le chemin est en ligne droite, légèrement déporté sur la gauche.

14. Au midi se trouve Caracuel, un peu sur la gauche, à un quart de lieue.

15. Au couchant, Cabezarados, à trois grandes lieues de chemin.

16. Au nord, la ville d'Alcolea, légèrement à main gauche lorsqu'on regarde droit au nord, à deux bonnes lieues.

17. La ville est en terrain plat, la terre tempérée, couverte ou non de végétation [*hay montes y rasos*], plutôt accidentée et nue. Elle est saine, comme le montre le nombre de vieillards.

18. Il y a du bois de chauffage, quoiqu'assez loin. Il s'agit de maquis bas [*monte bajo*], de sarments, de ciste, de romarin... Il n'y a pas d'arbres en futaie. Le gibier, varié mais peu abondant. Beaucoup de bêtes sauvages, de loups et de renards.

19. Le Guadiana passe à une demi-lieue au nord. Au couchant, s'y jette une rivière nommée le Jabalón, qui ne coule qu'en hiver. Le Guadiana est ici abondant.

20. Le Guadiana et le Jabalón contiennent des poissons communs, des anguilles et des lamproies. Dans la partie de leur cours qui sert de limite au territoire municipal, sur la moitié de la largeur du lit, le droit de pêche appartient au commandeur présent ou à venir de la ville. Sur l'autre moitié, il appartient au commandeur d'Herrera. Le commandeur de notre ville en tire quatre ou cinq ducats par an.

22. Il y a quatre moulins à roue sur le Guadiana dans le territoire municipal de la ville. Ils ont une meule chacun. Sur le Jabalón, il y a deux moulins. Sur le Guadiana, Balbuena appartient au couvent de Calatrava ; Torre Bermeja et El Portazgo appartiennent à Juan Gedexa, domicilié à Almagro ; un autre, plus récent, appartient à une confrérie. Sur le Jabalón, un moulin appartient à Juan Gedexa, un autre à Miguel Mancebo, domicilié à Caracuel.

23. L'eau est abondante, bien que saumâtre. Pour l'alimentation humaine, on utilise un puits situé au sud du

village, qui donne une eau de qualité, abondante et suffisante. On a déjà parlé des moulins.

24. Pâturages : un pré communal pour les boeufs [*dehesa boyal*], petit. Les pâturages sont communs à cette ville et à la Cañada del Moral, qui partagent le même territoire municipal.

25. La commanderie de cette ville possède quelques maisons sur la place, près de l'église.

26. C'est terre de culture. On y récolte les grains les plus courants : blé, orge, seigle et pois-chiches. Du bétail, mais peu : chèvres, moutons. Les bovins pour le travail. Les dîmes valent 1 800 fanègues [une fanègue : un demi-hectolitre environ], tous grains réunis. On vend au maximum légal, ou en-dessous, selon les époques. En dehors des grains et de la viande, on se fournit dans les agglomérations des alentours. Les produits importés par mer viennent de Séville.

35. Les maisons sont de torchis commun, construites de la manière qui convient le mieux à des cultivateurs. On achète le bois : le pin dans la Montagne de Cuenca ; le reste dans les villages alentour.

39. Feux : 334, en hausse, puisque les parents des habitants d'aujourd'hui se souvenaient d'avoir connu une population de 300 feux.

40. Il y a 38 maisons d'hidalgos. Les autres sont laboureurs. Les hidalgos jouissent des franchises accordées aux nobles. La noblesse de la plupart d'entre eux a donné lieu à procès à la Chancellerie de Grenade...

41. Les hidalgos ne possèdent pas ici de maison-mère [*casa ni solares*], car ils viennent de la Montagne, et là-bas est leur famille, ainsi qu'il ressort des informations préliminaires à certaines décisions judiciaires. On n'indique pas leurs blasons et leurs armes, faute de les bien connaître.

42. La population est pauvre. Elle n'a pas d'autre activité que l'agriculture.

43. La justice séculière : deux alcaldes, deux échevins [*regidores*]. La ville donne des noms et le commandeur choisit dans la liste. La justice ecclésiastique à Ciudad Real de fait, mais il y a procès sur ce point avec l'ordre de Calatrava.

44. Personnel : deux alcaldes, deux échevins, deux alguazils, un notaire, un procureur, quatre députés, sans salaire ni rétribution ; deux alcaldes de la nouvelle

hermandad, un alguazil et quatre gardes, pour les délits commis en dehors de l'agglomération.

45. Le territoire municipal est commun à notre ville, à celle de Caracuel et à La Cañada, tant en ce qui concerne les pâturages que l'administration. Dans sa plus grande longueur, ce territoire fait trois lieues sur une de large.

47. La ville n'appartient à aucun seigneur [*no es de señorío*].

50. Il y a une église paroissiale. Le bénéfice rectoral rapporte 28 000 maravédis de fixe, 50 000 au total.

52. On chôme les fêtes communes. Par vœux particuliers, on chôme aussi Notre-Dame de la Paix, saint Grégoire, saint Antoine, saint Sébastien et sainte Brigitte.

56. Certains disent que la Caracuel ci-dessus mentionnée fut jadis une ville, la « ville des escargots »[escargot, en espagnol — *caracol*]. Elle a perdu sa population et n'a aujourd'hui que 50 feux.

Les susnommés déclarent que c'est là ce qu'ils savent des questions posées par le questionnaire et qu'ils ne savent rien d'autre ni ne peuvent donner d'autres précisions à Sa Majesté. Ceux qui savent ont signé comme ils ont coutume. Frère [*Fray*] Christobal de Balmediano. Diego Ordoñez. Lope de Rosales. Francisco de Cobre, notaire.

Source : Viñas (Ramón), *Relaciones histórico-geográfico-estadisticas de los pueblos de España..., provincia de Ciudad Real,* Madrid, CSIC, 1971, relation de Corral de Caracuel.

Bibliographie : Salomon, *Campagne...*; Dedieu, *Administration...*; Bennassar, *L'Espagne de l'immobilisme...*; Vassberg, *Land and society...*; Campos y Fernández, *Mentalidad...*

TRAITE [ASIENTO] DE 25 000 ECUS ENTRE DON JUAN D'AUTRICHE ET PEDRO RUIZ (1577)

Don Juan d'Autriche, isolé aux Pays Bas, est aux abois. L'Espagne tente désespérément de lui faire parvenir des fonds par le chenal de la maison d'affaires Ruiz, de Medina del Campo, qui a de gros intérêts en France. Le cours officiel de l'écu d'or était, à cette époque, de 400 maravédis.

Jérónimo Curiel, serviteur du roi mon seigneur, a accordé [*asienta*] et concerté par mon ordre avec Pero Ruiz Envito, résidant à Nantes, qu'il me livrerait à Paris ou à Nantes 25 000 écus d'or aux conditions suivantes :

Pero Ruiz Envito, pour servir Sa Majesté, livrera et paiera, à Paris ou à Lyon, à son choix, les 25 000 écus en question, moitié comptant, l'autre moitié à trente ou quarante jours, à compter d'aujourd'hui, date de la présente. Pour cette somme, je lui remets une lettre sur le comptable [*contador*] Francisco de Garnica, du Conseil du roi mon seigneur, payable à Madrid, en espèces, sous quinzaine de sa présentation, en faveur de lui-même, Pedro Ruiz, ou de Simon Ruiz, domicilié à Medina del Campo, à raison de 470 maravédis l'écu.

Pour le service rendu à Sa Majesté, nous promettons en son nom qu'elle donnera licence d'exporter du royaume d'Espagne vers la France les 25 000 écus de 470 maravédis en question, en or ou en argent, à la convenance de la partie, dans les proportions qu'il lui plaira. Ce transfert sera effectué par Pedro Ruiz Envito lui-même ou par toute personne qu'il mandatera à cet effet, et au moment qui lui conviendra.

Je promets que nous respecterons cet accord en toute bonne foi et sans apporter d'entrave à son exécution, ce à quoi nous nous engageons en notre nom propre et au nom de Sa Majesté. Nous ordonnons au comptable Juan de Navarrete de procéder à son enregistrement [*razón*] sur ses livres...

En foi de quoi et pour en assurer la bonne exécution, je l'ai signé de ma main, j'y ai apposé mon sceau et je l'ai fait contresigner par Andrés de Prada.

Fait à Luxembourg, le 15 novembre 1577

Don Juan (signature autographe)

Source : Archivo General de Simancas, Contaduría General, liasse 87, d'après Lapeyre, *Simon Ruiz...*, p.109.

Bibliographie : Lapeyre, *Une famille...*; Hermann, *Premier âge...*

DELINQUANCE ET JUSTICE EN ANDALOUSIE (1580)

Pedro de León, aumonier jésuite de la prison de Séville, écrivant pour l'instruction de ses successeurs, dresse la liste des personnes qu'il a assistées au moment de leur exécution. Le texte qui suit concerne l'année 1580. Il manque, bien sûr, les condamnés dont l'auteur ne s'est pas occupé. Séville étant le siège d'une « audience » (l'équivalent de nos « parlements »), il est possible qu'une partie des sentences ne concerne pas des habitants de la ville, mais des affaires qui se seraient produites dans le quart occidental de l'Andalousie.

Juan González, alias le Fourbe, natif de Séville, de bonne famille, pendu le 12 janvier pour meurtre. Il n'avait que vingt ou vingt-deux ans et son histoire mérite d'être contée...

Juan N, morisque, pendu pour vol le 16 janvier. Mort bon chrétien, ce qui, pour un morisque, est déjà beaucoup.

Isidro N, mulâtre, le 29 janvier, pendu pour meurtre.

Alonso N, le 30 janvier, pendu et écartelé pour meurtre et vol à main armée.

Luis N, pendu et écartelé, le 25 août, pour meurtre et vol à main armée.

Juan Millán, pendu et écartelé pour meurtre et brigandage.

Don Francisco N, pendu pour meurtre.

Don Fernando de Saavedra, personne importante à Séville et de haute naissance [*caballero muy principal de Sevilla*], fut égorgé pour avoir tué María Ortiz, sa belle-soeur, la soeur de sa femme... La victime était seigneur d'une petite ville [*villa*] appelée Castilleja de Talara, près d'Alcázar, et possédait un majorat. Elle n'avait point d'enfants, si bien que les enfants de sa sœur devaient hériter d'elle. Cette dame vivait à moitié sequestrée par son mari, qui avait conçu des soupçons de sa liberté d'allure. Celui-ci, don Sancho, vivait retiré dans le clocher d'une église, pour je ne sais quel délit dont la nature ne fait rien à l'affaire... Fernando Saavedra imagina que si cette Mariá Ortiz venait à mourir, les soupçons se porteraient sur le mari, étant donné les détestables relations qu'il entretenait avec sa femme, et que sa propre épouse et ses enfants hériteraient alors du majorat... Aussitôt dit, aussitôt fait. Il se rend à Castilleja, il étouffe sa malheureuse belle-soeur entre deux coussins... et entreprend de démontrer que le meurtre a été commis à l'instigation du mari. Mais Notre-Seigneur voulut faire éclater la vérité, « car il n'est secret qu'il ne révèle ni mystère qu'il ne connaisse » (Mat. 10, 26 et Luc. 8, 7). Le mari lui-même porta plainte contre son honnête beau-frère, prouva son propre alibi, et, sur ces indices, provoqua l'arrestation de don Fernando, en compagnie d'un autre hidalgo, dont on disait qu'il l'avait accompagné lors du meurtre... Don Fernando avoua sans peine et fut égorgé, car il avait procédé par traîtrise [*traición*] et fourberie [*alevosía*]. Il mourut dans le repentir et donnant des indices certains de son salut, car Dieu est habile à tirer le bien du mal. Son épouse, après quelques jours passés dans la prison des femmes, fut relâchée et jouit quelques temps du majorat de sa pauvre soeur. Mais ni elle ni ses enfants n'en profitèrent longtemps, car ils moururent peu après...

Juan Rodríguez, le 13 avril, pendu pour meurtre.

Juan N, le 18 avril, pendu pour meurtre.

Luis Fernández, morisque, le 20 avril, pendu pour vol.

Juan N, morisque, le 26 avril, pendu pour vol.

Francisco, morisque, pendu pour vol.

Pascual, un nègre, le 2 mai, brûlé pour péché contre nature [*pecado nefando*].

Solimán, un nègre qui était aussi turc ou maure, le même jour, pour le même délit, brûlé. Il se convertit. Nous l'instruisîmes et le baptisâmes au préalable.

Fernando N, le 1er juin, pour meurtre et autres délits. Pendu.

Benito N, le 7 juin, pendu pour divers délits.

Diego Fernández, le 14 juin, brûlé pour crime contre nature.

Vicente, morisque, pendu pour vol, le 20 juin.

N, morisque, pendu pour vol.

María Cordera, 19 ans, voleuse avérée [*ladrona famosa*], pendue le 28 juin. On l'avait déjà fouettée et essorillée pour vol. La justice ayant épuisé l'arsenal des peines, il fallut la pendre. Sa contrition fut remarquable ; elle était baignée de larmes et la manière dont elle reniait sa vie passée remplissait de stupeur les témoins. Entre autres choses, elle suppliait Dieu, avec une grande émotion et en versant des larmes abondantes, de récompenser les juges qui la faisaient pendre, car c'était charité et miséricorde que d'ôter la vie à une personne comme elle, indigne de ce monde, qui jamais ne se serait amendée. Elle mourut ainsi...

Il semblait qu'elle n'avait fait autre chose en sa vie que de macérer dans la pénitence... Louange à Dieu pour toutes ses œuvres, et tout particulièrement pour la justification du pécheur, où resplendit sa miséricorde.

Guillén Peraza, le 11 août..., complice du meurtre de María Ortiz, pendu et écartelé...

Hernando, un nègre, pour meurtre par traîtrise [*a traición*], pendu et écartelé.

Sebastian Ramos Porturilla, le 19 août, pendu pour meurtre.

Antonio Rodríguez, le 21 septembre, pour meurtre. Pendu. Mort dans une grande contrition.

Un Italien dont j'ai oublié le nom, tué à coups de flèches pour brigandage de grands chemins [*salteador*].

Gabriel Ramírez, pendu le 5 octobre, pour deux meurtres.

Source : León (Pedro de), *Grandeza y miseria de Andalucía. Testimonio de una encrucijada histórica, 1578-1616,* éd. Pedro Herrera Puga, Grenade, Facultad de teología de Granada, 1981, pp.405-414.

Bibliographie : Dedieu, *Administration...*; Bennassar, *Histoire des Espagnols...*; Domínguez Ortiz, *Sevilla...*; Herrera Puga, *Delincuencia...*

LES ORDRES MILITAIRES, BASTION DE L'ARISTOCRATIE DE SANG. CONDITIONS POUR ENTRER DANS L'ORDRE DE SAINT-JACQUES (1582)

L'admission dans les ordres militaires, comme dans de nombreuses autres institutions espagnoles et portugaises de l'époque, est précédée d'une enquête pour vérifier que le candidat remplit les conditions requises. Voici le questionnaire de celle qu'on a faite pour l'entrée du capitaine Miguel de Oquendo dans l'ordre de Saint-Jacques (1582). Miguel de Oquendo, d'origine modeste (ce qui causa quelques difficultés à sa candidature) finit sa carrière comme amiral, dans l'état-major du duc de Medina Sidonia lors de l'expédition de l'Invincible Armada. Il mourut d'épuisement au retour de celle-ci. Son fils Antonio est l'un des plus célèbres marins du XVIIe siècle espagnol.

Avant toute chose, le chevalier... chargé de l'enquête recevra du témoin serment en forme légale qu'il gardera le secret sur les questions qui lui seront posées et qu'il taira le fait qu'il a témoigné jusqu'à la concession de l'habit. Il lui garantira qu'il n'existera qu'un seul exemplaire de sa déposition, écrite de la main même du chevalier chargé de l'enquête, sans l'aide d'un quelconque notaire, l'original de laquelle sera envoyé au Conseil [des Ordres]... Avant de recevoir le témoignage, l'enquêteur vérifiera si le témoin est judéo-convers, s'il est infecté de juif ou de maure [*si tiene raza de judío o de moro*], auquel cas il mentionnera le fait en tête de la déposition... et, s'il y a d'autres informateurs, il évitera d'avoir recours à celui-ci.

Il lui posera les questions suivantes :

1. Le témoin connaît-il le capitaine Miguel de Oquendo, son âge, son lieu de naissance ? Connaît-il son père et sa mère, leur nom, leur lieu de naissance et leur résidence ; le père et la mère du père, le père et la mère de la mère dudit capitaine, leur nom, leur lieu de naissance et leur résidence ?...

2. Le témoin est-il parent dudit capitaine, à quel degré ? Est-il son beau-frère, son ami ou son ennemi, son serviteur, son allié [*allegado*] ? Lui a- t-on parlé de cette affaire..., lui a-t-on donné ou promis quoi que ce soit pour dire ce qui n'est pas ?

3. Le témoin sait-il que le capitaine Miguel de Oquendo, son père, sa mère et ses grands-parents sont issus de légitime mariage ?... En cas de bâtardise, le témoin précisera la source de son information.

4. Le témoin sait-il ou a-t-il entendu dire que le capitaine Miguel de Oquendo, son père, sa mère [et ses deux grands-pères]... sont tenus et réputés pour hidalgos [*personas hijas de algo*], selon coutume et for d'Espagne ; qu'ils ne sont infectés de juif, de maure ni de nouveau-chrétien, à quelque degré que ce soit, aussi loin que l'on remonte ? Qu'il précise la source de son information...

5. Le témoin sait-il que les grands-mères du capitaine Miguel de Oquendo, tant du côté paternel que du côté maternel, étaient vieilles-chrétiennes, et n'étaient infectées ni de juif ni de maure à quelque degré que ce soit ? Qu'il précise la source de son information...

6. Le témoin sait-il si le capitaine Miguel de Oquendo ou son père, sont ou ont été marchands ou changeurs ; qu'ils

ont exercé un quelconque métier vil et mécanique ? Il précisera lequel, et en quelle qualité…

7. Le témoin sait-il si le capitaine Miguel de Oquendo sait et peut monter à cheval, s'il en possède un ? Il précisera la source de son information.

8. Le témoin sait-il si le capitaine Miguel de Oquendo est infâmé d'un crime grave de telle nature que sa réputation soit atteinte parmi les hidalgos ? Il déclarera dans quelle mesure et de quel crime il s'agit, en donnant tous les détails.

9. Le témoin sait-il si le capitaine Miguel de Oquendo a été défié ? Il déclarera en quelle manière et précisera la source de son information.

10. Le témoin sait-il que le capitaine Miguel de Oquendo, ses père et mère, grands-pères et grands-mères, ou l'un de ses ascendants jusqu'au quatrième degré inclus, tant en ligne masculine que féminine, qu'ils soient nés avant ou après le délit, ont été condamnés par le Saint-Office de l'Inquisition pour hérésie, de quelque sorte d'hérésie qu'il s'agisse, qu'ils aient été relaxés au bras séculier ou réconciliés, ou qu'ils aient dû accomplir une pénitence publique comme suspects d'hérésie, sur la place publique ou dans une église ? Il déclarera le nom des individus concernés, le lieu et la date de la condamnation ou de la pénitence et précisera la source de son information…

Source : Archivo Histórico Nacional de Madrid, Section Ordenes militares, Santiago, dossier 5930, d'après Lambert-Gorges (Martine), *Basques et Navarrais dans l'ordre de Santiago*, Paris, C.N.R.S., 1985, pp.151-152.

Bibliographie : Sicroff, *Controverses…; Sociétés fermées…*; Dedieu, *Administration…*; Chauchadis, *Honneur…*; Postigo, *Ordenes militares…*

L'ESPRIT DE LA CONTRE-REFORME (1585)

Nous avons vu plus haut (p.35) le peu de cas que le laïc faisait de la « doctrine chrétienne » définie par les clercs. Dans la seconde moitié du siècle, on assiste à une vigoureuse tentative de reprise en main de la part du clergé. Dans un gros livre en langue vulgaire, Francisco Farfán, chanoine de Salamanque, traite du problème de la « simple fornication », point sur lequel le conflit était particulièrement vif : les laïcs considéraient, dans leur grande majorité, que les relations sexuelles avec des prostituées ou entre célibataires de sexe différent, du moment que l'honneur des familles n'était pas en jeu et que les deux partenaires étaient consentants, ne constituaient pas un péché. Les clercs, en revanche, condamnaient tout rapport hors mariage. Ce n'est pour Farfán, qu'un point de départ. Il amplifie son propos et justifie sur un plan théorique l'effort de catéchisation entrepris par l'Eglise catholique dans l'esprit du concile de Trente.

Ainsi, le chrétien vulgaire, s'il n'avait jamais entendu dire que la simple fornication est un péché, aurait quelque excuse à le croire. Mais, entendant comme il l'entend chaque jour proclamer la réprobation de l'Ecriture, ce qu'en disent les saints, ce que clament les prédicateurs, ce qu'enseigne l'Eglise, voyant la manière dont le Saint-Office châtie ce délit, comment peut-il prétendre ignorance ? Comment peut-il y avoir chrétien, pour rustre et sans doctrine qu'il soit, qui n'ait entendu pondérer en conversation par ses proches ou ses parents, en sermon par les prédicateurs, en confession par les prêtres et, finalement, par les inquisiteurs dans les *autos* publics de la foi, la malignité et la difformité de ce péché...

Le plébéien est... obligé de connaître ouvertement et distinctement... la prière du Notre-Père et les principaux mystères de notre foi, principalement ceux qu'il entend prêcher dans le courant de l'année et que l'Eglise lui représente en ses fêtes, les articles de la foi, par exemple, contenus dans le Credo. Tout cela, il doit le savoir sans erreur, purement et simplement, de la manière dont notre Sainte Mère l'Eglise le propose et ordonne de le croire. De sorte que, s'il n'est pas obligé de savoir, comme l'est le théologien, de quelle manière Dieu est trois en personne et un en essence... il est quand même obligé de croire aussi fermement que lui que Dieu est une essence en trois personnes, que le Christ se trouve réellement dans l'hostie consacrée, qu'il est Dieu et homme véritable, qu'il est mort sur la croix, qu'il est ressuscité, qu'il est monté aux cieux, qu'il viendra juger les vivants et les morts, qu'hors de l'Eglise catholique personne ne peut être sauvé, qu'il existe une république céleste des saints bienheureux, que chacun est obligé à recevoir le saint sacrement du baptême, au moins une fois par an celui de pénitence et, pour Pâque Fleurie, celui de l'Eucharistie, et ainsi de suite les autres mystères que l'Eglise enseigne tout au long de l'année. Le tout, avec une sainte et pieuse simplicité, sans fioritures, s'en remettant pour ce qu'il ignore à ce que l'Eglise tient et les saints enseignent.

De ces mystères et des autres du même genre, aucun fidèle chrétien, pour fruste et peu instruit qu'il soit, ne peut alléguer ni prétendre ignorance qui excuse sa faute. Car, comme dit saint Athanase dans son *Symbole,* c'est là la foi catholique, et sans y croire fidèlement et fermement personne ne peut faire son salut. Comme dit notre Maître [le Christ] : « Celui qui ne croit pas sera condamné » (Marc, dernier chapitre).

En conséquence, la petite vieille à qui l'on demanda combien il y avait de personnes dans la Trinité et qui répondit quatre, ne pouvait s'excuser sur le compte de son ignorance. Il est vrai que le chrétien fruste et faible de mémoire n'est pas tenu de savoir les articles de la foi avec tous leurs ornements, dans l'ordre dans lequel l'Eglise les enseigne. Il est cependant obligé de savoir tout ce qu'il y a dans le Credo, soit dans les termes où les Apôtres l'ont composé, soit dans d'autres, dans le même ordre ou non. De sorte que, bien qu'il puisse ne pas être obligé de savoir le Credo par coeur (car il peut être une telle brute qu'il ne puisse le garder tout entier en mémoire...), il est à tout le moins obligé de savoir et de croire tout ce qu'il contient, en gros et en détail, de connaître la réponse qu'il doit faire sur chaque article lorsqu'on l'interroge et de savoir ce qu'il doit en croire lorsqu'il l'entend énoncer...

L'Eglise, pour exclure toute ignorance et rendre plus claire cette vérité [que la simple fornication est un péché mortel], permet que dans le catéchisme qu'on enseigne aux enfants, on modifie les paroles du sixième commandement du Décalogue et qu'au lieu de dire : « Tu ne commettras pas l'adultère », on dise : « Tu ne forniqueras pas ». Il s'ensuit que le chrétien qui, pensant que la simple fornication n'est pas illicite, y tombe, commet deux péchés : d'une part une erreur contre la foi, de l'autre une infraction au sixième commandement ; et son ignorance aggrave la faute plus qu'elle ne l'excuse.

Source : Farfán (Francisco), *Tres libros contra el pecado de la simple fornicación, donde se averigua que la torpeza entre solteros es pecado mortal, según ley divina, natural y humana, y se responde a los engaños de los que dicen que no es pecado...*, Salamanque, 1585, pp.780-781, 765-768, 782.

Bibliographie : Dedieu, *Administration...*

NOUVELLES DE L'INVINCIBLE ARMADA (13/9/1588)

Extraits d'une lettre de Francisco de Hontenada, marchand espagnol installé à Rouen, à Simon Ruiz, marchand de Medina del Campo.

Alors que nous nous attendions à la réussite de l'expédition de Sa Majesté Catholique contre l'Angleterre, j'avais décidé... d'aller voir courant octobre Monsieur Sebastian Pascual [un homme d'affaires de Madrid], et, au passage, de baiser la main de Votre Grâce. Mais une fortune jalouse du Bien a traversé les bonnes intentions de Sa Majesté. Votre Grâce connaît certainement le sort de notre escadre. Je dirai brièvement, quant à moi, ce que j'en sais. Tout ceci va certainement me faire annuler mon voyage pour cette année, jusqu'à voir sur quoi débouchent des événements si nouveaux pour la chrétienté : il vaut mieux, par les temps qui courent, rester chez soi.

Notre escadre est entrée dans la Manche le 2 du mois dernier. Elle a rencontré l'ennemi près de l'île Duque (*sic*) : nous avons tiré quelques coups de canon, sans résultats. La nouvelle qui a couru en Espagne selon laquelle nous aurions coulé à cette occasion quinze navires anglais était fausse. Tout au contraire, c'est nous qui avons perdu deux nefs [*naos*], l'une par incendie, l'autre, montée par don Pedro de Valdés, prise.

Notre escadre continua sa route et arriva le 6 entre Gravelines et Calais. Elle y resta à l'ancre jusqu'au lundi 8 à midi. Elle attendait la flotte du duc de Parme, qui ne rejoignit pas, on ignore pourquoi : tout le monde en est fort surpris et l'on ne comprend pas sa conduite dans une affaire aussi sérieuse. Nous y verrons plus clair avec le temps.

Lorsque le duc de Medina se rendit compte que, malgré les ordres de Sa Majesté, le duc de Parme lui faisait faux bond, après qu'il lui eut envoyé trois seigneurs [*caballeros*] pour lui demander de prendre la mer et que ses messages soient restés sans réponse, il mit la voile le 8 en direction de la mer du Nord, suivi de la flotte anglaise.

Il paraît que le 20 août on a livré bataille, que nous avons coulé vingt nefs aux ennemis et que nous en avons pris autant ; que notre escadre a fait le tour de l'Ecosse pour revenir en Espagne et que, lorsque vous recevrez la présente, elle sera arrivée à bon port. Vous en saurez plus que nous, car ici, nous en sommes réduits à ce que disent les Anglais. Ils font triste mine, nous ne savons pourquoi. Ils disent seulement, en termes généraux, avoir été fort malmenés. Dieu veuille qu'il en soit ainsi. Votre Grâce serait bien aimable de nous informer de ce que l'on en sait en Espagne... [Suivent quelques nouvelles de navires isolés de l'Armada, perdus sur les côtes de Flandres ou réfugiés au Havre].

Voici donc ce qui est arrivé à notre escadre. Sa Majesté et le royaume entier doivent être bouleversés des changements brutaux qui se sont produits en Flandres et qui en font redouter de plus grands encore. On dit tant de choses que nous ne pouvons les croire. Il ne nous reste plus à espérer, comme seul remède, que Dieu donne longue vie à Sa Majesté : s'il ne châtie promptement cette reine maudite, il faut craindre qu'elle ne perturbe le commerce des Indes et la chrétienté tout entière. Votre Grâce comprendra, dans ces circonstances, la nécessité d'être prudent et d'éviter toute opération hasardeuse car, après ce qui s'est passé, des bouleversements sont à prévoir. Votre Grâce a certainement entendu parler des traités [*asientos*] qui ont été signés en Flandre pour la Flandre et pour Milan. Ils n'ont rien qui excite la convoitise.

Nous attendons avec impatience des nouvelles de notre escadre et de l'issue de son expédition. Nous supplions Votre Grâce de nous écrire.

Source : Archives de Simon Ruiz, d'après Lapeyre, *Une famille...*, pp.607–608.

Bibliographie : Lewis, *Invincible Armada...*; Lapeyre, *Monarchies...*

RAPPORT DE L'ARCHEVEQUE DE SARAGOSSE AU ROI SUR L'EMEUTE DE 1591

Antonio Pérez, ancien secrétaire de Philippe II tombé en disgrâce, s'est évadé de Madrid, où il était détenu. Réfugié en Aragon, sa terre natale, il a demandé à bénéficier de la procédure du « manifeste », particulière à cette contrée, qui enlève les prévenus à la justice royale pour les remettre au Grand-juge d'Aragon, qui ne dépend pas du souverain. Philippe II a contre-attaqué en ordonnant à l'Inquisition, tribunal d'Eglise qui n'est donc pas tenu de respecter les fors du royaume, de se faire remettre l'accusé sous prétexte de blasphème.

Sire,

Aujourd'hui, 24 mai, les inquisiteurs ont envoyé un de leurs secrétaires porter au Conseil de Justice d'Aragon l'ordre de leur livrer, pour affaire concernant la foi, Antonio Pérez, détenu par « manifeste ». De tels mandements du Saint-Office sont toujours obéis et cette procédure est courante en ce royaume, si bien que les lieutenants [du grand-juge], la jugeant conforme aux fors, livrèrent la personne d'Antonio Pérez, que l'on conduisit à l'Inquisition en voiture.

Tout se passa dans le plus grand calme, jusqu'au moment où l'affaire parvint aux oreilles de trois ou quatre nobles personnes [*caballeros*], qui ont toujours soutenu sans vergogne cet individu. Ces particuliers se rendirent à la Députation, qu'ils requirent de défendre les libertés du royaume qu'enfreignait, selon eux, la remise du prisonnier à l'Inquisition. Trois ou quatre députés furent s'enquérir des faits au tribunal du Grand-juge [*Justicia*], auprès de ses lieutenants. Il leur fut répondu que tout s'était déroulé conformément aux fors, dans les formes habituelles. Peu satisfaits de cette réponse, les particuliers en question se dirigèrent vers la résidence du marquis d'Almenara [le vice-roi], au cri de « Liberté ! Liberté ! ».

Ils y arrivèrent suivis d'une petite troupe. On leur en défendit l'entrée. La foule grossit. Elle cernait entièrement l'édifice, sans laisser entrer ni sortir personne, sauf le Grand-juge qui, en compagnie de trois lieutenants, vint défendre le marquis de la fureur des manifestants. Cependant, les personnes sus-dites et d'autres de la même engeance qu'Antonio Pérez, par ses mensonges et ses inventions, a dressé dans la haine du marquis et des serviteurs de Votre Majesté, soufflaient sur le feu. Le tumulte croissait.

Déjà il n'y avait homme dans la ville qui ne fût en armes et ne criât : « Liberté ! ». Il fallait, disait-on, se porter au palais de l'Inquisition, délivrer Antonio Pérez. Deux à trois mille personnes s'étaient assemblées devant les portes de l'Aljafería [siège de l'Inquisition de Saragosse], réclamant le prisonnier et menaçant de forcer l'entrée. Pendant ce temps, on enfonçait les portes de la résidence du marquis, où entraient plus de trois cents hommes, l'épée à la main. Le Grand-juge, devant l'imminence du péril, croyant que l'on respecterait son autorité, résolut de sauver le marquis en mettant en état d'arrestation. Cependant, dès le seuil, on commença à le frapper... On réussit, malgré tout, à le conduire jusqu'à la prison royale. Il a reçu deux coups d'épée à la tête, dont un est grave ; grave aussi la blessure à la tête causée par une pierre. Il a, enfin, trois doigts sérieusement abîmés...

Il parut alors que le plus sûr moyen de calmer le peuple était que les inquisiteurs renvoient Antonio Pérez à la prison du Manifeste [lieu où l'on détenait les accusés soumis à la procédure du manifeste], où on le surveillerait de près, quitte à le récupérer quand les esprits se seraient calmés. Sous la pression des événements et sur les instances du vice-roi, qui s'était rendu à la Aljafería, ils acceptèrent. Il y est à l'heure actuelle détenu sous la garde des hommes de la Députation. Les jurats [*jurados*] y ont aussi mis leurs gardes. Le marquis d'Almenara en est très satisfait et considère les troubles comme un prix qu'il valait la peine de payer pour s'assurer comme il l'a fait la personne de Pérez. Le peuple s'est calmé, pour l'heure, et il ne bougera pas tant qu'on ne fera rien qui lui déplaise, fut-ce conforme au droit et à la justice ; il en est ainsi depuis l'arrivée du marquis d'Almenara...

Je n'ai pas quitté mon palais pendant l'émeute car, lorsque j'ai voulu me rendre à la résidence du marquis, il était déjà trop tard. Il ne m'a pas été possible de faire mieux, comme le confirmeront les témoins oculaires.

Il y a eu quelques blessés, et deux morts : un domestique du marquis et un serviteur de l'Inquisition... Jamais l'insubordination n'avait atteint un tel degré. Il faudra sévir, sous peine qu'elle s'accroisse encore.

Dieu garde la catholique personne de Votre Majesté, qui nous est à tous si nécessaire.

Saragosse, le 24 mai 1591.

Source : CODOIN, XII, pp.171-174 et 571-572.

Bibliographie : Hermann, *Premier âge...*; Pidal, *Philippe II...*; Colas La Torre, *Aragón...*

LA DISCIPLINE DU TERCIO (VERS 1595)

Le tercio est composé de professionnels, de techniciens qui savent se soumettre, au combat, à la stricte discipline collective des manoeuvres d'ensemble. Il en va autrement le reste du temps. Chaque général publie des « bandos », un code qui règle la vie de ses troupes. Le théoricien Sancho de Londoño en donne un modèle qui met en valeur l'effort qui est fait pour discipliner les hommes et qui laisse entrevoir, par ses silences ou ses insistances, une pratique ambiguë.

Tout soldat, une fois recruté par son capitaine..., lors de son enregistrement sur les livres de l'officier-payeur, prêtera le serment solennel de bien servir, en toute fidélité, Sa Majesté et ses capitaines généraux, de ne pas quitter l'armée ni sa compagnie sans autorisation écrite d'une personne habilitée...

Tout soldat qui blasphémera subira, la première fois, trente jours de prison ; la seconde soixante, avec exposition publique [*ser traido a la vergüenza*] un baillon sur la bouche ; la troisième, condamnation aux galères à perpétuité ou à temps...

La valeur de la troupe dépend en grande partie des chambrées [*camaradas*] qui brisent l'isolement du soldat, lui permettent de mieux vivre de sa solde et lui procurent des amis... On veillera à ce que chaque soldat s'intègre à l'une d'elle et on prendra grand soin d'en exclure les porteurs de vices, pour qu'ils n'infectent pas les autres. Si l'un d'eux était joueur, où s'il volait la dépense que tous garnissent pour l'usage de tous, il sera condamné, la première fois à quatre doubles d'amende et à la prison à temps ; aux galères en cas de récidive...

Tout soldat qui tuera femme, enfant, personne âgée ou invalide, même dans la chaleur de l'assaut, subira la peine de mort ; qui portera la main sur eux subira un châtiment proportionné à la gravité du délit.

Tout soldat se confessera au moins une fois l'an, à

l'époque marquée par notre sainte mère l'Eglise, sous peine d'un châtiment proportionné aux circonstances. Les capitaines et les officiers mettront un soin particulier à vérifier que tous leurs hommes ont rempli cette obligation. S'il y en a qui refusent, après avoir été admonestés, les capitaines en avertiront les maîtres de camp, qui les expulseront de leur compagnie et avertiront les officiers-payeurs de ne pas les inscrire dans une autre.

Tout soldat reçu dans une compagnie par son capitaine qui en changera sans autorisation écrite du capitaine en question, visée et confirmée par le maître de camp, particulièrement s'il y a changement de tercio, sera expulsé de l'armée et se verra à jamais refuser tout emploi par Sa Majesté. Tout capitaine qui recevra un soldat sans licence perdra sa compagnie...

Tout soldat qui jouera ses armes ou les engagera au jeu, sera condamné, la première fois, à un mois de solde ; à l'expulsion de l'armée la seconde...

Les capitaines assigneront une prime [*ventaja*] aux arquebusiers et aux hommes les plus adroits et les mieux entraînés. Une fois celle-ci inscrite aux registres des officiers-payeurs, ils ne pourront plus la leur retirer sans cause suffisante notifiée au maître de camp, qui seul pourra prendre cette mesure...

Tout soldat qui figurera dans une revue sous un nom d'emprunt sera condamné aux galères à temps et l'officier qui l'aurait ordonné ou permis à la perte de son grade accompagnée d'une peine arbitraire, selon les circonstances.

Tout soldat qui, en service, blessera un de ses officiers, subira la peine de mort, particulièrement s'il s'agit de son supérieur direct...

Tout officier subalterne respectera ses supérieurs et leur obéira en tout ce qui concerne le service, même s'il ne s'agit pas de ses supérieurs directs, sous peine d'un châtiment proportionné aux circonstances...

Tout soldat qui entravera la marche de la justice subira la peine de mort...

En campagne, tout individu appartenant à l'armée portera une croix ou une bande d'étoffe rouge cousue sur son vêtement, sous peine d'un châtiment proportionné aux circonstances car, leur absence favorise la tâche des espions.

Tout soldat qui aura des contacts, spécialement des contacts secrets, avec l'ennemi subira la peine de mort...

Pour éviter les mutineries [*motines*]... on ordonnera à tous les capitaines, lorsqu'ils engageront un soldat, de lui faire écrire de sa main, s'il le peut, sur un registre spécial que tiendra le fourrier à cet effet, son nom, celui de ses parents et son lieu de naissance. Cela empêchera la rédaction des placards ; rares sont ceux qui s'y risqueront, car il est bien rare que l'on déforme si bien son écriture qu'on ne la puisse reconnaître en disposant d'un modèle...

Quiconque fabriquera ou affichera des placards, ou prononcera des paroles susceptibles de provoquer mutineries ou émeutes subira la peine de mort, sans pouvoir présenter de défense...

L'armée ne pourrait subsister si vivandiers et marchands ne circulaient en sûreté, sans les moulins, les fermes, les hameaux, les villages et les villes de la contrée. On ordonnera donc de les préserver. Quiconque, appartenant à l'armée, l'abandonnera pour aller à la recherche de victuailles, en quelque lieu que ce soit, empêchera leur transport, détruira ou brûlera moulins, villes, fermes, hameaux ou villages de la contrée, subira la peine de mort...

Tout vol, en campagne ou non, au détriment d'un soldat ou d'un civil, sera châtié proportionnellement à la faute, spécialement s'il a été commis au détriment d'un étranger...

Tout défi entre soldats sera châtié par la mort du provocateur et l'expulsion du provoqué, s'il y a répondu alors qu'il pouvait s'en dispenser sans note d'infamie.

Tout capitaine ou officier qui lèvera la main sur un soldat ou qui s'écrira : « A mort » ou : « Tuez-le », sera privé de sa compagnie ou de son grade, même si ses paroles ne sont pas suivies d'effet. Si le soldat est tué en conséquence, l'officier sera condamné à mort, même s'il ne l'a pas tué de sa main.

Toute sentinelle qui abandonnera son poste ou s'en éloignera subira la peine de mort. Si elle s'assied, elle sera condamnée par les officiers à la peine prévue pour les flagrants délits. Prise à dormir, elle subira la peine de mort...

Tout soldat qui, en ordre de marche ou en escadron, abandonnera les rangs..., sauf cas d'absolue nécessité, subira un châtiment proportionné à sa faute. Abandonner les rangs pour se livrer au pillage mérite peine plus grave, pouvant aller jusqu'à la mort...

Tout soldat qui provoquera l'ennemi ou qui répondra à son défi en combat singulier sans l'autorisation d'une personne habilitée subira la peine de mort...

Les places qui capitulent sont placées sous la protection de la Royale Majesté et du capitaine général. Tout soldat qui y pénétrera pour se livrer au pillage ou y prendre quoi que ce soit sans en avoir reçu l'ordre subira la peine de mort...

Tout soldat qui criera ou parlera dans les rangs ou en escadrons, sauf cas de nécessité absolue... sera publiquement rappelé à l'ordre sur le front des troupes. S'il s'avère incorrigible, il sera expulsé de l'armée..., car il est souvent nécessaire de passer le mot de bouche à oreille... pour ne pas mettre en péril la victoire.

Source : Londoño (Sancho de), *Discurso sobre la forma de reducir la disciplina militar a mejor y antiguo estado,* Bruxelles, 1596, pp.67 et suivantes, d'après Quatrefages, *Tercios..*, pp.323- 335.

Bibliographie : Lapeyre, *Monarchies...*; Thompson, *War...*; Parker, *Army...*; Alcalá-Zamora, *España, Flandes...*

L'EPIDEMIE DE 1599 RAPPORT AU ROI DU CORREGIDOR D'ARANDA DE DUERO

A la fin du XVIe siècle, l'Espagne est ravagée par une épidémie de peste qui a longtemps symbolisé le retournement de la conjoncture entre un brillant XVIe siècle et la crise du XVIIe. En fait, la recherche actuelle nuance fortement ce contraste. Quoiqu'il en soit, les rapports des corrégidors sur les progrès de la maladie dans leur circonscription et sur les mesures qu'ils ont prises constituent un document d'une exceptionnelle qualité, dont l'intérêt dépasse largement le seul cadre castillan.

Sire,

En cette ville [*villa*] d'Aranda de Duero dont, avec celle de Sepulveda, je suis corrégidor pour le service de Votre Majesté, j'ai reçu le 28 du mois passé une lettre datée du 17 dans laquelle Votre Majesté m'ordonnait de rendre compte de l'état sanitaire de la ville et son territoire [*tierra*], avec instruction, au cas où elle aurait connu quelque attaque de bubon ou d'un autre mal contagieux, d'envoyer tous les huit jours un rapport sur la nature de la maladie, le nombre des malades et celui des morts...

Les premiers malades, frappés de bubons, d'apostèmes et d'enflures à la gorge, aux aisselles et à l'aine se sont déclarés dès fin septembre de l'an dernier. Ils auront été au total, jusqu'aujourd'hui, un millier, dont cent cinquante enfants. Les enfants touchés, jusqu'à l'âge de dix ans, sont presque tous morts, à cause du manque de densité de leur sang et de la difficulté qu'il y a à les soigner du fait de leur jeunesse. Parmi les autres, en revanche, il n'y a eu que cent cinquante-neuf morts ; encore s'agit- il, dans la plupart des cas, de femmes ou de pauvres, qui n'ont voulu ni faire connaître leur mal, ni en faire cas ; car, soignés dès le début, la plupart guérissent. On l'a bien vu par l'expérience, lorsque j'ai fait installer hors de la ville un hôpital spécialisé pour ce genre de maladie, afin que personne ne puisse dissimuler, comme faisaient certains, des femmes surtout, par crainte des cautères ou par pudeur, leurs bubons se situant à l'aine.

J'ai désigné des échevins [*regidores*], qui passent, en groupe, chaque jour, de maison en maison, pour repérer les malades. Lorsqu'il s'en trouve, on envoie le médecin. Le cas échéant, sur déclaration de celui-ci, ils sont transportés à l'hôpital spécialisé, où on les soigne avec beaucoup de soin et à grands frais. Grâce à ces mesures, et à d'autres, spirituelles autant que temporelles, auxquelles pourvoient avec beaucoup de bonne volonté la municipalité et les habitants de cette ville, il n'est pas mort, la miséricorde de Dieu aidant, plus de monde qu'il a été dit. Il n'y a d'ailleurs eu aucun décès parmi les gens de qualité, ceux qui mangent à leur faim ; ceci indique que c'est la pauvreté, la mauvaise alimentation et les épreuves qui causent la maladie, car la plupart des habitants de cette ville ne sont que de pauvres journaliers. C'est pourquoi les médecins et les chirurgiens affirment qu'il ne s'agit ni de peste, ni de contagion, ce dont la municipalité a fait dresser procès-verbal afin de demander au Conseil de Votre Majesté [le Conseil de Castille] de rendre un arrêté autorisant ses habitants à fréquenter les autres villes du royaume, sans qu'on puisse leur en interdire l'entrée. Dans les villages du territoire d'Aranda [*tierra de Aranda*], seul Quemada doit déplorer une cinquantaine de victimes... J'enverrai les rapports hebdomadaires demandés, à condition qu'on laisse entrer à Madrid le courrier qui les apporte ou qu'on envoie quelqu'un de la part du Maître de Poste Général [*correo mayor*] qui les recueille. C'est la troisième fois que j'envoie la présente et les deux premières on a refusé de laisser entrer le porteur...

Aranda de Duero, 11 mai 1599

Source : Archivo General de Simancas, Estado, liasse 183, folio 291, d'après Bennassar (Bartolomé), *Recherches sur les épidémies dans le nord de l'Espagne à la fin du XVIe siècle...*, SEVPEN, Paris, 1969, pp.109–110.

Bibliographie : Pérez Moreda, *Crisis...*

ERASME « CAVIARDE » (DEBUT DU XVIIe SIECLE)

Dans la seconde moitié du XVIe siècle, l'Espagne

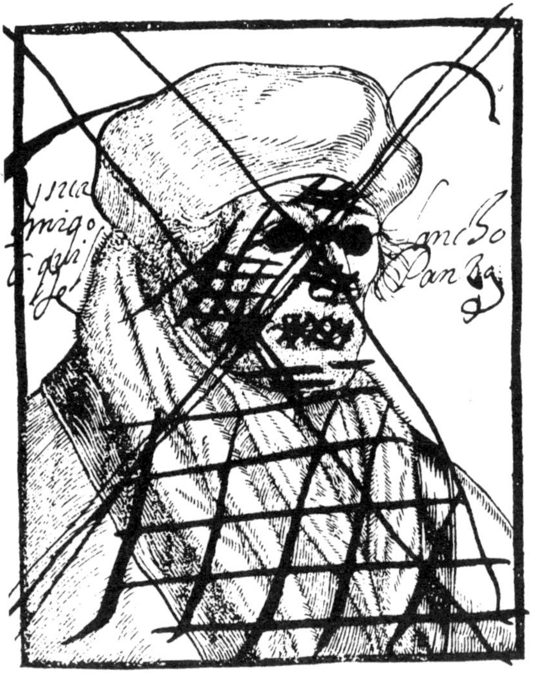

refuse de plus en plus nettement le dialogue avec les courants nouveaux, issus de l'humanisme, qui triomphent dans le reste de l'Europe. Erasme, largement reçu dans les années précédentes, devient l'un des symboles de ce que l'on rejette. Ses oeuvres sont mises à l'index par l'Inquisition. Le document qui suit est un portrait de lui dans un livre, « caviardé », sans doute au XVIIe siècle, par un fonctionnaire inquisitorial. Le texte grifonné sur le dessin se lit : « Sancho Panza y su amigo don Quijote », « Sancho Panza et son ami don Quichote ».

Source : exemplaire de la *Cosmografia...* de Sébastien Münster conservé à la Bibliothèque Nationale de Madrid, d'après Bataillon (Marcel), *Erasmo y España. Estudios sobre la historia espiritual del siglo XVI*, 2ème éd., Fondo de Cultura Económica, México, 1966, planche XXX.

Bibliographie : Bataillon, *Erasme...*; Bennassar, *Inquisition...*; Gil Fernández, *Panorama...*; Pinto Crespo, *Inquisición...*

LA FERMETURE INTELLECTUELLE DE L'ESPAGNE LA PLAINTE D'UN PENSEUR (DEBUT DU XVIIe SIECLE)

Dans un texte intitulé « Pour l'édition de la Vulgae » (Pro editione Vulgatae) *publié à Cologne (il ne le sera jamais en Espagne) en 1609, le Père Mariana, jésuite, historien, publiciste et philosophe, l'une des gloires intellectuelles de l'Espagne, tire les conséquences de la fermeture culturelle du pays. Il vient de faire allusion à fray Luis de Léon, l'un des plus prestigieux théologiens espagnols, détenu cinq ans par l'Inquisition pour avoir montré trop d'audace dans le commentaire des Ecritures, avant d'être relâché sans charges (1576). Sous la froideur du constat, on sent percer un profond sentiment personnel. Mariana était pourtant l'un des collaborateurs les plus assidus de l'inquisition de Tolède. Il ignorait cependant, lorsqu'il composait ce texte, qu'il était lui-même sur le point d'être arrêté par ce tribunal.*

Il était fatal que ces événements [le procès de fray Luis] refroidissent l'ardeur de bien des hommes distingués, qu'ils les désorientent et leur fassent perdre toute leur énergie. Cette affaire déprima profondément ceux qui étaient capables de tirer la leçon des malheurs d'autrui. Ils prirent conscience du danger qu'il y avait à exprimer librement sa pensée. Aussi, nombreux furent ceux qui, se pliant aux circonstances, passèrent au camp opposé. Que pouvaient-ils faire ? La pire des folies n'est-elle pas de s'obstiner en vain, de s'épuiser pour ne récolter que la haine ? Les partisans des idées reçues [*de las opiniones vulgares*] n'y étaient que plus attachés. Ils fuyaient les audaces, qu'ils considéraient comme dangereuses. Ils n'en recherchaient pas moins la vérité, eux aussi.

Source : d'après Gil Fernández, *Panorama...*, p.492.

Bibliographie : Bataillon, *Erasme...*; Bennassar, *Inquisition...*

L'EDIT DE FOI DE L'INQUISITION. EXTRAITS. (XVIIe SIECLE)

L'édit de foi est un instrument de communication. Il est lu en principe chaque année dans toutes les églises du royaume. Il contient la liste des délits que poursuit l'Inquisition, les signes extérieurs qui permettent de reconnaître chaque catégorie de délinquants. Il ordonne de dénoncer au Saint-Office les suspects qui répondent à ces définitions.

Nous, les inquisiteurs contre la dépravation hérétique et l'apostasie, nommés par l'autorité apostolique, etc., à tous les habitants ou résidents de toutes les cités, villes et villages du district de l'Inquisition de Tolède, de quelque état, condition, prééminence, dignité que ce soit, exempts ou non, à tous et à chacun de vous qui prendrez connaissance du contenu de cette lettre d'édit, salut en Notre-Seigneur Jésus-Christ... et obéissance à nos commandements...

Le procureur fiscal du Saint-Office... nous a informé qu'il était notoire que depuis longtemps nous n'avions pas procédé à inquisition ni visite dans beaucoup des villes, des bourgs et des villages de notre district, ce qui nous avait empêché de prendre connaissance de nombreux délits commis contre notre sainte foi catholique, lesquels étaient restés impunis, pour le plus grand dommage du service de Notre-Seigneur Jésus-Christ... Il nous demandait en conséquence de procéder à une visite générale, de lire nos édits publics et de châtier les coupables... Aussi donnons-nous la présente, par laquelle nous vous exhortons et requérons de dénoncer toute personne vivante ou morte, présente ou absente, que vous auriez vu ou entendu émettre ou croire, dont vous auriez entendu dire qu'elle aurait émise ou cru des opinions contraires à celles qu'enseigne notre Sainte Mère l'Eglise de Rome..., à savoir :

Loi de Moïse : toute personne qui ait chômé les samedis pour observer la loi de Moïse...; qui ait purgé la viande de son sang...; qui ait mangé de la viande en carême ou les jours où Notre Sainte Mère l'Eglise l'interdit...; qui ait jeûné le jeûne du Pardon ; qui ait récité des prières juives...; qui ait célébré la Pâque avec du pain azyme...; qui ait béni la table selon le rite juif ou en buvant du vin kasher...; qui ait récité les psaumes de David sans « Gloria Patri »...; qui ait enterré ses morts en terre vierge ou dans un cimetière juif ; qui ait dit que la loi de Moïse est aussi bonne que celle de Notre Rédempteur Jésus Christ...

Secte de Mahomet : toute personne qui ait affirmé que la secte de Mahomet est bonne et qu'elle seule permet d'entrer en paradis ; que Jésus-Christ n'est pas Dieu, mais un prophète...; qui ait pratiqué quelque rite que ce soit de la secte de Mahomet dans l'intention de l'observer, comme chômer les vendredis...; qui ait circoncis ses enfants, en leur donnant des noms musulmans...; qui ait jeûné le Ramadan...

Secte de Luther : toute personne qui ait cru bonne la secte réprouvée de Martin Luther et de ses complices, ou toute opinion de celui-ci, disant qu'il n'est pas nécessaire de se confesser au prêtre, mais à Dieu...; que l'hostie consacrée n'est pas le véritable corps de Notre-Seigneur Jésus-Christ...; qu'il n'est pas nécessaire de prier les saints ; qu'il ne doit pas y avoir d'images dans les églises ; qu'il n'y a pas de purgatoire...

Hérésies diverses : toute personne qui ait affirmé qu'il n'y a pas de paradis pour les bons ni d'enfer pour les méchants...; qui ait proféré des blasphèmes hérétiques, comme : « Je ne crois pas en Dieu », ou : « Je renie Dieu »...; qui ait été sorcier ou sorcière [*brujo* ou *bruja*] ; qui ait eu pacte implicite ou explicite avec le démon...; tout prêtre légitimement ordonné qui se soit marié...; tout confesseur qui ait sollicité ses filles de confession, les provoquant en acte ou en parole à des actions honteuses...; toute personne remariée du vivant de son premier conjoint...; toute personne qui aurait affirmé que la simple fornication n'est pas un péché... ou qui aurait douté de l'un des articles de la foi...

Livres : toute personne qui aurait détenu des livres de la secte maudite de Martin Luther ou de ses complices, le Coran ou tout autre livre de la secte de Mahomet, des Bibles en langue vulgaire ou tout autre livre réprouvé par les censures et les catalogues publiés par le Saint-Office de l'Inquisition...

Divers : toute personne qui aurait enlevé des san benito de là où les avait placé le Saint-Office...

Par la présente, nous interdisons à aucun prêtre d'absoudre et lui ordonnons de nous envoyer quiconque saurait quoi que ce soit de ce qui précède... Nous vous ordonnons enfin à tous, au nom de la sainte obéissance et sous peine d'excommunion... que dans les six jours qui suivront la lecture du présent édit, vous comparaissiez en personne dans la salle de notre tribunal... pour manifester ce que vous sauriez touchant à la foi catholique ou au Saint-Office, pour qu'éclate la vérité, que les méchants soient punis, les bons reconnus et honorés, notre sainte foi catholique exaltée et augmentée. Et pour que nul ne prétende ignorance, nous ordonnons ce jour de publier ce document.

Source : Jímenez Monteserrín (Miguel), *Introducción a la Inquisición española. Documentos básicos para el estudio del Santo Oficio,* Madrid, Editora Nacional, 1980, pp.503-531.

Bibliographie : Bennassar, *Inquisition...*; Kamen, *Inquisition...*; Dedieu, *Inquisition...*; Dedieu : *Administration...*; Cardaillac, *Morisques et Inquisition...*

MEMOIRE ADRESSE PAR LES MORISQUES D'ESPAGNE A HENRI IV (1602)

Les Morisques d'Espagne ont intrigué avec Henri de Navarre, avant et après son accession au trône de France. Ces rapports n'ont pas eu de conséquences pratiques importantes. Ce mémoire des morisques du royaume de Valence au roi de France leur donne l'occasion de dresser un tableau d'ensemble de la communauté nouvelle-chrétienne peu de temps avant son expulsion.

Sacrée Royale Majesté !

Nous, les Morisques d'Espagne, vos esclaves de coeur, prions Dieu, Notre-Seigneur, pour votre conservation et victoire, et vous pouvez nous tenir pour vos loyaux serviteurs ; à votre occasion et pour votre service royal, nous mourrons grands et petits.

Excellentissimes Seigneurs !

Nous n'avons jamais été traîtres à notre loi, ni à notre Roi, parce que nous sommes Mores de nation et des plus anciens qu'il y ait au monde ; car nous demeurons en Espagne depuis le temps que le Roi Muley-Jacop Al-Mançor la conquit, et lui et ses descendants possédèrent longtemps le Royaume d'Espagne ; ensuite voyant que les Chrétiens commençoient à conquérir l'Espagne, beaucoup d'entre eux se décidèrent à retourner en Barbarie. Les Rois Chrétiens, de leur côté, voyant que tous les Mores alloient en Barbarie, et que les terres restoient dépeuplées, firent annoncer par tout le pays que ceux qui voudroient demeurer en Espagne, les Rois Chrétiens leur engageoient leur foi et leur parole qu'ils les laisseroient, avec confirmation de leurs fors et privilèges, vivre en notre loi. Mais les Rois n'ont rien gardé de leurs paroles ; lorsque ceux du Royaume de Grenade furent conquis la dernière fois, non contents de les faire Chrétiens par force, ils voulurent les obliger à quitter le langage, les noms et le costume arabes, ce qui fit que ceux du Royaume de Grenade se soulevèrent seuls et avec peu d'armes, parce qu'ils étoient déjà désarmés, et firent la guerre au Roi Philippe, qui mourut sans avoir pu dire qu'il les eût vaincus un seul jour ; et de même le Roi Philippe, comme il étoit père des artifices, voyant qu'ils lui donnoient beaucoup à faire, les séduisit par une paix fallacieuse, déclarant à ceux qui le supplioient qu'il leur pardonnoit et qu'ils retournassent dans leurs maisons, et qu'ils y vécussent comme ils voudroient, confirmant de nouveau leurs privilèges. Aussi ils terminèrent la guerre ; les voyant paisibles dans leurs maisons et villages, et sans se tenir sur leurs gardes, il les alloit chassant de leurs habitations avec de grandes forces et les éparpilla par toute la Castille, faisant la plupart d'eux esclaves par contrainte et sans raison, d'où il résulte que beaucoup sont dispersés en Espagne ; le nombre de leurs maisons dépasse cent trente mille, plutôt plus que moins, attendant tous l'occasion de se venger de la tyrannie espagnole.

Excellentissimes Seigneurs !

Nous, ceux du Royaume de Valence, sommes soixante-seize mille maisons, plutôt plus que moins, tous réunis dans des villes et de riches villages, race vaillante et gens courageux, quand besoin sera, nous pourrons faire soixante mille hommes sans dépeupler nosdites maisons, ni sans qu'il en coûte rien au Roi qui sera notre appui ; bien plus, lui donnerons-nous de l'argent s'il le faut, parce que certainement nous ne manquons de rien, sinon d'armes ; et que pour ce qui concerne le Royaume de Valence, nous en sommes les maîtres, et nous ne voulons rien que savoir la volonté de sa Royale Majesté le Roi de France, attendu que nous le voulons pour notre Roi et protecteur, nous prêtant assistance et faisant cette faveur de nous délivrer de la tyrannie d'Espagne ; car véritablement nous autres du Royaume de Valence, nous ne pouvons vivre, puisqu'ils ne savent quel moyen employer pour nous perdre ; nous dépouillant de nos biens par la voie de l'Inquisition, et ne se contentant pas que les Morisques du Royaume de Valence payent aux Inquisiteurs chaque année deux réaux par maison, ce qui s'élève à cent cinquante deux mille réaux par an, et le Roi y donne son consentement, et les Inquisiteurs nous disent qu'il nous a fait grâce en ne nous prenant pas nos biens, lorsqu'ils nous les prennent par l'Inquisition ; et comme ce qu'ils ne nous peuvent enlever par cette voie, ils cherchent à nous l'ôter par d'autres subtilités, et si le Roi n'en étoit point content, ils ne le feroient pas. C'est ainsi que le Roi d'Espagne nous a fait beaucoup d'injustices et nous en fait chaque jour, ne se bornant pas à ne point nous maintenir nos fors et privilèges, que les Rois ses prédécesseurs accordèrent à nous du Royaume de Valence, et à ceux d'Aragon ; mais on nous les fit porter à la Cour du vivant de l'Empereur, où on les brûla sans aucune faute de notre part, et soudain nous fit-on baptiser par force. Peu de temps après ils nous désarmèrent, et nous envoyèrent les Inquisiteurs, qui depuis lors nous tourmentent tellement que nous ne pouvons vivre, mais qu'il nous faut chercher nos remèdes là où nous les trouverons ; et comme nous trouvons dans nos prophéties, que nous devons être secourus par les mains du Roi de France, dans le Royaume de Valence il n'y a rien à craindre des Espagnols, parce qu'ils sont dans nos villes et villages et que nous en sommes les maîtres, car il s'y trouve tout au plus un Chrétien sur deux, comme Alcalde. Il n'y a qu'un seul château qui ait garnison, lequel se nomme le château de Vernia [Denia], et c'est pour garder la mer et empêcher les Morisques de s'en aller en Alger ; il y a aussi un autre château à Sativa [Játiva], ville chrétienne ; il est grand et délabré sans aucune pièce de canon. Effectivement le Royaume de Valence n'est rien pour nous, si sa Royale Majesté nous favorise de quelques hommes qui entendent la guerre, et de quelques armes telles qu'arquebuses et pièces de canon, afin de commencer par prendre Valence.

Nous trouvons dans nos prophéties que cette ville se rendra sans coup férir et sans recevoir aucun secours. La ville prise, il s'y trouvera des armes pour tous ; le secours qu'il est nécessaire que nous recevions devra venir par Denia, qui est un bon port de mer ; il n'y a rien à craindre du côté de la ville, parce que ayant peur de nous, et pensant que c'est la flotte turque, parce que la plus grande partie de notre nation se trouve près de Denia ; et tout ira à bonne fin avec la faveur de Dieu, selon que nos prophéties en rendent témoignage.

Ainsi donc, Excellentissimes Seigneurs, je vous recommande le secret pour l'amour de Dieu, et que l'on rende compte à sa Royale Majesté, que ce que je vous dis de notre nation est véritable, que nous mourrons tous à son royal service quand l'occasion s'en offrira.

Hamete Musrif

Source : La Force (Jacques de Caumont, duc de), *Mémoires authentiques*..., Paris, Charpentier, 1843, t.I, pp. 340-345.

Bibliographie : Cardaillac, *Morisques et chrétiens*...; Cardaillac, *Morisques et Inquisition*...

LE SERVICE DE LA DETTE PUBLIQUE (1607)

Les juros *sont des titres de rente d'Etat assis sur un revenu précis de la monarchie. Si la somme des* juros *imputés à un type de recette dépasse le montant de celle-ci, les* juros *les plus récents ne sont pas payés (on dit que le* juro *« ne contient pas » dans la recette). Le roi a la possibilité de manipuler l'ordre de priorité en attribuant à un* juro *une ancienneté supérieure à celle qui lui revient de droit. Il peut aussi réserver une partie d'une recette quelconque à des fins particulières (éventuellement le financement d'autres* juros*), au détriment des* juros *antérieurement assis sur elle. Il peut enfin changer l'imputation d'un* juro*, le déplacer d'une recette dans laquelle il ne «contient» plus à une recette où il reste encore de la place.*

Les juros *ont deux origines : soit il s'agit de titres d'emprunt, tout à fait semblables aux emprunts d'Etat actuels, remis en échange d'un capital versé au Trésor ; soit il s'agit de pensions, le titre étant remis sans versement de capital, pour récompenser, par exemple, les mérites d'un serviteur diligent de la monarchie. Nous trouvons ci-dessous des allusions aux deux types.*

Le document reproduit l'ensemble d'une procédure de changement d'imputation. La bénéficiaire est la veuve de l'un des plus célèbres amiraux espagnols du XVIe siècle. Dans l'ordre chronologique, les choses se sont ainsi passé : 1) pétition de la bénéficiaire au duc de Lerme ; 2) ordre donné par le duc de Lerme au Conseil de Finances, au nom du roi, d'informer sur la pétition ; 3) rapport du Conseil au roi (consulta) *; 4) décision du roi, transmise au Conseil ; 5) ordre d'enregistrement, donné par le secrétaire du Conseil, à la « Chambre des comptes de relations »* (Contaduría de relaciones), *organisme chargé d'archiver toutes les décisions concernant les* juros. *Le document est constitué des pièces générées par les étapes 3, 4 et 5 conservées dans les archives du Conseil de Finances.*

Consultation (consulta) *du Conseil des Finances au roi :*

Au recto : décision royale

Doña María de Figueroa. Demande amélioration du rang d'imputation du *juro* sur le produit de la taxe de la cochenille que Votre Majesté lui a accordé sa vie durant.

[D'une autre main] C'est bon.

Au verso : rapport du Conseil au roi

Le président du Conseil des Finances.

Sire,

Par un billet que m'a transmis le duc de Lerme, Votre Majesté ordonnait que l'on transporte l'imputation des deux mille ducats de pension annuelle que Votre Majesté avait concédés à doña María de Figueroa, veuve de don Alonso de Bazán sur le produit de la taxe de l'*almojarifazgo* de Séville et qu'elle n'avait pu toucher, à une recette qui lui permettrait de la percevoir sans problème. Le Conseil avait estimé qu'on pouvait l'imputer sur la nouvelle taxe à l'exportation de la cochenille, sur les sommes libres une fois mis de côté [*en la finca que quedase después*] les dix mille ducats que Votre Majesté avait ordonné d'y réserver pour être vendus sous forme de *juros*. De cette manière, les deux mille ducats de doña María de Figueroa venaient après 20 000 ducats environ, imputés avant eux.

La pétitionnaire réclame à nouveau, par un billet adressé au duc de Lerme, que Votre Majesté a ordonné de transmettre au Conseil pour avis. On lui aurait fait relation de Séville (et le comte de Miranda, qui a vu le rapport, confirme le fait) qu'aucun *juro* ne peut être honoré sur la taxe de la cochenille au-delà de 14 000 ducats d'imputation. Elle supplie Votre Majesté d'augmenter la priorité du sien, jusqu'à le situer dans les 10 000 ducats que Votre Majesté a ordonné de réserver, de manière à ce qu'il rentre dans les 14 000 que l'on paye. Elle excipe de sa pauvreté, du fait qu'elle n'a pas d'autres revenus et de ce que ce *juro* lui a été accordé en récompense de cinquante ans de services exemplaires de son mari. Cette pétition est accompagnée d'une autre, du comte de Miranda, adressée au duc de Lerme, dans laquelle il le prie d'intercéder pour elle auprès de Votre Majesté...

Vu ce qui précède, vu également une lettre du 16 novembre de Domingo de Zabala, qui est chargé de vendre les 10 000 ducats de rente que Votre Majesté a imputé sur la taxe de la cochenille, dans laquelle il dit qu'il n'a pas réussi à en placer le premier sou, en dépit de ses efforts, car les investisseurs déclarent attendre des informations des Indes avant de s'engager (bien que ce ne soit qu'un prétexte, les embarras présents en étant plutôt la cause) ; vu les raisons qui ont conduit à concéder cette pension à María de Figueroa ; vu l'intercession du comte de Miranda ; quand bien même la taxe sur la cochenille produirait plus que ce que déclare la dite María de Figueroa ; le Conseil estime que Votre Majesté peut, si elle le désire, changer le rang d'imputation des 2000 ducats en question pour les situer au premier rang des 10 000 qu'elle a ordonné de réserver, à condition de porter à 12 000 la somme réservée, afin que la part de Votre Majesté ne soit pas diminuée.

Sur quoi, Votre Majesté décidera ce que bon lui semblera.

Madrid, le 16 décembre 1607.

Billet du secrétaire du Conseil de Finances à la Chambre des comptes de relation ordonnant l'enregistrement des modifications apportées aux juros

Sa Majesté a ordonné que les deux mille ducats de pension viagère que touche doña María de Figueroa depuis la mort de don Alonso de Bazán, son mari, imputés sur le produit de la taxe de l'*almojarifazgo mayor* de Séville, changent d'imputation et passent la taxe sur la cochenille, de manière à ce qu'ils soient les premiers payés des 10 000 que Sa Majesté a ordonné de réserver au service de nouveaux *juros [mandó reservar en ella para prevalerse del caudal que resultarse de la venta dellos*]. Sa Majesté a également ordonné qu'en lieu et place de ces 2 000 ducats, 2 000 autres soient réservés sur la rente de la cochenille au service de nouveaux *juros,* afin que la somme de 10 000 ducats prévue ne soit pas diminuée.

Le Conseil m'a chargé de vous en prévenir, pour que... vous enregistriez la nouvelle imputation des 2 000 ducats en question et l'augmentation correspondante de la part réservée à Sa Majesté sur le produit de la taxe nouvelle de la cochenille. Vous certifierez au pied de la présente l'avoir ainsi fait, avant de me la retourner.

Dieu vous garde.

Madrid, le 18 janvier 1608.

[Signé :] Alonso Nuñez de Valdivia y Mendoza

Note au bas, de la main d'Alonso Nuñez, le reste de la lettre ayant été écrit par un secrétaire :

« Le Conseil vous demande de garder tout ceci secret. Ce dont acte ».

Note d'une autre main :

« Les modifications qui précèdent ont été enregistrées sur les livres de relation, tant en ce qui concerne doña María de Figueroa que la somme réservée pour Sa Majesté. Madrid, 19 janvier 1608 ».

Source : Archivo General de Simancas, Section Consejo y Juntas de Hacienda, liasse 473, dossier 8.

Bibliographie : Herman, *Premier âge*...; Bennassar, *Valladolid*...; Ruiz Martín, *Banca*...

LES DIFFICULTES FINANCIERES DE PHILIPPE III L'ASIENTO DU MERCURE (1607)

Encore un rapport du Conseil des Finances au roi. Il concerne la fourniture par asiento *(voir p.68) de mercure pour les Indes, où ce produit était utilisé pour le raffinage du minerai d'argent. « Fucar » est la forme espagnole de « Fugger », la célèbre firme bancaire d'Augsbourg.*

Sire,

Par *asiento* du 14 juin 1604, passé avec Marcos Fucar Frères pour l'exploitation de la mine de mercure d'Almaden, cette firme s'est engagée à livrer 1500 quintaux de mercure par an à Séville aux juges et employés [*oficiales*] de la *Casa de Contratación*, et ce pendant dix ans, à compter du 1er janvier 1605, en deux expéditions annuelles, en juin et décembre. Elle s'est en outre engagée à fournir 250 quintaux de plus chaque année, aux mêmes dates, si Votre Majesté en faisait la demande, soit 1750 quintaux au total. Le prix en était fixé à 12 000 maravédis le quintal, payables dans les deux ans à partir de la date de livraison prévue, tout retard sur ce délai faisant courir un intérêt de 10 % l'an.

La firme prétend avoir livré à ce jour 8 024 quintaux et demi à Séville et 212 quintaux et demi à Almaden, Madrid et Valladolid, pour le service de Votre Majesté, soit 8 237 quintaux, qui font 9 869 365 maravédis ; le tout en vertu de l'*asiento* sus-mentionné et d'une cédule de Votre Majesté datée du 9 avril de cette année, par laquelle Votre Majesté leur a promis de prendre à 12 000 maravédis le quintal, payables à deux ans sous peine de 10 % d'intérêt par année de retard, tout le mercure qu'ils livreraient par ordre du président du Conseil des Indes au président et aux employés de la *Casa de Contratación*, même s'ils dépassaient le quota fixé par l'*asiento*.

Ils demandent à Votre Majesté d'ordonnancer ce payement sur une recette sûre, de façon à ce qu'ils puissent toucher leur argent le 1er février 1608, date à laquelle il leur sera dû conformément à l'*asiento* et à la cédule. Si cela était impossible, ils demandent le versement des intérêts correspondants, afin de pouvoir assurer l'exploitation de la mine.

Vu par le Conseil le rapport des comptables de la raison [*contadores de la razón*], qui confirment la véracité des faits allégués dans la pétition ; considérant qu'il est juste d'honorer les engagements pris par Votre Majesté ; considérant qu'on ne dispose d'aucune recette sur laquelle effectuer ce paiement dans les délais, le Conseil estime qu'on peut ordonnancer les 9 869 362 maravédis en question sur la part disponible du produit du service ordinaire et extraordinaire des années 1609, 1610 et 1611, en y ajoutant les intérêts qui courront à partir du 23 février 1608.

Votre Majesté décidera ce que bon lui semblera.

Madrid, le 20 septembre 1607.

Source : Archivo General de Simancas, Section Consejo y Juntas de Hacienda, liasse 473, dossier 7.

Bibliographie : Hermann, *Premier âge...*; Ruiz Martín, *Banca...*; Domínguez Ortiz, *Hacienda...*; Ulloa, *Hacienda...*

POUR UNE MEILLEURE GESTION DES FINANCES (1609)

Juan de Mariana (voir p.87) propose, en 1609, un programme de redressement pour l'Espagne, dans une œuvre publiée à Cologne et qui lui valut un procès inquisitorial. Ses propositions s'inscrivent dans le courant « arbitriste » et constituent une critique implicite de la politique suivie alors par le duc de Lerme.

Nous disons que nécessité fait loi, que ventre creux n'a point d'oreilles... A la vérité, les besoins [financiers de l'Etat] sont tels qu'ils donnent des insomnies à ceux qui sont chargés d'y pourvoir et que le surmenage leur fait inventer des expédients aussi extravagants que celui que je viens de critiquer [la frappe du billon]. Ils mettent au défi ceux qui n'acceptent pas les moyens qu'ils proposent d'en suggérer d'autres. Je réponds, moi, que ce n'est pas mon affaire : je me contente de dénoncer la gravité des maux causés par ces pratiques et leur caractère irréversible, ce qui ne m'empêchera pas de faire à mon tour quelques suggestions, plus judicieuses et peut-être plus profitables.

Je propose d'abord de réduire les dépenses de la

Maison du Roi : dépenser peu, mais dans l'ordre, donne un plus grand sentiment de majesté que jeter l'argent par les fenêtres... On me demandera comment réduire la dépense. Je n'en sais rien, et ce n'est pas mon affaire : il y a des gens dont c'est le métier. Ce que je dis, moi, c'est qu'on dépense sans ordre ni raison.

Il faudrait ensuite que le roi notre sire réduise le montant de ses grâces [*mercedes*]. Non qu'il lui faille se conduire comme un miséreux ou cesser de rémunérer les services de ses sujets. Mais il faut considérer deux choses : en premier lieu, qu'il n'y a royaume au monde qui dispose d'autant de récompenses, de commanderies, de pensions, de bénéfices et de charges à distribuer que le nôtre et qu'en les utilisant judicieusement, on pourrait éviter d'avoir recours aussi souvent à la bourse royale ou à des moyens qui, employés autrement, procureraient un revenu ; ensuite que la distribution de faveurs n'est pas la meilleure façon de gagner des appuis et d'être bien servi, car c'est l'espérance, plus que la reconnaissance, qui fait marcher les hommes : lorsqu'ils ont beaucoup acquis, ils n'ont rien de plus pressé que de se retirer pour en jouir... C'est pour faire face aux dépenses publiques que le roi reçoit de l'argent du royaume. Ce n'est qu'en second lieu, et en second lieu seulement, qu'il peut envisager de l'employer autrement. Prenons un exemple : si j'envoyais une personne à Rome et si je lui donnais de l'argent pour sa mission, serait-il bien qu'elle en fasse don à n'importe qui et qu'elle se montre généreuse avec l'argent d'autrui ? Le roi ne peut dépenser les revenus du royaume [*del reino*] avec la même liberté qu'un particulier ceux de sa vigne ou d'un domaine.

Je conseille, en troisième lieu, que le roi évite les expéditions et les guerres inutiles, qu'il ampute les membres gangrénés qu'il ne peut guérir. Philippe II, notre sire, aurait bien fait de se séparer plus tôt et plus complètement des Flandres. Je connais personnellement ces provinces : elles sont perdues sans remède...

Mon quatrième conseil sera de recommander une inspection générale [*visita general*], d'abord des serviteurs du roi, de tous les juges et de quiconque détient un office public ou administratif ensuite. C'est une pratique odieuse, je le sais, et il ne faut s'avancer qu'avec prudence sur ce terrain, mais on dit que depuis quelques années tout est à l'encan, tout se vend à coup de présents et d'épices, jusqu'aux postes dans les Audiences, jusqu'aux évêchés. Ce n'est certainement pas vrai, mais il est déjà grave qu'on le dise. Nous voyons des ministres naître soudain de la poussière du sol chargés de millions : d'où les ont-ils tirés, si ce n'est du sang des pauvres, des entrailles des solliciteurs ? J'ai souvent pensé, au vu de ces abus que, de même que les évêques font inventaire de leurs biens à leur entrée en fonction, car ce sont les seuls dont ils pourront disposer par testament, de même faudrait-il que tous ceux qui entrent au service des rois, en leur Maison, leurs Conseils ou leurs Audiences, fassent inventaire et rendent compte à des inspecteurs de la manière dont ils ont acquis le reste. J'assure que si l'on ouvrait ces ventres voraces, on y trouverait de quoi faire face à bien des dépenses. On dit que tous les traitants qui se mêlent des finances royales se font verser des primes [*prometidos*], des intérêts énormes et garantis. Quant aux corrégidors et aux autres agents de l'administration publique, non seulement ils se font payer pour ne pas appliquer les pragmatiques royales, mais encore ils n'admettent aux enchères des fermes que ceux qui leur graissent la patte en sous-main. On n'en finirait pas de conter les cas de corruptions et les délits d'initiés : un favori du roi défunt apprit qu'on allait hausser les couronnes [des pièces de monnaie] de 350 à 400 maravédis : il acheta massivement de l'or en provenance des Indes et fit un bénéfice énorme... On se procurerait de grosses sommes en faisant rendre gorge aux trésoriers. Comme ils achètent leur office... ils se remboursent en retenant les fonds qui entrent en caisse, qu'ils placent à intérêt aux dépens des créanciers du Trésor, qu'ils ne payent souvent qu'avec deux ou trois ans de retard et qui, dans le meilleur des cas, voient au moins une partie de leur créance différée ; sans parler de la retenue de deux ou trois pour cent qu'on effectue sur les paiements, après marchandage, au titre de frais de versement. Il suffirait d'une inspection pour y mettre bon ordre. Il est vrai que tous ces trésoriers ont des appuis dans la Maison royale et dans les tribunaux où les parties lésées tentent se faire rendre justice. Tout cela est bien triste.

Il faudrait par dessus tout que les rentes royales et les finances soient bien et honnêtement administrées : actuellement, on considère que la moitié à peine des sommes versées par les contribuables arrive au roi : elles passent par trop de mains et laissent quelque chose entre chacune d'entre elles.

En sixième lieu, il faudrait taxer les produits de luxe,

comme les brocards, les épices, les sucres, etc., dont usent surtout les riches... Il faudrait en faire autant pour les tapisseries, les oeuvres d'art et les étoffes de toutes sortes qui viennent de l'étranger : ainsi cesserait leur importation, ou le roi, du moins, retiendrait une part des bénéfices énormes que les marchands extraient du pays. Je traite plus longuement ce point dans mon *De rege et regis institutione,* livre III, chap. VII. J'ajouterai seulement que, par les moyens que je propose, le Trésor gagnerait davantage que les deux cents mille ducats annuels que lui promet un opuscule imprimé favorable à la monnaie de billon qui m'est passé entre les mains, et ce non seulement sans causer de tort au public, mais encore avec la bénédiction des pauvres et des plus misérables.

Et qu'on ne me réponde pas que les anciens rois de Castille ont eu recours aux expédients que je condamne : ils n'avaient ni *alcabalas,* ni Indes, ni *millones,* ni régies, ni *cruzada,* ni *subsidio,* ni maîtrise des ordres militaires ; l'urgence était plus grande : les maures frappaient à nos portes, des guerres menaçaient sur nos frontières mêmes, la noblesse était en état de révolte. Aujourd'hui, tout est calme au-dedans, pour ne rien dire du dehors. En France, le roi François fut le premier, en 1540, à dévaluer les « sous », une monnaie très utilisée dans ce royaume, comme chez nous les « cuartillos ». Le roi Henri, son fils, continua cette politique et diminua leur aloi, comme son petit-fils, Charles IX, qui en diminua aussi le poids. Les besoins étaient grands et pressants, mais le prix à payer fut incommensurable : l'hérésie maîtresse d'une bonne partie du royaume, les peuples ruinés et contraints à l'exil par la misère.

Je ne peux m'empêcher de rappeler ce que je raconte dans mon *Histoire,* livre XXIX, titre 21... Le Roi Catholique, à la fin de son règne, après avoir réalisé une œuvre immense, se plaignait de devoir cinq cents mille ducats et, en bon ménager, refusait d'accroîte en rien ses dettes. Les temps ont changé, mais plus encore les hommes, qui maintenant prennent leurs aises : nous courons au précipice. Dieu nous garde...

Il me faut ici reprendre la conclusion principale de cet opuscule : recourir à la monnaie de billon sans l'accord du royaume est illicite et damnable ; même avec cet accord, cela resterait une erreur dangereuse. Si j'ai raison, grâces en soient rendues à Dieu ; si je me trompe, qu'on pardonne à mon désir de bien faire, car le peu que je sais de l'histoire me fait craindre que nous ne provoquions des désordres pratiquement irréparables... Je supplie Notre Seigneur d'ouvrir les yeux de ceux qui nous gouvernent et de les tenir en sa sainte grâce pour qu'ils résistent à leurs passions et se laissent convaincre par la raison, et pour qu'ils aient le courage, une fois convaincus, de défendre et de pratiquer une saine politique.

Source : Mariana (Juan de), *Tratado y discurso sobre la moneda de vellón* (Traité discursif de la monnaie de billon), Cologne, 1609, Lucas Beltrán éd., Madrid, Instituto de Estudios fiscales, 1987, pp.89-96.

Bibliographie : Hermann, *Premier âge...*; Lapeyre, *Monarchies...*; Vilar, *Literatura...*; Maravall, *Cultura...*

RAPPORT D'OLIVARES AU ROI SUR LA NECESSITE DE RESERVER STRICTEMENT SES REVENUS AUX BESOINS DE LA COURONNE (1621)

Au début de son mandat, Olivarès fut pour le jeune Philippe IV une espèce de mentor. Il entreprit l'éducation politique de ce tout jeune homme qui se trouvait investi, par la mort de son père, de responsabilités écrasantes auxquelles il n'avait pas été vraiment préparé. En dépit du développement d'un appareil administratif déjà important, la personnalité du souverain joue encore un rôle décisif. Olivarès, pendant toute l'époque où il fut au pouvoir, fut obsédé par l'idée que les moyens de la Monarchie étaient limités. Il entendait, par ailleurs, mener une politique active, qu'il considérait nécessaire à la survie d'un empire menacé de tous côtés. D'où cet appel à l'austérité.

Sire,

La libéralité et la magnificence sont des vertus propres à l'âme royale, car c'est par elles que les souverains ancrent l'amour et l'obéissance dans le cœur de leurs sujets. Elles peuvent cependant se transformer en vice coupable, non seulement lorsqu'elles excèdent les bornes que la prudence marque aux vertus morales, mais aussi lorsqu'elles s'exercent sans souci des circonstances et des obligations du moment.

Si bien qu'en un siècle, un âge ou un règne donné, les rois peuvent en conscience et avec l'approbation de tous mettre leurs actes en accord avec la générosité de leurs intentions et toucher aux dernières limites de la libéralité, alors qu'en d'autres il leur conviendra de se restreindre, sans perdre pour autant l'estime dont ils jouissent. Bien au contraire, aux yeux des sages qui jugent les personnes en fonction des circonstances et de la force du caractère qui les affronte, le roi qui sait se contenir et vaincre son naturel en s'abstenant de faveurs qui outrepassent la raison ou nuisent au bien public, passera pour supérieur à celui qui s'abandonne à ses penchants. Dans ce dernier cas, en effet, l'âme royale est mue par une naturelle inclinaison à la gloire et à l'approbation du monde ; dans le premier resplendit l'excellence de son entendement et l'exercice d'une royale prudence, d'autant plus louable qu'elle mortifie les tendances de la nature.

Votre Majesté est le plus grand roi du monde, par l'étendue de son empire (*reinos y señoríos*) ; il commence à en jouir en la fleur de son âge ; il succède à un père d'un naturel si bon et si généreux, si prompt répandre ses faveurs, que nous pouvons dire, sans crainte d'offenser sa mémoire vénérable, que ce fut un panier percé. J'ose affirmer que son intention était pure, mais l'état dans lequel il laisse le royaume et les dettes qui pèsent sur les finances royales contraignent Votre Majesté à se restreindre. Je sais la grandeur et la générosité de votre âme, et les espérances que vous donnez ne sont pas inférieures aux actions de vos glorieux géniteurs. Je me vois, pour ma part, plus obligé que quiconque au service de Votre Majesté, et je juge vous devoir vous faire aimer de tous vos sujets, dont je désirerais qu'ils profitent tous de votre libéralité et de votre grandeur. Je serais très coupable, néanmoins, si je ne suppliais Votre Majesté de s'abstenir de bienfaits [*mercedes*] onéreux pour ses royales finances : ce que je sais de leur état me porte à considérer un tel renoncement, non seulement comme moralement juste, mais encore comme une obligation que nous fait la prudence.

Votre Majesté trouvera mortifiant ce que je lui propose. Elle estimera que j'outrepasse les limites strictes du domaine des affaires d'Etat dont sont chargées les personnes qui occupent mon poste. Mais je voudrais qu'elle attache plus de prix à s'abstenir volontairement de donner ce qu'elle peut afin de pouvoir faire face à ses obligations, qu'à la conquête de royaumes entiers. Presque tous les rois de l'Europe jalousent Votre Majesté et, presque partout, s'opposent ouvertement à elle. Votre Majesté est le principal appui et le meilleur rempart de la religion catholique. Pour assumer ce rôle, elle a entrepris une guerre contre les Hollandais et contre les ennemis de l'Eglise, leurs alliés. Son premier devoir est de se défendre et de les attaquer. Or, tout repose sur les finances. Les revenus du patrimoine de Votre Majesté sont vendus, ou mis en gage. Votre Majesté vit aujourd'hui des contributions que payent ses sujets, qui se saignent aux quatre veines avec une fidélité et un amour sincère. Que Votre Majesté considère si, dans ces conditions, ce que je lui propose est trop dur et si elle peut dissiper son bien : son devoir l'oblige.

Que Votre Majesté examine sa position : elle est maîtresse d'un nombre infini de royaumes immenses ; tous, ou presque tous, ont entretenu jadis un roi dans toute sa majesté et lui ont donné les moyens de se défendre et d'attaquer ses ennemis ; du plus grand au plus petit, Votre Majesté les a trouvés si endettés, qu'on peut dire qu'il n'en a hérité que les charges, sans la substance. La principale cause de cet état de fait réside dans le peu d'économie : au cours du règne de certains de vos prédécesseurs, les faveurs et les pensions distribuées volontairement ont coûté quatre vingt-seize millions [de ducats].

Je doute que l'effort de plusieurs générations suffise à réparer le mal ; tout ce que je puis faire, c'est de conseiller à Votre Majesté de s'abstenir de l'aggraver. Il me plairait que Votre Majesté soit en état d'imiter les rois que les siècles passés ont le plus admirés pour la grandeur de leurs exploits ou l'excellence de leur gouvernement. C'est leur force d'âme, c'est leur énergie [*virtud*] qui permet aux rois de faire oeuvre de héros. Mais rien ne leur est possible sans argent, car la majesté des rois dépend de leurs moyens. Il nous est difficile, à nous qui aimons Votre Majesté, de lui conseiller d'imiter les grands exemples du passé sans prendre auparavant les dispositions nécessaires pour cela. Il importe avant tout, dans ce but, d'éviter les dépenses et les grâces [*mercedes*] dont on peut se dispenser : elles sont pernicieuses. La grandeur s'affirme dans l'ordre et la générosité, comme toutes les vertus ; elle se perd par l'excès. Que l'âme de Votre Majesté, âme vraiment royale, que sa nature porte à agir comme telle, ne s'afflige pas en s'imaginant déjà privée d'argent, les mains liées par les circonstances et empêchée de reconnaître les mérites de ceux qui la servent. Qu'elle considère que Dieu a fait d'elle le plus grand roi de la terre et qu'il lui a donné les moyens de récompenser mieux qu'aucun autre.

Votre Majesté doit reconnaître les mérites de deux sortes de personnes : ceux qui le servent bien dans la guerre et dans la paix ; ceux qui par leur savoir et leur vertu, par leur enseignement et leur exemple, servent l'Eglise dans les royaumes de Votre Majesté, pour leur plus grande gloire. Pour ces derniers, Votre Majesté dispose, dans tous ses royaumes, d'évêchés, de dignités, de prébendes, de chaires, de bénéfices, de pensions et d'autres offices ecclésiastiques : si l'on s'en tient aux plus méritants, on a là de quoi les satisfaire tous et créer parmi eux une saine émulation. Votre Majesté aura ainsi la satisfaction de maintenir l'état ecclésiastique en son rang et son autorité. Quant aux laïcs, Votre Majesté dispose de vice-royautés, d'ambassades, de charges, de gouvernements, d'offices de paix et de guerre, d'habits, de commanderies, de pensions, de la possibilité d'ennoblir, de places en ses audiences et conseils, de charges dans sa Maison, de titres nobiliaires, de grandeurs, d'innombrables titres honorifiques que l'âme et la grandeur royale peuvent prodiguer, pour le soulagement de Votre Majesté, qui rendra grâce à Dieu de lui avoir fourni de tels instruments, tout en veillant à la juste distribution de tant de biens et à ce que chacun les reçoive en proportion de ses mérites et de ses services : cet équilibre assure aux rois et aux royaumes la permanence, la paix et le bonheur.

Je sers Votre Majesté avec amour, et Dieu sait que la bien servir est mon plus cher désir ; il sait aussi que lorsque Votre Majesté aura récompensé mes services, j'aurai atteint le comble de la félicité temporelle. On croira donc sans peine que je voudrais voir tout le monde favorisé et élevé par la main de Votre Majesté. Mais je voudrais aussi persuader à beaucoup de ceux qui briguent avec le plus d'énergie et se plaignent de ce que leurs services n'aient pas reçu de récompense qu'ils devraient montrer moins d'amertume et ne point tirer argument de l'exercice de charges qui leur rapportent gros pour obtenir de nouvelles faveurs, alors que Votre Majesté les a fait sortir de l'obscurité en leur donnant un office qui les fait vivre, qui les investit d'autorité, qui, parfois, accroît considérablement leur fortune, leurs aises et leur réputation, en leur permettant d'établir leur maison et de faire passer leur souvenir à la postérité. En effet, de même que Votre Majesté, dans sa clémence et sa générosité, doit toujours se considérer comme débiteur de ceux qui la servent bien et désirer les récompenser tous les jours davantage, parce que l'emploi judicieux et efficace par chacun de ses facultés au service du roi crée la reconnaissance dans le coeur de celui-ci, de même est-il juste que ceux qui servent Votre Majesté avec l'amour et la reconnaissance voulue pensent que son service est le plus grand honneur possible et sa satisfaction la récompense la plus haute à laquelle nous devons tous aspirer. J'ai touché ce point, non seulement pour encourager Votre Majesté à récompenser en fonction des services rendus, mais aussi pour lui insinuer qu'elle ne doit peut-être pas s'affliger du sort de ceux qui savent le mieux se mettre en valeur et qui se plaignent le plus hautement de ce qu'on ne les récompense pas autant qu'ils le méritent. Elle ne doit pas non plus s'offusquer de leurs plaintes, car demander aux rois leur faveur est faire preuve de vénération et de confiance à l'égard de leur grandeur. L'insistance injustifiée peut d'ailleurs permettre à la constance et à la magnanimité du roi de s'exercer.

Nous savons que beaucoup de souverains ont prodigué leurs richesses : ils en avaient tant que cela n'a pas eu d'autres conséquences que de leur causer du repentir et de nuire à leur réputation d'homme d'Etat. Généralement, cependant, ceux qui ont recherché une réputation de prudence, ceux qui ont voulu paraître grands à leurs sujets en les maintenant dans la prospérité, ceux qui ont voulu paraître grands aux nations et aux souverains étrangers, tous ceux-ci se sont montrés libéraux lorsque cela ne leur coûtait rien, mais regardants à la dépense de leurs deniers, car les revenus du patrimoine royal et les impôts que versent les sujets sont destinés à faire face aux besoins de la cause publique et aux obligations générales du royaume. A cela, Votre Majesté est obligé plus que d'autres, tant à cause de la lourdeur des obligations qu'elle assume, que par l'abondance des charges honorifiques dont Dieu l'a pourvue pour exercer sa libéralité et rémunérer justement ses sujets.

Je supplie humblement Votre Majesté de prendre ces propositions comme venant d'un serviteur qui l'aime et la révère, qui désire la grandeur et la perpétuation de son empire [*sus reinos*] et de son nom, en toute fidélité. Que Votre Majesté daigne ordonner à tous les conseils, à tous les tribunaux, à tous ses ministres, que dorénavant ils cessent de proposer à Votre Majesté, pour quelque cause et sous quelque prétexte que ce soit, fut-ce au titre de services rendus, aucune faveur, aucun privilège, aucune pension temporaire ou perpétuelle qui coûte quoi que ce soit aux finances royales. Quant aux grâces [*mercedes*], charges et offices que Votre Majesté peut donner sans qu'il lui en coûte, qu'ils soient proportionnés aux services et aux mérites des intéressés, pour que tout se passe dans l'ordre, la justice et la morale, comme le souhaite Votre Majesté.

On peut se fier à mon zèle, mais je ne me fie pas, quant à moi, à mes faibles lumières ni à ma courte expérience : examinée sous un autre angle, cette proposition pourrait apparaître moins bonne qu'il ne me paraît. Je supplie donc Votre Majesté de la soumettre aux ministres de son choix et à quelques théologiens, pour qu'ils l'éclairent sur ce qu'elle implique pour sa conscience, sur sa justesse, son opportunité, sur ses conséquences pour l'autorité de sa personne et sa grandeur, éléments dont toute résolution doit tenir compte, afin que Votre Majesté puisse prendre la décision qui convient le mieux au service de Dieu et au sien propre.

Madrid, le 28 novembre 1621.

Source : d'après Elliott (John H.) et de la Peña (José Francisco), *Memoriales y cartas del Conde Duque de Olivares*, Madrid, Alfaguara, 1981, t.I, pp.7-11.

Bibliographie : Hermann, *Premier âge*...; Elliott, *Olivares*...

EXTRAIT DU « GRAND MEMORIAL », INSTRUCTION SECRETE DONNEE AU ROI PAR OLIVARES (1624)

Ce texte est l'un des plus importants du XVIIe siècle espagnol. Olivarès, à l'instar de tous les penseurs politiques de son temps, considère la Monarchie espagnole comme un conglomérat fragile et manquant d'unité. Il trace pour Philippe IV un programme d'unification. Cette politique sera assumée par le roi. Elle échouera, en partie du fait de la guerre contre la France, qui obligera à bander trop tôt et trop fort toutes les forces disponibles contre un rival redoutable. Occultée sous Charles II (la situation de l'Etat ne permettait pas, alors, d'y songer), elle restera, malgré tout, un objectif auquel on tendra dès que la situation le permettra. Certains passages sont prophétiques de ce qu'accomplira Philippe V, un Bourbon, au début du XVIIIe siècle.

Ce mémoire est un résumé de mes avis d'Etat sur l'organisation générale de la Monarchie... Le summum de la prudence et de la profondeur en ces matières est de ne point avoir de certitudes définitives, mais de savoir changer d'avis en fonction des circonstances.

Devenir roi d'Espagne doit être la grande affaire de votre règne. Je veux dire, Sire, que Votre Majesté ne doit pas se contenter d'être roi de Portugal, d'Aragon, de Valence et comte de Barcelone, mais qu'elle doit travailler, en n'avançant qu'après mûre réflexion et en gardant secret son but, à réduire les royaumes dont se compose l'Espagne à la pratique et aux lois de Castille, en supprimant tout ce qui marque une frontière, comme les douanes ; en obtenant le droit de réunir les Cortès de Castille, d'Aragon et de Portugal où elle voudra ; le droit de nommer n'importe où et de mêler des agents originaires de n'importe quel royaume ; en réduisant les pouvoirs des conseillers [*consellers*], des jurats [*jurados*], des députations et des conseils locaux des provinces, lorsqu'ils s'avèrent nuisibles à la bonne administration et au prestige de l'autorité royale. C'est un objectif à la portée de Votre Majesté et si elle l'atteint, elle deviendra le prince le plus puissant du monde.

Il s'agit cependant d'une entreprise de longue haleine, qui doit être conduite dans le plus profond secret, sans en faire confidence à personne, même à vos intimes, parce que sa poursuite ne doit pas dépendre des opinions changeantes de vos conseillers ; d'autant que Votre Majesté suffira à prendre seule, sans avoir besoin de l'aide de personne, toutes les dispositions et les précautions nécessaires. Guidée par les brèves remarques que je vais faire maintenant, s'appuyant sur son intelligence naturelle, sur l'expérience que les années lui donneront, s'aidant du courage dont Dieu l'a comblée, Votre Majesté avancera vers ce but d'une importance à nulle autre pareille en profitant de toutes les occasions qu'offriront les circonstances.

Je suppose l'entreprise licite et je ne l'expose que sous cette réserve. Je ne doute pas cependant qu'elle le soit, si l'on considère que le but de Votre Majesté est d'affermir la sécurité de ses royaumes et qu'elle ne recherche la puissance que pour le plus grand bien et l'expansion de la religion catholique ; que la diversité présente des lois et des fors diminue son pouvoir et l'empêche d'atteindre une fin si juste et si glorieuse, si évidemment profitable au service de Notre-Seigneur ; que les fors et les prérogatives particulières des royaumes, du moment qu'on n'attente pas contre la justice, qui est une partout et doit être respectée, se voient altérés par la diversité des temps et les convenances nouvelles ; que les naturels eux-mêmes peuvent les modifier en leurs cortès. Comment s'interdire, dès lors, pour des motifs de conscience, de porter remède par tous les moyens à un mal dont on connaît la cause, même s'il faut pour cela modifier des lois qu'on a juré de respecter, mais qui s'opposent si fortement à une fin si juste ?... On pourra trouver des prétextes honnêtes qui rendent moins criant le scandale [d'un roi reniant son serment], encore qu'en des matières d'une telle importance on puisse admettre de blesser la conscience d'autrui pour arriver à ses fins. Mais encore une fois, la justification morale doit primer en tout.

Ce sont trois voies, Sire, que les circonstances peuvent offrir à la vigilance de Votre Majesté. Elles sont très différentes, mais il y a moyen de les coordonner et il se pourrait bien que des dispositions habiles les rendent complémentaires, sans qu'il y paraisse.

La première, Sire, la plus difficile, mais la meilleure, serait que Votre Majesté comble de sa faveur les habitants des autres royaumes en les appelant en Castille, en les mariant avec des gens d'ici, et réciproquement, en les assimilant en douceur et à coups de bienfaits, de sorte que, se voyant quasiment naturalisés par cette familiarité et par leur admission aux offices et aux dignités de Castille, ils se détachent de leurs privilèges particuliers au point de les sacrifier pour jouir de ceux d'ici et d'accepter de négocier une union si utile et si nécessaire.

La deuxième serait que Votre Majesté, à un moment où elle se trouverait disposer de quelque grosse armée inemployée, exige que l'on discute de ces affaires et s'appuie, pendant la négociation, sur la force armée, mais sans la mettre en avant, en sauvant du mieux possible les apparences et en faisant apparaître comme de pures coïncidences les dispositions militaires qu'elle prendrait.

La troisième, la plus efficace, quoique la plus difficile à justifier quant aux moyens mis en oeuvre, serait que Votre Majesté, se trouvant dans la position de force dont je viens de parler, se rende en personne dans le royaume concerné, sous prétexte d'une visite, et qu'elle y provoque quelque grosse émeute populaire ; qu'elle l'utilise comme prétexte pour y faire entrer ses gens ; que, sous couleur de rétablir l'ordre et de prévenir des désordres futurs, elle en réforme les lois à l'instar de la Castille, comme par droit de conquête, et qu'elle procède ainsi dans tous ses royaumes, l'un après l'autre.

La nature de l'entreprise est telle qu'il est difficile de prévoir la méthode que l'on emploiera ou le moment de l'exécution. Toutefois, Votre Majesté peut, dès maintenant, mettre en oeuvre les moyens de douceur que j'ai proposés comme première voie : leur application ne peut nuire ; elle peut même s'avérer très utile pour dissimuler la violence faite si, se révélant insuffisante, il fallait recourir à d'autres solutions.

Voilà donc la grande affaire, à mon sens, celle à laquelle Votre Majesté doit consacrer la plus grande attention, sans révéler son but à personne, mais y tendant avec persévérance par les moyens que je lui ai indiqués.

Pour le reste, tout se résume pour elle à respecter la justice, à veiller à sa bonne administration et au prestige des tribunaux ; à maintenir l'égalité entre ses sujets, à les tenir dans sa dépendance par l'espérance de ses faveurs ; à faire exécuter sans discussion dans ses royaumes les ordres qu'elle donne, en punissant toute désobéissance, d'où qu'elle vienne, de la façon la plus sévère, pour que le châtiment des uns serve de leçon aux autres.

Les garnisons, les places frontalières, les forces armées permanentes devront se voir attribuer des recettes assignées sur des revenus précis : une telle disposition fera plus pour la sécurité et le prestige de vos royaumes que l'attribution d'une somme double, mais non assignée. Des chefs à la tête solide et, de temps en temps, des inspections secrètes [*visitas secretas*] seront nécessaires pour remédier à la négligence qu'engendre la paix.

Organiser sur la base de compagnies et de consulats le commerce d'Espagne et pousser à la roue pour faire des Espagnols des commerçants, telle est la voie qui redonnera vie à la Monarchie de Votre Majesté. C'est en la suivant que nos ennemis sont devenus puissants, qu'ils s'ouvrent le monde et qu'ils jouissent des sommes énormes que les galions d'Amérique apportent à Votre Majesté et à ses sujets, sans supporter les frais de leur armement. Il est indispensable,

Sire, d'y veiller. Votre Majesté a déjà pris, en ce domaine, des mesures d'une grande importance. Continuez dans cette voie, Sire, protégez le commerce, donnez-lui du prestige : ce royaume jouit de conditions naturelles meilleures qu'aucun autre, car il produit en abondance des matières premières indispensables que l'on ne trouve pas ailleurs.

La baisse considérable de sa population exige qu'on y remédie avec une attention particulière. Introduire des colonies d'Italiens, d'Allemands, de Flamands catholiques et soumis y aiderait beaucoup. Il faudrait aussi favoriser le mariage, privilégier les gens mariés, limiter, autant que faire se peut sans empêchement de conscience, le nombre des religieux, des ordres et des ecclésiastiques. A ce prix, la situation serait rapidement rétablie.

Votre Majesté est en train de réfléchir au premier point ; elle a fait des lois sur le second ; il faut qu'elle s'occupe du troisième en rassemblant une commission de personnes [*juntando personas*] expérimentées, religieuses et zélées. Cette Monarchie est si grande qu'il est impossible d'y rien décider ni d'y rien exécuter rapidement. Aussi, Votre Majesté doit-elle s'occuper personnellement de cette affaire comme de toutes celles qui sont essentielles à la conservation et à l'accroissement de cette Monarchie, en faisant sentir aux ministres qu'elle en chargera l'importance qu'elle attache à leur bonne fin, pour qu'on les mène à terme sans perte de temps. En agissant ainsi, Votre Majesté montrera l'amour qu'elle porte à ses royaumes et son souci de remédier à leurs maux. Elle sera témoin du bon succès de ses efforts : il ne peut qu'être considérable, étant donné l'importance de ces affaires pour l'ensemble d'une Monarchie qui n'est guidée que par le désir de propager la religion catholique et qui ne cherche à accroître ses forces que pour les employer à l'extermination des ennemis de l'Eglise...

Source : d'après Elliott (John H.) et de la Peña (José Francisco), *Memoriales y cartas del Conde Duque de Olivares*, Madrid, Alfaguara, 1981, t.I, pp.95-99.

Bibliographie : Hermann, *Premier âge...*; Molinié-Bertrand, *Au siècle d'Or...*; Elliott, *Olivarès...*; Vilar, *Literatura...*

LES TRESORS DES INDES VUS DE MADRID (1638-1641)

José Pellicer de Tovar (1602-1679) est un polygraphe espagnol de la première moitié du XVIIe siècle qui exerça, entre autres, la charge d'historiographe du roi. Ses Avisos *sont les plus célèbres de ses multiples écrits. Il s'agit d'un recueil manuscrit de nouvelles qu'il envoyait chaque semaine, de mai 1638 aux derniers mois de 1644 à un correspondant anonyme. D'origine aragonaise, Pellicer résidait à la Cour. Il appartenait à la clientèle de Jeronimo de Villanueva, un des lieutenants d'Olivarès, dont il se montre, au début, un chaud partisan. Il s'en éloignera progressivement. Il ne faisait pas partie des cercles les plus proches du pouvoir, mais ses multiples contacts en font ce qu'on appelle « une personne généralement bien informée ».*

Chaque Avis *hebdomadaire est divisé en un certain nombre de brefs paragraphes dont chacun traite d'un sujet d'actualité particulier. Nous présentons ici un montage composé des nouvelles consacrées à l'argent des Indes jusqu'à la fin de 1641.*

Avis du 28 juin 1639.

Si à ces bonnes nouvelles [la victoire de Thionville, remportée par Piccolomini sur les Français] s'ajoutait celle de l'arrivée des Galions, nous serions au comble de la félicité. On craint beaucoup pour eux, car Jambe de Bois, un amiral hollandais, a pris la mer à leur recherche début avril. Le retard des Galions fait penser que don Carlos de Ibarra [l'amiral espagnol] a déposé l'argent dans la forteresse de La Havane pour livrer bataille et agir ensuite au mieux. Mais ce n'est que pure spéculation...

Avis du 19 juillet 1639.

On a reçu avec la joie que vous imaginez, au milieu des difficultés présentes, la nouvelle de l'arrivée des Galions à bon port. Il faut certainement y voir la main de Dieu. Leurs Majestés sont allées lundi en rendre grâces à Notre-Dame d'Atocha, dans une incroyable liesse populaire. Un tel secours est arrivé à temps : il était question d'établir un terrible impôt sur les biens meubles et immeubles des sujets. On a cessé d'en parler. Le roi pourrait même rembourser les sommes qu'il a empruntées aux particuliers pour l'armement des Galions... Les gazettes françaises indiquent, entre autres choses, que les Hollandais ont créé une compagnie nouvelle dont le seul but est la capture des Galions de l'argent. On saura prendre ici les contremesures qui s'imposent...

Avis du 26 juillet 1639.

La joie causée par l'arrivée des Galions est un peu retombée lorsqu'on a su qu'ils ne transportaient pas vingt-quatre millions, comme on le croyait, mais seulement sept millions trois cent mille escudos. Elle a totalement disparu lorsqu'on a appris la chute de Salces...

Avis du 2 août 1639.

On n'a autorisé personne à débarquer des Galions qui sont arrivés à Cadix. Ils ne semblent pas en état, cependant, d'entrer en Méditerranée sans délai, car ils ont besoin de réparations...

Avis du 27 décembre 1639.

Le vendredi 24 à minuit, s'est présenté un gentilhomme de Cadix porteur de la nouvelle de l'arrivée des Galions de don Jerónimo Sandoval, ce qui a causé une grande joie et aidé les gens à passer de joyeuses fêtes...

Avis du 17 janvier 1640.

Les difficultés financières de la Monarchie obligent Sa Majesté à confisquer la moitié de l'argent arrivé des Indes et à changer l'autre moitié en billon, à 25 %. Elle s'empare aussi de la rente des esclaves noirs.

Avis du 30 juin 1641.

Il est arrivé une nouvelle comme quoi la Flotte et les Galions se trouvaient à l'abri à La Havane dont ils devaient partir le 2 mars. On pense qu'ils seront ici sous quinzaine, sauf interception par l'ennemi ou tempête. Dieu fasse pour le mieux...

Avis du 9 juillet 1641.

Le trois courant est parvenue la nouvelle de l'arrivée des Galions. On crut au début, sur la foi des premiers avis, qu'il s'agissait des Galions et de la Flotte. Des courriers postérieurs le démentirent : il ne s'agit que des Galions du Pérou, qui se sont résignés à voyager seuls après avoir attendu la Flotte de Nouvelle Espagne pendant deux mois. Ils apportent cinq millions déclarés et on estime à dix-huit millions le montant non déclaré... On attend la Flotte dans le courant du mois.

Avis du 22 octobre 1641.

Une importante escadre part de Cadix à la rencontre de la Flotte qu'on attend, car le bruit court que soixante voiles ennemies cherchent à l'intercepter...

Avis du 29 octobre 1641.

Le bruit court que les Portugais ont capturé l'aviso des Indes... et qu'une escadre de soixante-quatre voiles, entre Hollandais, Portugais et Français, cherche à intercepter la Flotte. Monseigneur le duc de Ciudad Real est à la tête d'une escadre de vingt-trois navires qui ont pris la mer pour escorter l'argent.

Avis du 5 novembre 1641.

Monseigneur le duc de Ciudad Real, parti de Cadix avec vingt-deux navires, comme je l'ai dit ci-dessus, a rencontré vingt navires hollandais à proximité du cap Saint Vincent. Les Portugais, partis à l'aiguade, les avaient laissé seuls. Il les attaqua, en coula quatre et mit les autres en déroute. Il revint à Cadix. Le message qu'il envoya à Madrid pour rendre compte de cette victoire fit croire, à tort, que la Flotte était arrivée. Don Francisco de Mesia, amiral et gouverneur de la Flotte royale, est arrivé à Cadix avec vingt-deux navires. Il part à la recherche de la Flotte des Indes et des Galions.

Avis du 19 novembre 1641.

On dit que la Flotte de Nouvelle Espagne est arrivée aux Açores et qu'elle va de conserve avec les nefs des Indes Orientales, dont les capitaines sont restés fidèles. C'est une nouvelle importante, si elle est confirmée...

Avis du 7 décembre 1641.

La joie causée par l'arrivée de la Flotte s'est tempérée lorsqu'on en a connu les circonstances. L'amiral Juan de Campos écrit que la navigation s'est bien déroulée jusqu'au Canal des Bahamas, mais qu'arrivé au large des Bermudes s'est levée la plus terrible tempête qu'on aie vue dans ces parages. Le vent était si fort qu'il plia même le grand mât de la capitane, qui aurait coulé si on ne l'avait démâtée, avec voiles et agrès. Ils allumèrent leur fanal, cette nuit-là, et onze nefs leur répondirent, ainsi que le navire-amiral ; mais au jour, on n'en voyait plus aucune. On ne sait si elles ont coulé, ou si elles ont gagné quelque île pour réparer leurs gréement. Juan de Campos a regagné l'Espagne par miracle, en utilisant des draps et des chemises en guise de voiles, sans rencontrer d'ennemis : le plus faible d'entre eux l'aurait obligé à se rendre, car il ne pouvait plus manoeuvrer son artillerie. Tous les tonneaux d'eau étaient brisés. Ils burent ce qu'ils avaient pu recueillir dans les seaux et autres récipients. Arrivés en vue de Cadix, ils ne purent entrer dans le port. Ils leur fallut aller jusqu'à la barre de Sanlucar. Le navire gouvernait mal. Il heurta un récif et coula. On sauva les personnes et le courrier. On a retiré de l'épave trois cents barres d'argent et quelques quatre-vingts caisses de monnaie. On est en train de récupérer le reste : le navire transportait cinq millions. On calcule que les pertes s'élèveront à un million, en comptant les marchandises avariées et ce que les plongeurs ne pourront pas remonter...

Avis du 24 décembre 1641.

On a appris dimanche soir que le capitane et un autre navire de la Flotte de Nouvelle Espagne étaient arrivés à Cadix, sous les ordres de l'amiral Juan de Campos, après la mort du général Roque de Centeno. On dit qu'ils ont subi une très rude tempête et que le navire-amiral a été obligé de se démâter. Il s'est réfugié à Portobello pour radouber... Il manque encore onze navires, sans compter le navire amiral. On dit cependant que ceux qui sont arrivés jusqu'à présent portent la moitié de l'argent. Il paraît que le général Pimienta arrivera pour le Carême avec les Galions du Pérou. Alors qu'il était au Brésil, on lui ordonna de se rendre au Pérou déloger des Anglais qui s'étaient fortifiés sur une île. Après l'avoir fait, il a embarqué l'argent. La Flotte transporte six cents soldats portugais, tous des vétérans. On se méfie d'eux. L'amiral a constitué l'équipage des vaisseaux en prélevant des gens sur les hourques et sur les garnisons qu'il rencontrait au passage. Il laisse des Portugais derrière lui pour remplacer les soldats qu'il embarque, conformément aux ordres qu'il a reçus.

Source : Pellicer de Tovar (José), *Avisos,* Antonio Valladares, éd., *Semanario Erudito,* XXXI-XXXIII, Madrid, 1790.

Bibliographie : Chaunu, *Séville*...; Chaunu, *Conquête et exploitation*...; Morineau, *Gazettes*...; Domínguez Ortiz, *Hacienda*...

UN ETAT AUX ABOIS : LES EXPEDIENTS FINANCIERS DE LA MONARCHIE ESPAGNOLE (1638-1641)

Montage des textes des Avisos *de Pellicer sur les finances royales espagnoles.* *Voir p.112 sur l'auteur et son oeuvre.* *Le document précédent complète celui-ci.*

Avis du 31 mai 1639.

On annonce la mort de Carlos Strata, un génois tout-puissant, commandeur de la commanderie de Tolède, dans l'ordre de Saint-Jacques. On évalue sa fortune à deux millions [de ducats]. Il laisse soixante-quinze mille messes. Un de ses fils, don Josef Strata y Spinola, hérite de la commanderie, dont il avait la future succession, ainsi que de sa prétention à un titre de noblesse. Il laisse trois filles, dont l'une est mariée avec Monseigneur le comte de Fuentes, et les deux autres, célibataires, jouissent de trois mille ducats de rente chacune. Le roi, cependant, a mis sa fortune sous séquestre jusqu'à ce que les héritiers aient rendu des comptes pour les nombreux traités [*asientos*] que le défunt avait conclus avec Sa Majesté.

Avis du 16 août 1639.

Je sais de source sûre qu'on a donné des ordres pour que soit envoyé à tous les trésoriers d'Andalousie l'ordre de ne pas verser une demi-annuité de l'intérêt des *juros* à compter du terme d'août ; et qu'on enverra demain les mêmes instructions aux trésoriers de Vieille Castille...

Avis du 31 janvier 1640.

On a réformé le change de l'argent, qui ne pourra se faire avec un agio de plus de 25 %. Il y aura à Séville, à Murcie, à Valladolid, à Tolède et à Ségovie, des commissaires qui achèteront l'argent au nom du roi avec une prime de 28 %. Les peines prévues sont très sévères... Don César Negrón, un Italien de Saragosse, reconnu coupable d'avoir fabriqué de la fausse monnaie, a acheté sa grâce en promettant de lever mille dragons. On lui a donné le titre de colonel, un habit [des ordres militaires] et d'autres titres, ainsi que 120 000 ducats pour payer ses troupes.

Avis du 7 février 1640.

On fait observer avec grande rigueur la pragmatique sur le change de l'argent. On a arrêté un marchand qui avait changé onze *patacones* [des pièces de monnaie] à plus de 28 %. Sa prison est très stricte, car il risque la mort.

Avis du 28 février 1640.

Deux navires anglais partis de Cadix, l'un avec 500 barres d'argent, l'autre avec 50, sans parler d'autres marchandises à concurrence d'un million [de ducats], ont été capturés par les corsaires d'Alger. On dit que cet argent leur permet d'armer pour razzier les côtes européennes.

Avis du 6 mars 1640.

Don Francisco de Robles, alcalde de Casa et Corte, a arrêté don Juan de Meneses, membre du Conseil de la Guerre, chevalier de Saint-Jacques, châtelain de Perpignan, pour avoir changé de l'argent à un cours supérieur à celui que fixe la pragmatique. Le Conseil de la Guerre a vivement protesté auprès du Conseil de Castille, sans résultat : il est toujours détenu dans des conditions sévères et on forme un procès contre lui.

Avis du 13 mars 1640.

Les Grands et la noblesse titrée d'Aragon se sont rassemblés à la Cour pour supplier Sa Majesté, au nom de tous, de surseoir à la concession du titre de comte qu'elle a consentie en faveur de Juan Marín de Villanueva, un très riche personnage de Saragosse, en raison des 14 000 ducats qu'il a versés au Trésor. Son père était chaussetier et son grand-père ferronnier. Lui-même a manié l'aiguille dans la boutique de son père, comme en témoignent plusieurs témoins oculaires.

Avis du 20 mars 1640.

On parle d'un gros don gratuit [*donativo*] : on évaluerait la fortune des « hommes d'affaires » et on en prendrait la moitié en échange de *juros* sur les *millones*. Je crois qu'il rapportera plus que tous les autres qu'il y a eu jusqu'à maintenant...

Avis du 21 août 1640.

On dit qu'il serait question d'abolir l'accise [*sisas*] sur le vin et l'octroi [*portazgo*] de Madrid. On instaurerait à la place une contribution par feux, répartie à chaque maison, de sorte que payent riches et pauvres et non les pauvres seulement, qui ne pouvaient faire entrer de marchandise sans payer de droits, comme les riches...

On a rédigé cette semaine une circulaire pour les administrateurs [des rentes royales] de toutes les circonscriptions [*partidos*] leur ordonnant de retenir au profit du roi, pour cette année, la moitié des intérêts des *juros*. Et cela, sous prétexte de la situation difficile où nous nous trouvons...

Avis du 30 octobre 1640.

Don Josef Strata, fils de don Carlos Strata, épouse une sœur du comte de Priego. On évaluerait à 30 000 écus les cadeaux qu'il aurait envoyés à sa fiancée.

Avis du 6 novembre 1640.

On vient d'imprimer un décret instituant un impôt sur les foyers et les cheminées de toutes les maisons de Castille, payable mensuellement. Son taux varierait d'un demi-réal à six réaux, selon le nombre d'habitants. On abolirait en revanche, dans tout le royaume, je ne sais quelle taxe sur les denrées de première nécessité.

Avis du 31 décembre 1640.

On supprime l'impôt sur les cheminées, l'accise sur le vin, les cinq cents mille ducats pour la résorbtion du billon...

Avis du 29 janvier 1641.

On a remis à Sa Majesté un mémorial au nom des détenteurs de *juros,* faisant état du préjudice que leur cause les abattements qu'on fait subir au paiement des intérêts. C'est un texte audacieux et fort impertinent. On en recherche l'auteur. Il a été envoyé par la poste, adressé et affranchi comme une lettre ordinaire, à la plupart des ministres et à certains particuliers. Le Père Aguado, provincial de la Compagnie de Jésus et confesseur du comte-duc, en a reçu un. Il lui parut ne point devoir le lui cacher et, un matin, après qu'il eut achevé de se confesser, il le lui donna. Le comte-duc aurait fort mal pris la chose, ce qui, d'après certains, expliquerait la disgrâce du Père Aguado et son départ en tournée d'inspection dans sa province.

Avis du 19 février 1641.

On a publié, le 11 courant, une pragmatique portant surfrappe de la monnaie de billon : les pièces de quatre maravédis (sauf celles frappées par la Monnaie de Ségovie qui, pour l'instant, ne sont pas concernées), perdent leur cours légal dans les trente jours. On doit les déposer dans les Monnaies, où elles seront surchargées à la valeur de huit maravédis. On démonétise également la monnaie de billon surchargée actuelle, en indemnisant ses détenteurs. Elle perdra cours légal le 15 mai...

Avant hier, alors que l'alcalde [*de Casa y Corte*] Don Enrique de Salinas faisait sa ronde, il rencontra deux hommes que Cristobal Chacón, alguazil de Corte... s'avança pour identifier. Ils lui tirèrent dessus un coup de carabine qui lui ouvrit la poitrine de onze blessures. Il est mort sans confession... Un autre coup de carabine blessa un garde et fut sur le point de tuer l'alcalde. On suppose que c'était des gens qui faisaient entrer du vin en fraude. On a arrêté un suspect, un laquais du roi...

Avis du 5 mars 1641.

Don Jerónimo del Aguila, alcalde des hidalgos de Grenade, est parti pour Murcie avec la même commission que don Luis Gudiel à Malaga. Il a publié ses édits afin que tous ceux qui possèdent des muriers ou qui élèvent des vers à soie fassent enregistrer leurs titres : Sa Majesté leur fera grâce et composera avec eux. La ville s'éveilla couverte de placards qui sommaient l'alcalde de déguerpir dans les six heures avec ses gardes et ses notaires, sous peine de voir brûler la maison où il logeait. Il voulut faire preuve de valeur, mais voyant roder dans sa rue des personnages masqués, il dut céder pour éviter qu'on lui manquât de respect.

Avis du 9 avril 1641.

Le bruit court que les miquelets, des bandits catalans, ont volé une grosse somme d'argent qui voyageait pour le compte de Sa Majesté en quarante charges de mulets. D'autres prétendent que l'argent se trouvait sur les galères envoyées par le duc de Fernandina dont se sont emparés les Français. Dans tous les cas, ce sera une grosse perte.

Avis du 14 mai 1641.

Les jésuites [de Madrid] envoient à Séville douze arrobes [une arrobe équivaut à 11,502 kg] d'or pour frapper des doublons. Sa Majesté a acheté le métal en le payant en billon, avec une prime de 50 %.

Avis du 21 mai 1641.

Le courrier de Flandre a apporté diverses nouvelles. Les Etats loyalistes donnent au Cardinal-Infant 20 000 hommes soldés pour la présente campagne, à condition qu'ils nomment eux-mêmes les payeurs et que l'argent passe par leurs mains et non par celles des agents du roi...

Avis du 4 juin 1641.

On procède contre des Génois qui devaient, par *asiento,* faire parvenir du blé à la frontière du Portugal [pour l'armée], pour en avoir chargé des quantités importantes à Séville et les avoir envoyé à Lisbonne...

Don Diego de Abarca, celui qui a tué don Luis de Trejo, s'était mis d'accord pour son pardon avec Sa Majesté au prix de trente soldats. Doña Maria del Barco, la mère de la victime, l'apprenant, a porté plainte, faisant capoter l'accord.

Avis du 6 août 1641.

Il paraît que l'on taxe les voitures. Les propriétaires d'une voiture à deux chevaux devraient payer une taxe non renouvelable de 150 ducats et 300 ducats les propriétaires de voitures à quatre chevaux...

Avis du 20 août 1641.

Sa Majesté a décidé de retenir une demi-annuité du produit de tous les *juros,* quelle que soit la rente sur laquelle ils sont assis. On a donné des ordres aux trésoriers et on est en train de rédiger rapidement les circulaires qui doivent partir par le courrier ordinaire...

Avis du 27 août 1641.

Sa Majesté a refusé que l'on retienne la demi-annuité des *juros.* Les circulaires qu'on avait préparées n'ont donc pas été envoyées...

Avis du 9 septembre 1641.

Sa Majesté a décidé, dans sa bonté, de ne pas retenir une demi-annuité des *juros* détenus par ses sujets. La compassion pour leur misère l'a emporté dans le coeur du roi sur les nécessités pressantes de la monarchie...

On a arrêté trois « hommes d'affaires » [*hombres de negocios*], et un autre est en fuite. On les a interdits de séjour à la cour et quarante lieues aux alentours. Ils changeaient l'argent à 130 %. Ce taux est considéré comme impraticable sans qu'il y ait escroquerie. On pense qu'ils fabriquaient de la fausse monnaie ou en introduisaient dans le pays. On vient de publier une pragmatique qui limite à 50 % la prime de l'argent. Elle contient d'autres dispositions dont je rendrai compte ultérieurement.

Avis du 5 novembre 1641.

Une proclamation royale interdit à quiconque, sous les peines les plus sévères, d'acheter quoi que ce soit à la dépense des ambassades...

Manuel Cortizos, un portugais, receveur ou trésorier du Conseil des Finances, a acheté moyennant 36 000 ducats, moitié en argent, moitié en billon, et à titre héréditaire, le poste de Notaire Principal du Royaume [*Escribano mayor del Reino*], office de gros rapport et de grand prestige. Son prédécesseur était Rafael Cornejo, chevalier de l'Ordre de Calatrava.

Avis du 12 novembre 1641.

Les choses en sont à un point tel que Sa Majesté a ordonné au comte de Castrillo qu'il dispose de cinq cents habits des ordres militaires en faveur de personnes de qualité et de mérite, qui verseront, en liquide, une somme proportionnée à la faveur qu'ils reçoivent. Les informations se feront à Madrid, patrie commune. C'est une mesure louable. On y gagnera cinq cents soldats de cavalerie [chaque chevalier des ordres militaires devait entretenir un cavalier à l'armée], sans parler d'un million [de ducats] en liquide et de la satisfaction donnée à cinq cents sujets. Quant aux pauvres, ils verront leur charge diminuée d'autant puisque seuls les riches sont concernés...

Avis du 26 novembre 1641.

Sa Majesté a fait comte de Pezuela Bartolomé Spinola, du Conseil des Finances. Pezuela est un village que l'intéressé a acheté, près d'Alcála [de Henares].

Avis du 17 décembre 1641.

Antonio Rodriguez Fonseca, un Portugais, courtier de change, marié, père de quatre enfants, courtisait depuis plusieurs années doña Manuela de Montalvo, religieuse de Santa Clara depuis seize ans, fille de Montalvo, l'apothicaire de l'Inquisition. Il l'a enlevée en la faisant s'échapper par une fenêtre..., ce qui cause un grand scandale à la Cour. Il a emporté soixante mille réaux que lui avait confiés Monseigneur le comte de Pezuela, Bartolomé Spinola, pour les changer en argent, et cinquante mille qui appartiennent à don Josef Strata, sans parler de diverses sommes de moindre importance, à concurrence de quatorze mille ducats.

Avis du 24 décembre 1641.

Sa Majesté a transmis deux décrets au Conseil des Indes. Le premier interdit toute faveur [*merced*] de plus de trente ducats sans consultation préalable de la personne royale. Le second attire l'attention du Conseil sur l'urgence des besoins financiers de la monarchie. Il déclare que Sa Majesté, ayant consulté les plus hautes autorités morales pour la sécurité de sa conscience, celles-ci l'autorisent à mettre en vente tous les offices des Indes, à l'exception des offices de justice. En conséquence, elle interdit au Conseil de lui proposer une quelconque nomination... Tout ce qui touche cette affaire passera par Monsieur le Protonotaire. On tiendra compte du mérite des candidats, pour conserver un recrutement de qualité. Don Bartolomé de Legarda, secrétaire de la Junte du Sel, est chargé de l'expédition des titres : le Conseil perd tout pouvoir en ce domaine. Le Protonotaire revendique pour lui toute l'autorité et considère comme inutile la nomination de Legarda. Le Conseil proteste aussi.

Source : Pellicer de Tovar (José), *Avisos,* Antonio Valladares, éd. *Semanario Erudito,* XXXI-XXXIII, Madrid, 1790.

Bibliographie : Hermann, *Premier âge...*; Elliott, *Olivares...*; Thompson, *War...*; Bojayan, *Portuguese Bankers...*; Hamilton, *American Treasures...*; Domínguez Ortiz, *Hacienda...*; Postigo, *Ordenes militares...*

LA SECESSION CATALANE LETTRE DES CATALANS, AU ROY [D'ESPAGNE] (1640)

La Proclamation catholique *est un pamphlet célèbre, écrit à l'automne 1640, qui expose le point de vue catalan sur la révolte de la province. Sous des apparences respectueuses (il a la forme d'une lettre ouverte au roi d'Espagne), il pose, en fait, des exigences difficilement acceptables par la monarchie. Il fut très mal accueilli à Madrid (voir ce qu'en dit Pellicer, p.132). La France l'utilisa, évidemment, dans la guerre de propagande qu'elle livrait à l'Espagne. Voici des extraits de la traduction qu'on en publia presque immédiatement en France. Jérôme Villanueva, protonotaire d'Aragon, était le lieutenant d'Olivarès chargé des affaires de la Couronne d'Aragon.*

SIRE,

Cette Ville, très-fidele au service de Vostre Majeste a

entendu par les patentes, et convocations qu'il vous a pleu faire publier, que Vostre Majesté pour certaines causes à cela mouvantes, et specialement le desir de remettre en son entier la Justice, en cette Ville et Province, l'a fait resoudre à s'y acheminer et venir aux confins d'icelle, avec nombre suffisant d'infanterie qui defia marche, et dit tout haut (aussi bien que les regimens qui sont à Rossillon), qu'ils la viennent achever, tuant, degastant, pillant et ostant les honneurs, la vie et les biens à tous les habitants : ce qui leur cause un tel estonnement, qu'ils se sont tous mis en armes pour faire teste à des gens si pernicieux, ayans offencé grandement par leur entree, une Province, qui a tousiours esté, est, et sera tres loyale et fidele à son Roy, et qui n'a iamais manqué au service qu'elle luy doit...

Et suivant ce qu'il vous plut nous permettre de vous donner conseil, nostre advis fut, que Vostre Majeste devoit tirer hors d'icy quelques Officiers, desquels la Province est fort offencee, iugeant que ce moyen seroit de grande efficace ; et non pas leur donner des gardes, les choses estant, (comme de vray elles le sont) tant chatoüilleuses, et au mesme peril qu'auparavant, comme nous l'avons experimenté en la personne du Docteur Hierosme Grau, à qui devant hier quelques garnemens ayant hors la porte Sainct Anthoine, donné quelques coups avec effusion de sang, il est arrivé, que sortant de la Ville dans un carrosse avec son fils aisné, ledit fils auroit tiré un coup de poictrinal sur ces gens-là, qui apres le tuerent : nous fismes retirer le pere en la maison de l'Eglise dudit Sainct, et luy donnasmes vingt et cinq mousquetaires pour garde, et une Compagnie de Cavalerie, laquelle fut forcee par la multitude de ceux qui s'estoyent amassez et le tuerent le iour d'hier, d'où il paroist qu'il ne revient que peu ou point de bien, de donner des gardes : Donnant asseurance a Vostre Majeste qu'en nuls des vassaux d'icelle, ne se trouvera fidelité plus constante, ny plus affermie, qu'és coeurs de ces siens vassaux : qui l'ont servie avec tant de perfection, n'ayant espargné ny leurs biens ny leurs vies : et ne peuvent penser ny s'imaginer chose aucune, sinon ou que Vostre Majesté n'est pas suffisamment informee de nostre naturelle fidelité, et de ce que nous avons tousiours fait pour son service, en quoy elle n'a pas sujet de se plaindre de cette Province ; ou que quelques sinistres rapports faits a Vostre Majeste par le Comte Duc et Don Hierosme de Villanueva Protonotaire de Vostre Majesté (qui de tout temps ont esté portez de mauvaise affection contre cette Province) ont donné sujet a Vostre Majesté d'aliener son affection de ses fideles subjets, et de commander ce qui a esté dit ; leur devoir estant, comme de bons ministres, d'entendre à la conservation de la Royale Monarchie de Vostre Majesté et à la paix et repos de ses Provinces, afin qu'elles soyent en estat suffisant de pouvoir s'opposer aux armes de vos ennemis et non pas à la destruction des vassaux de Vostre Majesté ; et c'est ainsi que vos serenissimes pere et ayeul l'ont maintenuë ; cette nation ayant esté grandement cherie et honoree par leurs Majestez.

Nous estimons que Votre Majesté auroit suject de se plaindre de nous, si nous manquions de luy donner nos advis, et luy representer qu'il importe à sa Couronne Royale, que ceste Province ne se perde point, comme elle en est indubitablement au hazard : la nature apprenant a se deffendre, afin de resister aux hostilitez dont nous menacent les Soldats de Votre Majesté qui sont a Rossillon et és frontieres d'Aragon, comme desia nous les avons assez experimentees en ce qu'ont fait ceux qui sont-la, et ceux qui sont en cette tant fidelle Ville de Perpignan, qu'ils ont traitee pire qu'esclaves, et notamment en ce qu'ils ont bruslé le tres-Saint Sacrement, (benit a iamais) estimans que plus d'honneur ne leur peut arriver, que de se mettre en devoir de ressentiment pour l'honneur de Dieu. Nous supplions Vostre Royale Majesté, prosternez à ses pieds, et les larmes aux yeux, qu'il luy plaise de bien considerer ces choses, et comme un pere plein de compassion et de clemence jetter les yeux de sa misericorde sur ses siens subjects ; les garantissant des malheurs dont les Soldats les menacent, puisqu'ils n'ont point donné de suiet que l'on les leur face souffrir ; leur commandant de s'arrester, et de ne point entrer en cette Principauté, et faisant sortir ceux qui desia y sont, et desquels il n'est point besoin pour la garde des forteresses : semblablement qu'ils ne se donnent permission à aucune Armee d'entrer en cette Province ; afin qu'elle puisse d'oresenavant rentrer en la iouissance de la paix et de la Iustice, comme cy devant, puisque c'est la volonté de Vostre Majesté : celle de Dieu veuille conserver vostre personne Royale longues et heureuses années, pour le bien de la Chrestienté.

En Barcelone le 18. de Septembre 1640.

De V[otre] S[acré] C[atholique] et R[oyale] M[ajesté] les tres- obeyssans et tres-fideles vassaux, qui baisent ses Royales mains.

Les Consuls de Barcelone.

Source : Plainte catholique des Catalans adressée à Philippe le Grand, Roy des Espagnes, Empereur des Indes, notre souverain seigneur, par le Conseil des Cent de la ville de Barcelone, contenant les motifs de la prise de leurs armes et plusieurs remarques en l'histoire... traduit de l'espagnol, Rouen, J. Caillove, 1641.

Bibliographie : Elliott, *Revolt...*; Elliott, *Olivares...*; Vilar, *Història...*; García Cárcel, *Historia...*

LA REVOLTE DE LA CATALOGNE VUE DE MADRID (1639-1640)

Encore un document tiré des Avisos *de Pellicer (voir p.112). Nous présentons ici l'intégralité des textes qu'il consacre aux relations entre la Catalogne et la Castille de l'automne 1639 à juillet 1640. On y suit l'inquiétude grandissante des cercles intellectuels madrilènes face à la montée des périls jusqu'à la rupture. On comparera cette vision des choses à la perspective catalane, exprimée dans le texte précédent. A partir de juin 1640 et jusqu'à la fin, les affaires catalanes constituent le thème principal des* Avisos. *Ce fait montre combien la révolte du Principat a pesé sur les consciences. Antonio Pellicer était le frère de l'auteur des* Avisos. *Il lui fournit l'essentiel de ses informations sur les événements de Catalogne. Il était officier de cavalerie dans l'armée royale qui s'y battait.*

Avis du 27 septembre 1639.

Le quatorze de ce mois, le marquis de Balbases est sorti de Perpignan avec toute l'armée, à la recherche de l'ennemi. Celui-ci s'est retiré après avoir fortifié Salses et occupé les noeuds de communication. Il y a eu de nouveaux affrontements entre Catalans et Castillans, qui ont fait des morts...

Avis du 28 février 1640.

Les troupes retirées de Salses ont été logées dans le principat [de Catalogne]. Ce ne sont tous les jours qu'incidents, vols, assassinats et viols de femmes commis par les soldats. Ils ont tué le seigneur du château de Fluvia et six de ses serviteurs. Sa femme et sa fille leur ont échappé en se cachant dans un tonneau. Ils auraient brûlé le village si don

Antonio Pellicer, capitaine de cuirassiers, n'était arrivé avec sa compagnie, le bataillon du comte-duc..., et deux cents cavaliers. Il put ainsi éviter l'incendie et résister aux habitants qui prenaient les armes. Il les calma en arrêtant les coupables, qu'il emmena à Barcelone. La Députation, cependant, a envoyé un mémoire à Sa Majesté lui représentant les risques qu'il pourrait y avoir à ne pas modérer les excès des soldats...

Avis du 6 mars 1640.

Les nouvelles de Catalogne indiquent que la situation est de plus en plus grave en ce qui concerne le logement de la troupe...

Avis du 20 mars 1640.

Le comte de Santa Coloma [le vice-roi] a écrit au nom de Sa Majesté à toutes les villes [*ciudades*], universités et bourgs [*villas*] du principat de Catalogne, pour les avertir que des rapports d'espionnage signalent la concentration en Languedoc, aux environs de Toulouse, de vingt-trois régiments d'infanterie, à vingt compagnies chacun, ainsi que l'enrôlement incessant de nouvelles recrues pour ces régiments et leur cavalerie, sans parler de la mise sur pied de nouvelles unités qui se poursuit activement. Il est clair que les Français vont attaquer le Roussillon en avril. Sa Majesté en donne avis. Elle a souvenir de la manière dont la province toute entière, et chaque ville en particulier, ont contribué à la campagne de l'an passé. Elle attend de leur fidélité qu'elles renouvellent leur effort. Elle prendra pour sa part toutes les dispositions nécessaires.

Avis du 4 juin 1640.

Le logement des gens de guerre dans le Principat est la seule cause de l'agitation de la Catalogne. Les habitants prétendent que c'est outrepasser leurs fors que d'exiger qu'ils fournissent plus que le toit, le lit, l'eau, le sel et le feu ; ce à quoi il faut ajouter quelques excès de la troupe. Les Catalans ont présenté plusieurs mémoires sur le sujet. Les uns n'étaient pas adressés aux personnes compétentes, les autres furent mal reçus. Vint le siège de Salses. D'après ses mémoires, le Principat aurait fourni douze mille hommes soldés. Malgré tout, se plaignent-ils, il n'est pas certain que Sa Majesté trouve qu'ils l'aient suffisamment servie. L'arrestation de Francisco Tamarit, leur député militaire, les a profondément choqué, car il est un dieu pour eux. Ils envoyèrent douze ambassadeurs demander sa mise en liberté. Il leur fut longtemps interdit de dépasser Alcalá [de

Henares]. Ils envoyèrent alors à la Cour deux capucins, les pères Juan de Cerdeña et Bernardino, porteur du mémoire le plus insolent qu'on ait jamais vu. On permit à l'ambassade de faire son entrée à la Cour.

Pendant ce temps, en Catalogne, les civils prenaient les armes contre la troupe dans un village du domaine royal appelé Santa Coloma de Tornes, près de Gérone. Ils tuaient de nombreux sous-officiers et soldats. L'*alguazil mayor* Monredón se rendait sur les lieux pour faire justice, d'ordre du vice-roi. On le brûla, lui et ses sergents, dans la maison où ils logeaient. Don Ramón de Caldes, le gouverneur du Principat, se rendit sur place et incendia le village. Gérone se souleva et le bloqua dans le couvent de la Compagnie de Jésus, où je suppose qu'elle l'assiège encore.

Le tercio napolitain de don Leonardo Moles marchait sur un autre village, appelé San Feliu de Arenas, pour le châtier. Les habitants enfermèrent leurs biens les plus précieux dans l'église ; puis, pour plus de sécurité, ils se réfugièrent avec eux dans la montagne, en ne laissant dans l'église que des coffres vides. Quelques soldats, furieux de ne pas trouver de butin, mirent le feu à ces emballages. L'incendie se communiqua à l'autel et au retable. Des pères capucins retirèrent la custode et la portèrent à Gérone. L'évêque, au lieu de calmer tout le monde, excommunia Leonardo Moles et son tercio, en une impressionnante cérémonie, au cours de laquelle il éteignit des cierges noirs devant des crucifix voilés et pratiqua d'autres rites dignes de susciter la terreur. Encouragés, les paysans prirent les armes contre les soldats, qu'ils considéraient comme excommuniés et damnés : il s'en rassembla plus de six mille et ils se donnèrent un chef qui s'intitule, lorsqu'il signe : « Capitaine de Catalogne ». Assaillis de partout, nos malheureux soldats sont massacrés en grand nombre. Plusieurs officiers de renom ont aussi été tués. L'insolence des révoltés en vint au point que le 22 passé ils entrèrent à Barcelone, ils ouvrirent les prisons et en tirèrent, entre autres, le Député militaire, dont l'arrestation avait provoqué l'envoi de l'ambassade. Le comte de Santa Coloma se vit si menacé qu'il se réfugia à l'Arsenal pour s'embarquer sur les galères du marquis de Villafranca. Il fallut que le Député aille le chercher et lui donne des assurances pour qu'il consente à regagner son palais ; trois compagnies le gardent jour et nuit...

Avis du 4 juin 1640.

Tragiques les nouvelles d'aujourd'hui, plus que

tragiques, inouïes. Il s'est produit un événement rarissime dans la Monarchie espagnole, presque inconnu de l'Antiquité même. Les sédicieux de Catalogne sont allés jusqu'au bout, ils ont touché le fond de l'abîme où les ont jetés le désespoir et la haine. Près de huit mille paysans révoltés s'étaient rassemblés au col du Perthus, au milieu des ravins des Pyrénées, pour interdire aux troupes du roi notre sire l'entrée du Roussillon. Ils avaient pour chef Estraheque, un bandit que ses exploits avaient envoyé pour neuf ans à la rame des galères d'Espagne. Il s'intitulait « Capitaine général de Catalogne ». Avec lui, un majorquin, qui se disait « Maître de camp général ». Des envoyés du Roi Très-Chrétien leur auraient offert aide et protection, mais ils auraient répondu qu'ils étaient loyaux sujets de leur roi et non des traîtres ; qu'ils n'avaient pas pris les armes contre Sa Majesté, mais contre les extorsions des soldats ; que la prochaine fois, ils pendraient les messagers porteurs de telles propositions. Et là-dessus, ils reprirent leurs atrocités. Les nôtres, quant à eux, égorgeaient autant de Catalans qu'ils pouvaient. Deux villages du duc de Cardona furent brûlés. Les mécontents entrèrent à Vich où ils massacrèrent le consul et incendièrent les maisons des agents du roi. Ils tuèrent, près de Gérone, des officiers et des sous-officiers de l'armée.

On arriva ainsi, dans le sang, à la Fête-Dieu. Alors que don Dalmao de Queralt, second du nom, quatrième comte de Santa Coloma, seigneur de la baronie de Queralt, vice-roi et capitaine général du principat de Catalogne, des comtés de Roussillon et de Cerdagne, assistait à la procession du Saint-Sacrement, plus de quatre mille paysans qui cherchaient à se placer comme moissonneurs entrèrent en ville. Ils mirent en déroute la garde, ils égorgèrent deux régents, juges de l'Audience et, finalement, ils massacrèrent à coups de poignard le vice-roi, le représentant de la personne royale. C'était un homme véritable. Ses mérites personnels et son charme le rendaient digne d'une plus longue vie et de laisser dans la mémoire des hommes une trace éternelle. Il est mort en loyal sujet, donnant sa vie pour le roi. On a reçu aujourd'hui la triste nouvelle de cette suprême insulte, grosse de dangers pour l'avenir. Sa Majesté a montré sa préoccupation et la gravité de la situation en assistant en personne au Conseil d'Etat, réuni pour discuter des moyens d'écarter le péril en châtiant les coupables.

Avis du 19 juin 1640.

L'émeute des paysans et du peuple de Barcelone s'est

poursuivie par le massacre de tous les soldats et de tous les non-catalans qu'ils ont trouvés. Ils ont pillé les maisons des agents du roi, particulièrement celles du marquis de Villafranca et de don Jerónimo de Guardiola, fournisseur général de la Flotte. Le capitaine de la garde du comte de Santa Coloma est mort. Son fils et héritier, son secrétaire et beaucoup de particuliers se sont enfuis sur une galère à destination de Valence ; ils arriveront bientôt à Madrid...

Pour calmer l'agitation, on envoya, le 9 courant, un *conseller* de Barcelone à la recherche des incendiaires des églises. La plupart des émeutiers le suivirent. C'était un stratagème pour en débarrasser la ville : on ferma les portes derrière eux, le *conseller* s'esquiva et rentra ; la noblesse, qui accourt chaque jour plus nombreuse pour se mettre au service du roi, a pris le contrôle de la cité et garde les remparts.

Sa Majesté a nommé vice-roi le duc de Cardona en lui donnant tout pouvoir pour pardonner, châtier, récompenser. Il y aurait même amnistie générale pour tous les émeutiers, sauf quelques-uns dont le roi se réserve de décider du sort. Les ambassadeurs [de Catalogne] ont été reçus hier en audience. Ils ont fait, de la part de la noblesse, les plus vives protestations de fidélité. Ils ont promis qu'en cas d'invasion française, tous les catalans iraient à l'armée, nobles [*nobles y caballeros*] comme *ciudadans,* jeunes comme vieux, sans aucune exception. On s'attend à ce que la sédition s'apaise.

Pendant ce temps, Juan de Arce, avec 4 000 soldats, tant castillans que d'autres nations, se fortifie à Rosas. Les habitants de Blanes se sont très bien comportés et le roi les a exempté de levées pour dix ans. Tout au contraire de ceux de Perpignan : plusieurs tercios, dont celui de don Justo de Torres, logeaient dans la ville, aux ordres de Chère de la René, général de l'artillerie de l'armée de Catalogne. Trente ou quarante soldats disparaissaient chaque jour ; c'était trop pour qu'on ne le remarquât pas. Le général fit garder les portes et interdit toute sortie sans ordre signé de sa main ; les disparitions continuèrent. Enquête faite, il apparut que leurs hôtes tuaient eux-mêmes les soldats. Ceux qui restaient se réfugièrent dans le château et commencèrent à bombarder la ville.

Avis du 3 juillet 1640.

La Catalogne ne se calme pas. On m'écrit que les troubles y sont chaque jour plus graves, spécialement en Roussillon. Les soldats réfugiés dans le château de Perpignan ont bombardé la ville puis, après qu'elle se fut rendue, l'ont mise à sac et en ont brûlé une grande partie. Juan de Arce l'occupe. Il a changé la municipalité, pendu et décapité beaucoup de monde. Le duc de Cardona s'y rend, en compagnie du Député militaire.

Source : Pellicer de Tovar (José), *Avisos*, Antonio Valladares, éd., *Semanario Erudito,* XXXI-XXXIII, Madrid, 1790.

Bibliographie : Elliott, *Revolt...*; Elliott, *Olivarès...*; Vilar, *Història...*; García Cárcel, *Historia...*

NOUVELLES DE L'INQUISITION (1640-1641)

*La procédure inquisitoriale était secrète. Le tribunal, cependant, accordait une grande importance à l'image qu'il offrait de lui-même au public. Nous connaissons déjà l'édit de foi (**voir p.88**). Les nouvelles que donne Pellicer (**voir p.112**) nous permettent de saisir d'autres facettes de l'activité publique du Saint-Office et de ses implications politiques. On remarquera que Pellicer, dans les* Avisos, *parle de lui-même à la troisième personne. Les* Descalzas reales *était un couvent de Madrid très lié à la Cour et réservé aux filles des plus grandes familles. Les* beatas *étaient des femmes, souvent des terciaires franciscaines, qui menaient, hors des couvents, une vie de dévotion. Le* Buen Retiro, *un palais édifié à Madrid par Philippe IV, a subi un grave incendie dans la nuit du 20 février 1640.*

Avis du 17 janvier 1640.

Les inquisitions de Lima et de Carthagène des Indes ont écrit à Sa Majesté qu'elles ont découvert, au cours des autodafés qu'elles viennent de célébrer, que beaucoup de judaïsants portugais ne péchaient pas seulement contre la foi catholique, mais qu'ils entretenaient aussi une correspondance suivie avec les synagogues de Hollande et du Levant, dont ils aidaient les entreprises contre la chrétienté en leur fournissant des renseignements et de l'argent ; que les inquisiteurs les ont châtiés en ce qui concerne la foi, mais que Sa Majesté devait prendre des mesures pour régler le problème politique. D'où l'ordre qui a été donné d'ouvrir, un même jour, tous les plis expédiés par des Portugais. On a ainsi vérifié les informations venues des Indes. On a en outre découvert un chiffre qu'ils utilisaient pour correspondre avec les synagogues de Hollande. D'après ce qu'on a déchiffré jusqu'à présent, ceux d'ici devaient leur fournir jusqu'à un million et demi [de ducats]. L'enquête a été confiée aux inquisiteurs de la Parra et Villoslada. Une junte se réunit sur ce point au palais de l'inquisiteur général.

Avis du 7 février 1640.

Ces avis s'ouvriront par des nouvelles du célèbre autodafé célébré par le tribunal de l'inquisition des royaumes de Pérou, du Chili, du Paraguay et de Tucuman, à Lima, le 23 janvier 1639. Le licencié Fernando de Montesinos, un prêtre, natif d'Osuna, en a écrit une relation fort exacte. C'est l'un des plus grands qu'on ait vu. L'enquête sur les coupables durait depuis 1635... [Suit une liste détaillée des inquisiteurs qui ont participé à la cérémonie, des personnes qui ont comparu à l'auto, chacune avec le délit et la peine subie. Il s'agit, pour l'essentiel, de Portugais].

Avis du 24 avril 1640.

La Cour est toute scandalisée à la nouvelle du sacrilège commis à Grenade contre le très saint nom de Notre-Dame par la maudite secte des juifs qui suivent la loi de Moïse. L'émotion et l'irritation sont telles, qu'il n'y a personne qui ne donnerait mille vies pour notre religion et qui ne veuille anéantir les ennemis d'icelle qui vivent parmi nous, comme des loups déguisés en brebis, sans que les supplices soufferts par leurs complices que l'Inquisition a châtiés les effrayent. En vérité, l'un des malheurs dont nous avons le plus de raison de nous plaindre et l'un de ceux dont nous devrions chercher avec le plus de soin le remède, c'est bien de voir l'Espagne remplie de ces juifs, les ennemis de notre sainte foi catholique.

Avis du 17 juillet 1640.

Dimanche dernier, on a publié dans la matinée l'expurgatoire contre les livres des auteurs hérétiques que le Conseil Suprême de l'Inquisition interdit dans leur totalité ; et contre ceux des auteurs catholiques, qu'il ordonne d'expurger de ce qu'ils contiennent de scandaleux et de malsonnant. Il y eut une grande procession la veille au soir. Le dimanche, un cortège se rendit au palais de Monseigneur l'archevêque, inquisiteur général, à l'église de San Felipe ;

don Francisco Zapata, grand chapelain des Descalzas Reales, à cheval, coiffé d'un bonnet et d'un chapeau, insignes de sa fonction, représentait la *Suprema*. Arrivés dans l'église, le Père Maître Frère [*fray*] Francisco de Peralta fit un sermon et un secrétaire lut l'expurgatoire. Tout le monde regagna ensuite, dans le même ordre, le palais de l'Inquisition.

Avis du 23 octobre 1640.

Un événement vient de jeter bas tous les projets d'accommodement avec les Catalans. Les *consellers* et le Conseil des Cent de Barcelone ont envoyé ici... un livre imprimé de cent trente-six folios, intitulé : « Appel catholique à la bonté de Sa Majesté Philippe le Grand », (p.122) dans lequel, en trente-huit articles ou paragraphes, ils énumèrent les motifs de leur révolte et concluent, avec la plus grande insolence que sujets aient jamais manifestée envers leur souverain, que Monseigneur le Comte-duc et Monseigneur le Protonotaire ruinent la Monarchie... Ils osent donner à Sa Majesté le conseil de changer de ministres. La Sainte Inquisition a ordonné la saisie de la « Proclamation catholique », en publiant des édits portant censures et autres peines dans un délai de six jours. Sa Majesté a interdit d'y répondre. Don Josef Pellicer, en tant que Grand-chroniqueur d'Aragon, avait commencé à rédiger une réfutation. On lui a interdit de poursuivre.

Avis du 19 février 1641.

Le bruit court avec de plus en plus d'insistance que les rebelles [catalans], se voyant dans l'impossibilité de conserver leur indépendance républicaine entre deux si puissantes monarchies, aujourd'hui ennemies, mais peut-être demain amies, se sont donnés à la France, à condition qu'elle respecte tous les privilèges de la province, les décisions du Concile de Trente et qu'elle lui laisse une Sainte Inquisition, qui relèverait directement du Souverain Pontife. Les Français auraient accepté.

Avis du 26 février 1641.

L'Inquisition a arrêté María Fernandez, une jeune béguine [*beata*] qui avait prévu huit jours à l'avance l'incendie du Palais Royal. Un commissaire du Saint Office et une de ses tantes ont été arrêtés pour complicité...

Avis du 12 mars 1641.

Je sais de source sûre qu'il est question d'autoriser à rentrer les juifs des synagogues de Hollande et d'autres pays. Un rapport a proposé vingt-huit moyens dans ce but. La

Sainte Inquisition s'y oppose fermement. Je vous tiendrai au courant des développements de cette affaire.

Avis du 2 avril 1641.

Le Jeudi Saint au soir, un clerc portugais a enlevé un enfant de sept ans, fils d'une lavandière, et l'a conduit derrière les puits à neige. Il l'a attaché par les pieds, tête en bas, et l'a fouetté d'abondance. L'Inquisition enquête sur ce crime et sur deux autres cas très atroces qui se sont produits le même jour. On a remarqué que peu de traitants [*asentistas*] portugais ont suivi, ce jour-là, les chemins de croix.

Avis du 28 mai 1641.

Le bruit court que le duc de Bragance a passé un accord avec les juifs portugais et qu'il leur a concédé la liberté de conscience pour quarante ans. Don fray Pedro Enriquez, évêque de Malaga, se rend en ambassade à Rome pour cette affaire. Ceux de la nation [marrane] ont proposé ici aussi, dans divers mémoires, des mesures extravagantes qui visent à réduire la sévérité de l'Inquisition. L'affaire est en suspens. L'inquisiteur don Juan de la Parra a écrit un docte mémoire contre leurs prétentions.

Avis du 25 juin 1641.

Cet après-midi, alors que don Francisco de Meneses, surnommé Barrabas, et don Jorge Manuel, qu'on appelle Batallas [deux militaires portugais fidèles à l'Espagne], allaient en voiture voir passer une procession, ils croisèrent deux Portugais, don Jacinto de Lemos, de l'habit de Saint-Jacques de Portugal, et Fernán Manuel, son frère, traitant [*asentista*]. Comme ce dernier ne se découvrait pas, ils le traitèrent, entre autres insultes, de juif. Fernán Manuel tira l'épée. Les deux autres sortirent de la voiture et Barrabas, d'une estocade, le renversa en le blessant sérieusement... La superbe dont fait montre à Madrid cette engeance de partisans portugais est proprement incroyable. Eux qui, au Portugal, n'oseraient pas regarder en face une personne bien née [*caballero*], veulent ici se mettre à son niveau, ou même lui prendre le pas.

Avis du 2 juillet 1641.

On vient de publier un livre intitulé l'*Aristarque, ou censure de la « Proclamation catholique » écrite par les Catalans l'an passé.* Il est l'oeuvre de l'inquisiteur don Francisco de Rioja, chroniqueur de Sa Majesté. C'est une personne très proche du comte-duc, qui aura pris ses informations aux plus hautes sources. Le livre est excellent, et bien écrit ; tout ce qu'il rapporte est absolument exact, et fort précis. Il répond entièrement aux objections des *consellers* et du Conseil des Cent.

Avis du 6 août 1641.

Il est question de créer une inquisition à Buenos Aires, car c'est par là que passe une bonne partie du commerce du Pérou...

Avis du 24 décembre 1641.

On dit que le duc de Bragance a accordé aux nouveaux–chrétiens portugais qui regagneraient leur pays une amnistie pour les délits qu'ils auraient commis jusque ici vis–à–vis de la juridiction inquisitoriale, ainsi que la non–confiscation des biens. On reconcilierait en secret ceux qui se dénonceraient spontanément et, dorénavant, seules leurs personnes subiraient le châtiment des délits de foi qu'ils commettraient, sans qu'on puisse séquestrer leurs biens.

Source : Pellicer de Tovar (José), *Avisos,* Antonio Valladares, éd., *Semanario Erudito,* XXXI-XXXIII, Madrid, 1790.

Bibliographie : Bennassar, *Inquisition...*; Kamen, *Inquisition...*; Lea, *History...*; Dedieu, *Administration...*; Elliott, *Revolt...*; Elliott, *Palace...*

LA REVOLTE DU PORTUGAL VUE PAR UN POLYGRAPHE MADRILENE (1640)

Pellicer (voir p.112) a une haute conscience de l'empire. Il s'identifie pleinement à cette énorme édifice politique et militaire qui domine le monde. Il sent clairement que la Monarchie est engagée dans une lutte à mort avec la France. Jusqu'en 1640, il garde confiance : la révolte de la Catalogne l'atterre mais ne l'abat pas. La sécession du Portugal, quelques mois plus tard, le bouleverse beaucoup plus profondément : il sent désormais que l'Espagne est en train de perdre la partie. Voici les nouvelles qu'il donne à propos du Portugal pendant l'année 1640.

Avis du 19 juin 1640.

... Huit mille Portugais, sous les ordres du duc de Bragance, sont arrivés à la frontière de Castille [pour renforcer l'armée de Catalogne]. Ce sont de très beaux soldats...

Avis du 4 septembre 1640.

... On annonce du Portugal le départ pour l'Espagne de Monseigneur le duc de Bragance avec une très belle suite de vassaux et de serviteurs. Il n'est pas douteux qu'il fera les choses avec la magnificence propre à sa maison...

Avis du 16 octobre 1640.

Les nouvelles du Portugal ne sont pas très bonnes. La noblesse [*los fidalgos*] aurait non seulement refusé de sortir du pays à l'appel du roi, mais encore aurait menacé le premier qui oserait le faire. On cherche à répandre dans le peuple l'idée que le roi voudrait éloigner la noblesse pour mieux exploiter une population privée de ses défenseurs naturels. On n'y réussit que trop..., m'assure-t-on. La dureté des temps empêche de sévir contre les coupables. Je n'arrive pas à croire ces nouvelles, car je tiens la noblesse portugaise pour très dévouée et telle que le service du roi la remplit d'orgueil...

Avis du 11 décembre 1640.

C'est en lettres de sang et de larmes que je devrais écrire ces nouvelles, qui n'annoncent rien moins que le soulèvement du royaume de Portugal. Il a couronné pour roi Jean, qu'ils appellent Jean IV, duc de Bragance. Le premier courrier, celui qui donna l'alerte, fut envoyé par don Mendo de Contreras, corrégidor de Badajoz. Il y indiquait ce qui se disait à la foire d'Estremoz le jour de la Saint André : il avait interrogé de nombreux témoins qui s'y trouvaient et envoyé des informateurs à l'intérieur du pays, qui tous rapportèrent les mêmes faits. Ce courrier arriva le vendredi matin, veille de la Conception de Notre-Dame. L'alarme régnait déjà, d'ailleurs, car, ce même jour, n'était pas arrivé un courrier ordinaire que l'on envoyait de là-bas les vigiles et qui apportait du poisson pour la table du roi, ce qui coûtait une fortune, car les portugais faisaient passer par lui, en fraude, tous les diamants et tous les bijoux qu'ils voulaient.

A ces indices s'ajoutait le fait que, quelques jours auparavant, alors que le duc de Hijar rentrait tard chez lui, des personnes qui se dissimulaient sous des capes et qu'il trouva à l'entrée de sa maison, l'avertirent que le 26 novembre la noblesse portugaise prendrait une résolution touchant à sa liberté, qu'il devait se joindre à elle pour ne pas perdre les domaines qu'il possédait là-bas. Le duc, un homme pourtant fort avisé, ne crut ni devoir donner tant de crédit à la chose qu'il lui fallût alarmer le roi, ni taire entièrement l'affaire. Il s'en ouvrit à l'inquisiteur général. Ce fut la première alerte.

Le jour de la Conception arriva un autre courrier, envoyé par le marquis de Villanueva del Fresno... depuis Moguer, sur la frontière du Portugal, qui n'est séparé de Castro Marín que par une rivière. Il donnait les mêmes nouvelles, avec plus de détails. Vint ensuite un courrier du gouverneur d'Alcántara, puis d'autres des autorités et des seigneurs voisins du royaume rebelle.

Les choses se seraient passées ainsi : Don Duarte de Portugal, le frère du duc de Bragance, qui servait en Allemagne comme sergent major de bataille de Sa Majesté impériale, revint cet été au Portugal. Il vient juste de regagner l'Allemagne. Il est passé par la France et la Hollande. On croit qu'il a négocié des accords avec ces pays. Sa Majesté, qui craignait peut-être quelque chose, avaient convoqués plusieurs fois le duc de Bragance pour qu'il l'accompagne dans le voyage qu'elle avait prévu de faire en Catalogne. Le duc s'en excusa, allégant sa mauvaise santé et d'autres prétextes futiles. Il refusa même de recevoir le collier de la Toison d'or qu'on lui a attribué voici deux ans. Il demandait qu'on le rembourse des frais que lui avait occasionné les troubles passés. Là-dessus, Sa Majesté convoqua la noblesse portugaise pour qu'elle le serve en ses guerres. Une cinquantaine de prélats, d'aristocrates et de seigneurs seulement se présentèrent ; les autres refusèrent. On insista. Ils refusèrent encore, en agitant le peuple : j'en ai parlé dans mes avis précédents. Le roi leur ordonna alors de se présenter, sous peine de trahison et de confiscation des biens : il voulait certainement obliger ainsi les partisans de la révolte à quitter le pays.

Ces derniers avaient tout préparé. Voyant qu'on affaiblissait les garnisons pour renforcer l'armée de Catalogne, ils exécutèrent le soulèvement... Ils couronnèrent le duc à Villaviciosa. De là, ils gagnèrent Lisbonne... Ils déposèrent la duchesse de Mantoue, leur vice-reine, et le marquis de la Puebla. Ils tuèrent Miguel de Vasconcelos, le secrétaire d'Etat, le conseiller principal de la duchesse, par qui tout passait [*el único valido de Su Alteza*], que l'on tient ici pour l'un des principaux responsables du soulèvement, du fait de ses agissements et de la haine qu'on lui portait. Il faut expliquer qui était ce ministre... [Suit un long développement sur la petite origine sociale, l'ambition et la corruption de la famille Vasconcelos].

Avis du 18 décembre 1640.

Les nouvelles de la rébellion du Portugal se confirment. Il est arrivé ici un homme originaire de Santander nommé Camargo, qui était valet de chambre du tyran don Juan de Portugal. Il s'est enfui à pied, la nuit même du soulèvement. Il dit que la conjuration se révéla au grand jour par un manifeste qui portait cent soixante-douze signatures, entre prélats, membres de l'aristocratie [*títulos*] et de la noblesse [*caballeros*]. Suivirent immédiatement, à Villaviciosa, illuminations, Te Deum et distributions d'argent à la foule. Le duc partit de Villaviciosa pour Lisbonne, où il fut acclamé et couronné le jour de Saint André. Il y eut une procession. L'archevêque de Lisbonne dit une messe solennelle et, dans son homélie, déclara au peuple qu'il avait là son seigneur naturel, qu'il devait rendre grâce de ce qu'un secret d'une telle importance [celui de la conjuration] ait été gardé pendant deux ans. Le clergé, tant régulier que séculier, exhorte à obéir au tyran, spécialement les jésuites, qu'on appelle là-bas les « apôtres ». Ils y mettent autant d'ardeur qu'à rechercher le martyre en Chine.

Source : Pellicer de Tovar (José), *Avisos,* Antonio Valladares, éd., *Semanario Erudito,* XXXI-XXXIII, Madrid, 1790.

Bibliographie : Elliott, *Olivares...*; Serrao, *Historia...*

DANS L'INTIMITE DE PHILIPPE IV. CORRESPONDANCE AVEC LA COMTESSE DE PAREDES DE NAVA (1644-1659)

Notre appréciation de Philippe IV a profondément changé au cours des dernières années. Là où l'on ne voyait naguère qu'un dilettante dégénéré, on a découvert une personnalité riche et cultivée, intelligente et complexe, dotée d'une incontestable dimension humaine. Ses lettres familières à doña Luisa Enríquez Manrique de Lara, comtesse de Paredes de Nava, une dame de la cour, ancienne gouvernante de l'infante Marie Thérèse, la future reine de France, devenue religieuse dans la Manche, pour être moins connues que sa correspondance politico-mystique avec Sœur María de Agreda, ne l'en montrent pas moins sous son meilleur jour.

APRES LA MORT D'ISABELLE DE FRANCE, SON ÉPOUSE

Le roi se trouvait à l'armée, en Aragon. Rappelé à Madrid par la nouvelle de la maladie de la reine, il apprit sa mort sur la route du retour. La « fille » dont il est question dans cette lettre n'est autre que Marie Thérèse d'Autriche (1638-1683), future reine de France.

Le Pardo, le 9 octobre 1644.

Comtesse,

Je suis arrivé ici dans l'état que vous imaginez, après avoir perdu le même jour une épouse, une amie, une aide, une consolatrice dans toutes les épreuves que je traverse : si je n'ai pas perdu la raison et la vie, c'est que je dois être de bronze.

J'ai voulu me confier à vous, car je sais la confiance que vous portait la reine et l'amour que vous aviez pour elle. C'est pourquoi je dois vous demander si elle ne vous aurait pas confié quelque chose dont elle aurait désiré qu'on l'exécutât, soit qu'elle en eût eu plaisir, soit pour la tranquillité de sa conscience, afin que je fasse après la mort tout ce que je peux en faveur d'une personne qui, pendant sa vie, a tant fait pour moi. Je désire savoir, plus particulièrement, si elle vous a parlé de la personne qu'elle désirait voir donner comme gouvernante à ma fille... J'ai été absent si longtemps que j'ignore sa volonté, tout en désirant la respecter après sa mort...

Je ne pensais pas pouvoir tenir la plume aussi longtemps. Mon coeur se brise au-dedans de moi. Ayez pitié de moi, comtesse, et recommandez-moi à Dieu, car il est aussi le Dieu du malheur, dont seule sa main puissante peut nous guérir. S'il me fait la grâce de m'aider à lui offrir la peine que j'endure et celle que j'ai endurée depuis Saragosse, je m'estimerai heureux. Dès mon départ de là-bas, j'ai reçu le courrier extraordinaire qui est parti d'ici le mardi et, en chemin, tous les autres que l'on a envoyés successivement, ouvrant moi-même les lettres et buvant le poison de ma propre main. Dieu ait pitié de moi et me donne le courage de surmonter cette épreuve.

Le roi.

La « nièce » dont il est question dans ce texte est Marie Anne d'Autriche, fille de Marie, elle-même sœur de Philippe IV, et de l'empereur Ferdinand III d'Autriche. Philippe IV l'avait épousée en secondes noces. Quant à la « jolie coquine », c'est Marguerite Marie (1651-1673), premier rejeton de cette union, qui épousera en 1666 l'empereur Léopold I, son oncle maternel... C'est l'infante des Ménines.

Madrid, le 13 août 1652.

Je ne doute pas que vous me serviez aujourd'hui avec autant et même plus d'amour que vous ne le faisiez lorsque vous étiez ici, et je crois que vos services me sont encore plus utiles, car ils s'exercent dans le domaine qui est pour moi le plus important. Je vous en remercie beaucoup et je vous prie de les continuer, car Notre Seigneur écoute de bonne grâce les prières ferventes de ceux qui désirent sa grandeur. Qu'il soit béni.

Nous allons tous bien et ce qu'on vous a dit de ma nièce est exact : elle est toute changée depuis son arrivée et je me trouve, pour ma part, tous les jours plus heureux en sa compagnie. La petite est une jolie coquine qui commence déjà à nous faire rire de ses singeries. Vous recevrez bientôt les tableaux, mais je ne peux rien promettre, car Velazquez a la flemme.

J'espère que la miséricorde divine nous accordera bientôt ce que vous lui demandez, bien que jusqu'à présent il n'y ait pas d'autre indice de sa protection que la régularité des crises et de la maladie. Notre Seigneur fassa sa volonté, quelle qu'elle soit, je m'y plierai de bon gré...

Dieu vous garde.

Le roi.

« La pélerine » à laquelle il est fait allusion dans la lettre suivante est une jeune fille qui demande un poste à la Cour par l'intermédiaire de la correspondante du roi. On reconnaîtra sous l'appellation de « fillette » la Marguerite Marie du texte antérieur. Le duc d'Alburquerque servait de mentor militaire à don Juan d'Autriche, bâtard légitimé du roi, dans la reconquête de Barcelone. Le monastère dominicain d'Atocha joua, au XVIIe siècle, le rôle d'une espèce de sanctuaire national.

San Lorenzo del Escorial, le 21 octobre 1652.

La pèlerine a très bien accompli son ambassade. La demande est si juste qu'on ne peut la rejeter ; aussi, lorsqu'elle aura l'âge qu'il faut pour servir, je l'accorderai. Votre intercession ne lui a pas été néfaste, car je veux satisfaire vos demandes.

... C'est à Balsain [un des palais d'été du roi] que j'ai reçu votre lettre du 12, avec vos félicitations, qui me font grand plaisir, comme venant d'une personne qui ne me veut que du bien. Pour vous en remercier, je vous communique que j'ai reçu aujourd'hui une lettre de don Juan portée par le duc d'Alburquerque, dans laquelle il m'annonce que mes armées sont entrées le 13 à Barcelone et que presque toute la Catalogne est réduite à mon obéissance. J'en ai rendu grâces infinies à Dieu, car c'est un événement que seule pouvait susciter la puissance de sa main. Aussitôt après avoir reçu cette nouvelle, ce fut à six heures ce matin, j'ai couru ici, où j'ai trouvé en bonne santé toutes mes femmes et demain, s'il plaît à Dieu, j'irai à Madrid assister aux cérémonies d'Atocha. Au passage, je verrai ma fillette, qui est une bien belle personne. Je reviendrai ici jeudi ; nous y resterons jusqu'à la date habituelle.

Dieu vous garde.

LA PAIX DES PYRÉNÉES

Le « futur », c'est Louis XIV, bien sûr ; la « fille », Marie Thérèse d'Autriche ; la « tante », Anne d'Autriche, soeur de Philippe IV et mère du roi de France. Quant au « garçon », c'est l'infant Philippe Prosper, alors âgé de deux ans, qui mourra à quatre. Le « galant et sa dame » sont la fille et le gendre de Soeur Luisa pour lesquels celle-ci a demandé une pension.

Madrid, le 29 novembre 1659.

Il me semblait bien que je tardais à recevoir vos félicitations pour la paix, mais vous avez bien fait d'attendre pour les faire coïncider avec celles que vous m'envoyez pour l'anniversaire de mon fils. Elles me font grand plaisir, et je vous crois lorsque vous me dites votre joie de voir conclue une affaire si importante pour toute la chrétienté. J'ai toujours été prêt à sacrifier ce qu'il fallait pour le service de

Notre-Seigneur, aussi n'ai-je aucune raison de me plaindre, en dépit de la douleur que je ressens des pertes que j'ai subies.

Nous nous préparons au voyage, car on dit que le futur attend sa fiancée avec grande impatience. J'espère qu'avec l'aide de Dieu nous partirons d'ici début avril et que j'accompagnerai ma fille jusqu'à la frontière française, où je la remettrai à sa tante. Celle-ci m'écrit qu'elle est toute remuée à l'idée de me revoir et j'en suis sûr, car, pour ma part je n'ai jamais perdu pour elle la tendresse que doit avoir un frère.

Je me réjouis de ce que vous serez alors de retour chez vous, car vous pourrez prier là avec plus de ferveur pour que tout se passe selon vos désirs : c'est à vous que je m'en remets. Je crois bien que si vous pouviez accompagner la femme que vous dites, vous suivriez la voiture et que vous verriez avec plaisir mon petit trio, qui est bien beau, je vous l'assure. Le garçon, tout spécialement, est une bien jolie personne. Dieu les bénisse, les protège et daigne nous rendre bientôt ce qu'il a bien voulu nous prendre.

Ce que vous me dites du galant et de sa dame est exact et dure depuis longtemps. Ce sont deux grelots qui font beaucoup de bruit. Je m'efforcerai de remédier à leurs maux du mieux que je pourrai, pour la joie de votre âme. En fait, le moment n'est pas encore venu, mais vous pouvez être sûre que dès que ce sera possible, je me souviendrai de ce que vous me demandez.

Dieu vous garde.

Source : Pérez Villanueva (Joaquín), éd., *Felipe IV, escritor de cartas*, Caja de Ahorros de Salamanca, Salamanque, 1986, pp.53, 81, 173, 190, 334.

Bibliographie : Stradling, *Philip IV...*; Elliott, *Palace...*; Cortés Echanove, *Nacimiento...*

UNE QUALIFICATION INQUISITORIALE : LE CHOCOLAT ROMPT-IL LE JEUNE ? (1645)

L'imprimé était très surveillé dans l'Espagne du XVIIe siècle. Deux barrages successifs restreignaient la liberté d'expression. L'auteur devait tout d'abord soumettre son manuscrit à la censure du Conseil de Castille, qui pouvait en interdire la publication ou exiger des modifications. Mais tourner la censure d'Etat était facile : il suffisait de faire imprimer l'ouvrage hors d'Espagne ou, tout simplement, hors de Castille, en Aragon, par exemple, puis de l'importer. Alors entrait en jeu l'Inquisition. Elle ne s'intéressait qu'aux oeuvres déjà publiées circulant dans l'ensemble des territoires où elle était implantée. Les ouvrages lui étaient dénoncés, ou saisis par ses agents aux frontières. Elle les soumettait à des commissions d'experts ecclésiastiques, les « qualificateurs », dont l'avis pouvait mener à l'interdiction totale (assortie de la saisie et de la destruction de tous les exemplaires) ou à l'« expurgation », au caviardage des passages litigieux (un exemple p.86). Le rapport que nous traduisons ici témoigne à la fois de l'implantation de nouvelles modes alimentaires dans l'Europe du temps de la pastorale post-tridentine et des débats de théologie morale qui agitèrent les milieux intellectuels du continent tout entier.

A la demande de Votre Altesse [l'inquisiteur général], nous, les qualificateurs du Conseil [de l'Inquisition] soussignés, avons examiné un ouvrage intitulé : *Du chocolat et du tabac ou le jeûne ecclésiastique et le jeûne naturel*, composé par le Père Thomas Hurtado, minorite.

En ce qui concerne la première partie, celle qui traite du chocolat, nous sommes d'avis d'en interdire la circulation sous quelque forme que ce soit. Tout d'abord parce qu'en admettant, ce que nous nions, que les thèses de l'auteur constituent une opinion probable sur le plan des principes, elles sont impossibles à appliquer dans la pratique ; car s'il n'est pas correct d'affirmer que le chocolat pris un jour de jeûne ecclésiastique ne rompt pas celui-ci, ce l'est encore moins de l'affirmer par écrit, dans un ouvrage imprimé en langue vulgaire castillane. Plus que jamais, en effet, il importe de mettre un frein aux bas appétits sensitifs des masses ignorantes, si violemment portées à la licence. Il faut donc que les théologiens spécialistes de la morale tiennent courte la bride dans leurs écrits, tout au rebours de ce que fait l'auteur qui en relâche les liens de façon dangereuse. Il s'avance jusqu'au bord du précipice, tout prêt de choir, et ce, sans que l'ombre d'une nécessité pratique justifie un tel risque.

Le chocolat, ensuite, bien qu'on le boive, est entièrement composé de produits qui se mangent. Le fait qu'ils soient dissous et décomposés dans l'eau n'est qu'accessoire, tout comme le serait, à l'inverse, que l'eau soit gelée et durcie : manger de la glace ne rompt pas le jeûne, même si on la mastique en l'absorbant, car il s'agit, par nature, d'une boisson et non de matière solide. Pour la même raison, le vin ne rompt pas le jeûne, bien qu'il soit tiré du raisin qui, lui, le rompt lorsqu'on en mange. Car Dieu a créé ce fruit pour qu'on en tire par pression le vin, qui se boit et ne se mange pas. Et si la grappe de raisin que l'on mange rompt le jeûne, ce n'est pas à cause du jus ou du moût qu'elle contient, mais à cause du marc, de la pulpe, de la peau, des grains qui l'accompagnent. Si l'on se contentait d'en sucer le jus, sans rien avaler de solide, il semble d'ailleurs que le jeûne ne serait pas rompu…

Finalement, s'appuyant sur les nombreuses autorités qu'il cite à cet endroit, l'auteur lui-même reconnaît qu'on ne peut prêcher une telle doctrine à la foule grossière car, même si elle était vraie, il n'en reste pas moins que le peuple ne peut recevoir toutes les vérités, surtout s'il les comprend mal et s'il s'en suit un relâchement des moeurs…

Et bien que l'auteur, usant d'ingéniosité, ait trouvé quelques principes intrinsèques ou extrinsèques à l'appui de cette thèse dont il veut qu'elle soit probable, nous pensons nous, qu'elle ne l'est pas. Nous la jugeons scandaleuse et offensive aux pieuses oreilles. Nous y voyons une illustration de l'adage d'Aristote : « Multa falsa sunt probabiliora veris » [L'erreur paraît souvent plus probable que la vérité].

La seconde partie de l'ouvrage concerne le tabac. Elle est impertinente, mais ne justifie pas, en l'état, une censure en forme.

Telle est notre opinion, sauf meilleur avis.

Fait au couvent de Notre-Dame de la Victoire, de l'ordre des Minimes de saint François de Paule, le 4 juillet 1645.

[Signé]

Frère Gabriel López Navarro

Frère Alonso Herrera

Source : Archivo Histórico Nacional de Madrid, Section Inquisition, liasse 4474, dossier 26.

Bibliographie : Dedieu, *Inquisition…*; Dedieu, *Administration…*; Pinto Crespo, *Inquisición…*

LA « DANSE DES JUIFS » DE COGOLLUDO (1649)

Le mythe de la pureté de sang est une arme aux mains des humbles qui l'utilisent pour attaquer le capital symbolique des notables qu'ils accusent, souvent avec raison, d'origines nouvelles-chrétiennes. Ce clivage social ressort avec une grande netteté du rapport que fait au tribunal de Tolède le commissaire inquisitorial de Cogolludo (un village de la province de Guadalajara, au centre de l'Espagne) sur une cérémonie carnavalesque qui s'y déroulait pour la Fête-Dieu. Les san-benito sont des casaques jaunes que portaient les hérétiques condamnés au cours des autodafés et que l'on suspendait ensuite dans l'église de leur paroisse d'origine. Dans un tel contexte, le mot « race » signifie simplement ascendance juive ou maure.

La confrérie du Saint-Sacrement célèbre sa fête le lendemain du Corpus [la Fête-Dieu] dans l'église paroissiale de Santa María de los Remedios de notre ville. Elle fait une procession dans l'agglomération. Une fondation finance l'organisation d'une danse de sept ou huit juifs, avec une vachette artificielle. Les danseurs portent des vêtements noirs et des mitres peintes d'ocre. Avant que la procession ne sorte de l'église, à l'intérieur du sanctuaire, à l'endroit où se trouvent les san-benito, ils leur font maintes cajoleries et les tournent en dérision. Parfois ils grimpent sur une échelle et les époussètent. Parfois ils construisent une estrade et représentent quelque scène malicieuse. Ils suivent la procession avec tant d'agitation qu'ils mettent le désordre parmi les fidèles et les détournent de la vénération et de la dévotion convenables. S'approchant de certaines personnes, ils les appellent « cousins » et font semblant de les tondre à l'aide de ciseaux et d'épées de bois, sans que nul n'ose les en empêcher pour ne pas donner prise à la malignité et au ressentiment. Il est vrai que l'on est habitué à un tel comportement et qu'ils ont toujours agi ainsi. Il n'en reste pas moins que ça a toujours paru grande indécence et agression déguisée. Ce qui devrait être une démonstration festive tourne au désagrément et au préjudice de beaucoup.

A tel point qu'il y a trente ans, un chapelain de cette église, une personne qui avait toutes les qualités, doué d'un zèle religieux, les expulsa jusqu'au portique du temple, car ils empêchaient la cérémonie de se dérouler avec la décence que réclame si haut mystère. Quelques esprits dépravés en firent la remarque et s'en servirent, comme il est notoire ici, pour faire obstacle à l'admission d'un sien neveu dans un collège qui exigeait la pureté de sang, attribuant à sa « race » ce qui n'était que zèle chrétien. Si sa qualité n'avait été fortement appuyée par de nombreux actes positifs de l'Inquisition et l'obtention d'habits les ordres militaires, son crédit, pourtant bien assis dans la ville, en aurait souffert.

Enfin, Monsieur, le vendredi dernier passé du Très-Saint Sacrement, quatre du présent mois de juin, Antonio de Riaza — l'un des juifs de la danse, un homme de trente-quatre ans environ — installa une échelle et, avec l'ocre qui restait de la peinture des mitres, monta jusqu'en haut des san-benito — ils sont dix au total. Il y écrivit les lettres : « i m i o a q o », de la façon même dont je les copie. Le curé se mit fort en colère de ce qu'il eût ainsi barbouillé le mur et l'expulsa de l'église avec violence... J'ai enquêté le plus discrètement possible et j'ai demandé au sacristain, qui est aussi notaire [du Saint-Office] de dresser procès-verbal de ces lettres avant que le curé n'ordonne de les effacer, ce qui fut fait. Le corrégidor, vu la nouveauté du fait et la colère du curé, procédant d'office, fit arrêter le coupable. Il le relâcha le lendemain matin en l'avertissant que s'il recommençait à écrire des graffitis indécents dans l'église, il le châtierait avec toute la rigueur possible.

Je me suis efforcé avec une attention toute spéciale de ne pas manquer aux obligations de ma charge, m'enquérant avec soin du sentiment de la plèbe et des gens importants de la ville. Tous pensent qu'il ne faut pas chercher à cet acte de sens caché, étant donné ce que ces individus ont coutume de faire en de telles occasions en ce lieu. Je suis de leur avis. Ces danseurs sont des gens honorables, mais qui n'ont guère de responsabilités politiques, des hommes grossiers de la campagne, des ignorants incapables de réfléchir et, semble-t-il, illettrés. Ils ne savaient pas ce qu'ils écrivaient. Il n'a donc pu en dériver de malignité dans l'effet extérieur. Celui qui a écrit n'en éprouvait pas non plus : j'ai approfondi la question et je ne lui ai pas trouvé de mobiles de cette espèce. Je ne vois pas, enfin, qui aurait pu l'inciter à cela. Il est d'ailleurs absurde que quelqu'un ait pensé se servir de si piètre instrument. Aussi, toute cette affaire n'a-t-elle, à mon sens, aucune substance, de quelque manière qu'on la retourne...

Source : Archivo Histórico Nacional, Section Inquisition, liasse 4, dossier 1, lettre du 10/6/1649.

Bibliographie : Dedieu, *Administration*...; Méchoulan, *Sang*...; Sicroff, *Controverses*...; Kamen, *Inquisition*...

UNE CORRIDA A ECIJA (1659)

François Bertaut (1621-1704) fut conseiller au Parlement de Paris. Il visita l'Espagne en 1659, dans la suite du maréchal de Gramont, envoyé en ambassade demander la main de l'infante Marie-Thérèse pour Louis XIV. Il publia deux ouvrages sur le sujet : Relation d'un voyage d'Espagne : relation de l'Etat et Gouvernement de l'Espagne *(1665), de caractère historique et politique ; le* Journal du voyage d'Espagne (1669), *plus descriptif. Nous assistons ici à une fête dans une petite capitale andalouse. Le duc d'Aussone est le duc d'Osuna. Les* caballeros de hábito *sont les chevaliers des ordres militaires. L'infant auquel il est fait allusion est certainement Ferdinand Thomas, né en 1658 et mort moins d'un an après.*

Le lundi premier décembre nous allâmes à Ecija, qui est à cinq lieues de Fuentes, de fort bonne heure, car il y avait des fêtes de taureaux que je n'avais point encore vues. On les faisait en l'honneur de Saint Thomas de Villeneuve et elles avaient été reculées à cause de la mort de l'Infant. Dès le matin, on avait enfermé les taureaux et un cavalier avait fait la cérémonie de l'*encierro* ; mais nous n'arrivâmes pas assez tôt pour la voir, c'est pourquoi je n'en parlerai point. Aussitôt que nous eûmes dîné, nous allâmes louer des places dans l'amphithéâtre, qui nous coûtèrent chacune quarante sols, c'est-à-dire sept ou huit réaux, et à nos valets chacune trois réaux. Je remarque cela pour montrer la cherté qui est en Espagne pour une petite ville. Je l'appelle petite encore qu'elle soit fort grande en étendue sur le bord du Xenil, qui venant de Granada se va jeter dans le Guadalquivir, mais c'est à cause qu'elle n'est pas peuplée. La place en est plus longue que large et il y a une fontaine au milieu avec deux statues de marbre. Elle est bien aussi longue qu'un des côtés de celle de Madrid, mais les bâtiments en sont vilains.

Le Corregidor qui se nomme de Contreras entra à cheval avec quatre ou cinq alguazils aussi à cheval et quelques gentilshommes. Il fit le tour de la place au son des flutes et des trompettes, qu'ils appelaient autrefois *dulcanias* et *chirimias*, en saluant fort gravement tous ceux qui étaient aux loges. Après cela il monta au corridor de la Maison de ville, où il y avait beaucoup de cavaliers *del habito* et beaucoup de gentilshommes de Cordoue. Il y avait même deux grands d'Espagne dans deux corridors ou loges, qui étaient tout tapissés de brocatelle de soie, aussi bien que la plupart des autres loges.

Je ne vis pas arriver le Marquis del Priego, qui arriva, à ce qu'on m'a dit, avec un train médiocre, mais le duc d'Ossone y vint avec trois carrosses à six mules et deux à quatre ; sa femme portée en une chaise, douze ou quinze hommes à cheval ou sur les mules, et deux trompettes.

On lacha douze ou quinze taureaux l'un après l'autre. Il y eut quatre cavaliers qui les coururent. L'un s'appelait D. Garcia Galindo de Cordoue, l'autre D. Rodrigo de Zayas, le troisième D. Baltazar Guliendo, et le quatrième Torttoledo. Leurs chevaux avaient des selles en broderie, et la tête et la crinière fort parées, mais ils étaient habillés de noir et n'avaient d'extraordinaire que de petites bottines et des plumes blanches à leurs chapeaux. Le premier avait deux valets vêtus de taffetas ou satin rouge avec du clinquant ; l'autre en avait deux habillés de bleu, et les deux autres chacun un de deux autres couleurs. Les deux premiers furent les plus adroits, le premier rompit plus de *rejones,* qui sont des dards, dans le cou de la bête, mais l'autre fit un coup remarquable. Ayant donné un coup dans le cou du taureau, le *rejon* était tombé et ne s'y étant point rompu, il s'était engagé de le tuer l'épée à la main, ce qu'ils appellent un *empeño* : de façon que lorsque les autres cavaliers vinrent l'épée à la main, il piqua pour estre à lui plus tôt qu'eux et lui donna un coup de coutelas qu'il avoit qui lui entra d'un demi-pied dans le cou.

La plupart des taureaux après avoir eu deux ou trois dards de la main des gentilshommes étaient achevés et poursuivis par quantité de *taureadores* et de gens du peuple. Notre *mozo de mulas* [palefrenier], qui en tua un d'un coup de poignard qu'il lui donna au milieu de la tête entre les deux cornes, vint le demander hardiment au *Corregidor,* mais il le lui refusa et en donna un à un autre qui en attendait un de pied ferme qui était tout frais. Tenant une lance, il en donna dans la tête du taureau et le fer ayant glissé lui entra par le poitrail, et lui sortit par la cuisse de derrière. Cet animal se jeta sur lui qui s'était couché par terre, et courut furieux par la place avec la lance rompue dans le corps.

Quand le taureau était tué, on faisait entrer trois mules couvertes de serge bleue et rouge avec quantité de sonnettes. Ces mules le traînaient hors de la place au son de quantités de flutes et de trompettes, et après un des *alguasils* qui étaient à cheval dans la place, allait prendre l'ordre du *Corregidor* et s'en allait ensuite au galop dire qu'on en fit sortir un autre.

Source : Bertaut (François), *Journal du voyage d'Espagne,* Paris, 1669, d'après Lafront (Auguste), *La fête espagnole des taureaux vue par les voyageurs étrangers, XVIe-XVIIe siècles,* Nîmes, Club des bibliophiles taurins de France, 1988, pp.72-79.

Bibliographie : Foulché-Delbosc, *Bibliographie...*; Devèze, Lafront, *Fête espagnole...*; Bennassar, *Valladolid...*; Elliott, *Palace...*; Maravall, *Cultura...*

UNE FETE DE LA VILLE SUR LA PLAZA MAYOR DE MADRID (1661)

Jacques Carel de Sainte Garde (1620-1684) était un ecclésiastique normand. Prédicateur d'un certain renom, il fit partie de la suite de l'ambassadeur Georges d'Aubusson de la Feuillade à Madrid (1661). Son texte a l'avantage de nous montrer la cour et le gouvernement de l'Espagne en représentation au cours d'une fête dans la capitale.

C'est une Place fort grande, qu'on appelle pour cette raison *Plaça mayor,* laquelle est scituée dans le coeur de la Ville ; sa forme est un quarté long environné des grans Bastiments de briques, fait en maniere de Pavillons, qui font un effet d'autant plus beau qu'ils ont cinq estages, & autant de rangs de Balcons de fer, où respondent de plein-pied plusieurs grandes fenestres ; le tout dans la simétrie. Du reste ils n'ont que des ornemens fort simples ; mais il me semble que l'Architecture n'en a point de plus beaux que ceux qu'ils reçoivent en ces jours de la parure d'une infinité des riches Tapis, de Courtines de velours, & d'autres pièces d'ouvrages exquis de diverses couleurs, dont tous les Balcons sont tendus, et du lustre que la presence de la cour y apporte.

Voicy quelle est la disposition des Balcons du premier & du second estage des Pavillons, où toutes les personnes de marque qui la composent, & les differens Conseils qui la suivent sont placez.

Comme la Place a quatre faces, il faut poser que la façade au milieu de laquelle le Pavillon du Roy d'Espagne est scitué, repond au Nort, & que c'est là que son Balcon qui avance un peu plus que les autres, est preparé avec un Dais, un Fauteuil pour luy, trois carreaux pour la Reyne, entassez sur la mesme ligne et trois autres un peu a quartier pour l'Infante.

Les Balcons de Messieurs les Ambassadeurs qui ont séance dans la Chappelle du Roy, quand il la tient avec cérémonie, qui sont Monsieur le Nonce du Pape, Monsieur l'Ambassadeur de l'Empereur, Monsieur l'Ambassadeur de France, celuy de Pologne et celuy de Venise, sont au Midy, directement en face du Balcon de leurs Majestes Catholiques, & chacun en son rang immédiatement l'un en suite de l'autre. Il y a encore d'autres Ambassadeurs en cette Cour, qui sont ceux d'Angleterre, de Suede, de Danemarc, & d'Hollande, mais comme ils n'entrent point dans cette Chappelle, on les place en divers endroits neutres pour voir la Feste.

Pour les Conseils, qui sont des Compagnies souveraines establies a Madrid, les unes pour le gouvernement Politique et Militaire des Estats de la Couronne d'Espagne, les autres pour des Administrations particulieres, ils ont leurs places a la droite du Roy, excepté celuy de Portugal qui est a sa gauche ; & on les distingue facilement par les Escussons des différentes Armes qu'ils ont sur leurs tentures. Ils s'y trouvent au nombre de dix, que je vous nommeray ici selon l'ordre de leur rang ; sçavoir, celuy de Castille, qui est le plus éminent ; ceux d'Aragon, de l'Inquisition, d'Italie, de Flandre ; le Conseil des Indes, le Conseil des Ordres de Chevaleries, celuy des Finances, celuy de la Croisade, & le Conseil de Guerre ; comme aussi le Corps de Ville, et quelques autres Tribunaux y sont rangez suivant leur degré.

Le peuple est placé au dessous du premier estage des Pavillons, sur un Amphiteatre que l'on élève en cet endroit a l'entour du quarté, ou il y a seulement un vuide devant le Pavillon du Roy pour y poster ses gardes. Au pied de ces eschafauts, il y a une Barrière à hauteur d'homme, qui ferme la Place, a fin d'empescher l'emportement des Taureaux. L'on y laisse toutefois trois portes libres pour l'entrée & pour la sortie de quantité de Carrosses des personnes de qualité qui viennent s'y promener avant l'arrivée du Cortège de leurs Majestés ; car il se fait là comme un Cours dont le plaisir est considérer ce superbe Theatre de la Feste ; soit pour l'affluence du monde, dont il se trouve revestu depuis le pied jusqu'au faite des Bastimens qui sont d'une hauteur extraordinaire (ce qui va je pense à plus de quarante mille de personnes) ; soit pour l'ordre fort beau qui est observé pour le lieu que chacun doit avoir ; soit enfin pour les Dames qui brillent de toutes parts dans cette assemblée, non pas tant véritablement par les charmes de la beauté, que par la richesse de leurs habits, & par l'éclat d'un grand amas de Pierreries & de Perles dont elles sont ornées ; En un mot tout ce mélange avec les nuances de ces belles Tentures des Balcons, y fait une diversité d'objets si merveilleuse que l'on en est tout surpris.

Messieurs les Ambassadeurs particulierement ont accoustumé, de faire trois fois le tour de cette Place avec toute leur suite ; en quoy ils donnent beaucoup de lustre a la Feste, principalement le Cortège de Monsieur l'Ambassadeur de France, comme estant toujours fort leste, & d'autant plus éclatant au dessus des autres qu'il n'y a que son Train en cette Cour qui soi vestu a la Françoise...

Plusieurs autres Officiers ou gentilshommes des Maisons Royalles suivent cette Troupe [les carosses du roi et sa suite], aussi à cheval ; après eux sept ou huit autres Carrosses où sont quinze Dames ou Filles d'honneur de la Reyne ; du nombre desquelles sont celles que l'on appelle Menines, qui sont jeunes qui marchent sans Chapins, c'est a dire avec des souliers bas, & qui aspirent au mesme rang que les Dames ; toutes personnes de grande qualité.

Il y a d'ordinaire cinq ou six de leurs Galanz declarez, les uns pour le Mariage, les autres pour les aimer seulement, qui les accompagnent & les entretiennent aux portières. Ils sont superbement montez sur des Chevaux de mouvement, que l'on appelle, qui sont dressez à marcher toujours en action ; enjolivez de quantité de rubans & harnachez a la bride, qui est la mode Françoise, ou bien à la façon de Mores, appellée la Ginette, où l'on a les jambes extremement raccourcies ; mais il faut que ces Amans, qui sont aussi fort propres en leurs habits, soient choisis par leurs Dames pour cet accompagnement, autrement ils ne s'y trouveroient pas...

Ce galant accompagnement ferme le Cortège de leurs Majestez qui entrent avec cette Pompe dans la Place, aux

Fanfares des Trompettes & des Hautbois de la Ville ; & aussitost qu'elles ont descendu de leur Carrosse, elles vont s'asseoir dans leur Balcon, & l'Infante aussi.

Les Dames de leur suite prennent en mesme temps leurs places, aussi sur des Carreaux de velours, en une longue Balustrade qui est à la droite de la Reyne : & les Officiers de leurs Majestez se mettent debout en un pareil Balcon qui est a costé du Roy à sa gauche.

Source : Carel de Sainte Garde (Jacques), *Le Mercure espagnol, apportant quelques mémoires et nouvelles curieuses de Madrid sur les festes ou combats de taureaux...*, Paris, 1661, d'après Lafront (Auguste), *La fête espagnole des taureaux vue par les voyageurs étrangers, XVIe-XVIIe siècles*, Nîmes, Club des bibliophiles taurins de France, 1988, pp.77-81.

Bibliographie : Foulché-Delbosc, *Bibliographie...*; Devèze, *Espagne...*; Hermann, *Premier âge...*; Lafront, *Fête espagnole...;* Elliott, *Palace...*; Bennassar, *Valladolid...*; Maravall, *Cultura...*

LES ESPAGNOLS VUS PAR L'ANGLAIS WILLUGHBY (1664)

L'Anglais Francis Willughby n'est pas un de ces voyageurs célèbres stigmatisés par Jean Sarrailh, qui rédigent leur récit sans sortir de leur cabinet. Naturaliste, membre de la Royal Society, il a bien effectué, en 1664, un tour de la péninsule. Il voyageait pour des raisons scientifiques (l'étude de la faune et de la flore) mais observait aussi les hommes et les moeurs avec tous les préjugés du protestant influencé par la légende noire. Le portrait qu'il dresse des Espagnols révèle des stéréotypes qui auront une grande influence sur les relations internationales. Stendhal pourra écrire à juste titre dans ses Promenades dans Rome : *« Les peuples sont inintelligibles les uns pour les autres ». Les passages en italiques sont en espagnol dans le texte original.*

Les Espagnols ne sont pas aussi sobres que la plupart des gens le croient ; ils mangent ce qu'ils peuvent trouver de mieux, et encore plus facilement si c'est aux frais d'autrui... La paresse et l'indolence les rendent pauvres, et la pauvreté leur tenaille l'estomac et ne les nourrit guère. Rarement, ils coupent leur vin avec de l'eau ; il est courant chez eux de dire *Du vin en faible quantité, mais pur,* quoique le vin dans toute l'Espagne soit chaud et fort. Ils raffolent du poivre et le mêlent à toutes leurs sauces...

Très curieux, ils vous demandent de la façon la plus impertinente d'où vous venez et où vous allez, quelle est votre activité, etc. Ceci avec la plus horrible brutalité, avec insolence et d'une façon impérieuse. Pourquoi venez-vous dans notre pays ? Nous n'allons point dans le vôtre (on entend cela dans la classe moyenne et inférieure, car nombre de gentilshommes sont très courtois et bien élevés). Leurs enfants sont les plus mal élevés et les plus dépourvus de bonnes manières que l'on puisse trouver dans le monde. Les enfants de père français et de mère espagnole, quand ils ont grandi, mettent souvent leur père à la porte, ayant par rapport à lui de nombreux privilèges de par leur naissance en Espagne. Ils sont extrêmement portés au mensonge...

Les Espagnols ne chevauchent que rarement seuls, mais ils vont par groupes, comme les caravanes en Arabie. Les mots courants et les formules de salutation quand ils se rencontrent sont *Que Dieu vous garde, Que Dieu soit avec vous*. Quand ils sont en colère, *Cocu* est le premier mot, et parfois *Supercocu.* Quand ils parlent à leurs mules ou à des garçons de course : *En avant, cocu...*

Pour ce qui est de leur religion, les Espagnols sont les catholiques romains les plus orthodoxes et les plus rigides du monde... Par toute l'Espagne, les pitoyables croix de bois dressées sur un tas de pierres sont en abondance. Sous tous les tableaux de la Vierge Marie est écrit *Conçue sans péché originel.* Lorsque sonne l'angélus, tout le monde se met à genoux, alors que dans les autres pays, on se contente d'ôter son chapeau...

En ce qui concerne la fornication et l'impureté, ils sont la pire des nations, tout au moins en Europe ; presque toutes les auberges d'Andalousie, Castille, Grenade, Murcie, etc. ont des putains qui apprêtent les plats et font le travail. Elles se louent pour très bon marché. On a honte de mentionner leur impudence, leur lubricité, leur comportement et leurs pratiques immodestes. En Catalogne, Guipuzcoa et quelques autres endroits, elles ne sont pas si mal.

Ils sont si paresseux dans leurs boutiques qu'ils diront ne pas avoir un article plutôt que de prendre la peine de le chercher... Le monde résonne de leur orgueil fantastique et ridicule, même lorsqu'ils sont dans une extrême pauvreté. Si vous leur proposez un emploi pour lequel ils se trouvent supérieurs, ils vont vite chercher un Français. Il est vrai que les Français font presque tout le travail en Espagne. Toutes les meilleures boutiques sont tenues par des Français, les meilleurs ouvriers dans quelque branche que ce soit sont Français, et je crois qu'un quart ou un cinquième des habitants de l'Espagne appartiennent à cette nation. J'ai entendu quelques voyageurs dire que si le roi de France rappelait ses sujets, les Espagnols risqueraient de mourir de faim.

En Espagne, le pain est rare et très cher en bien des endroits, en raison de la stérilité du sol et du manque de pluie, mais surtout à cause de la paresse du peuple qui laisse inculte une grande partie du pays, qui ne prend pas la peine d'aller chercher le blé et le pain où ils sont en abondance. Aussi, au cours d'un voyage d'un jour, le prix du pain triple-t-il, puis dans un voyage de même durée, il s'effondre dans des proportions identiques. Cet été, il y a eu une émeute à Madrid : les pauvres, rassemblés autour du palais royal, criaient : « Vive le roi, mais à mort le mauvais gouvernement, à mort les auteurs de malversations », exactement comme dans la rébellion napolitaine sous Masaniello. Sur quoi, le roi envoya du blé à toutes les villes, et en l'espace de deux ou trois jours, le pain fut en abondance et très bon marché. Dans toute la Catalogne, le pain est très peu coûteux. On fait l'éloge du pain espagnol en disant que c'est le meilleur du monde, et il pourrait l'être si, ainsi qu'on l'a entendu dire, on ramassait les grains de blé, un à un...

Dans toutes les branches du savoir de bon niveau, les Espagnols sont à la traîne derrière le reste de l'Europe. Ils ne comprennent rien, si ce n'est un peu de théologie et de la vieille philosophie bonne à se chamailler.

Le peuple est très mécontent par toute l'Espagne ; il se plaint des impôts, des mauvais conseillers, mais il estime le roi, dont les intentions sont jugées très bonnes et le souverain est généralement bien aimé.

En ce qui concerne l'habillement, on doit les louer, car ils se tiennent à la même mode, quoique leurs habits ne soient pas les plus pratiques qu'on puisse concevoir... Ils portent de grands chpaeaux, avec le sommet plus large que la base. Généralement, mais plus spécialement quand ils voyagent, ils attachent leurs cheveux en les nouant par derrière, parfois en une tresse comme les femmes... Ils portent très souvent des chemises courtes de batiste et ont les manches ouvertes devant et derrière, à la fois en hiver et en été. Ils ont d'amples basques sur leurs pourpoints. Leurs culottes sont très étroites et collent aux cuisses ; elles sont boutonnées jusqu'en bas de chaque côté et descendent jusque au-dessous du genou. Ils portent des bas noirs très légers. Leurs chaussures, sur mesure, sont légères et minces, avec des talons bas. Sur leur pourpoint, ils portent un justaucorps... Une très courte épée, une dague courte pendent dans leur dos et enfin, couvrant le tout, un manteau en forme de grande cape...

Source : Willugby (Francis), *A Relation of a Voyage made through a great part of Spain,* Londres, 1673, pp. 493-499.

Bibliographie : Bennassar, *Siècle d'or...*; Bennassar, *Histoire des Espagnols...*; Maltby, *Black Legend...*; Kamen, *Spain...*; Juderías, *Leyenda negra...*

LES RENTIERS VICTIMES DE LA CRISE ; RAPPORT DEMANDE AU CORREGIDOR DE TRUJILLO (1676)

L'Espagne est tenue en main par quelques dizaines de petits groupes qui constituent autant d'oligarchies locales. Ils contrôlent chacun la municipalité d'une ville et, à travers elle, le territoire aux alentours. Pour assurer leur perpétuation, ils ont investi de grosses sommes en rentes constituées sur des personnes privées (censos) *ou en titres d'Etat* (juros), *placements réputés sûrs. Ils ont acquis à titre héréditaire la possession des charges municipales qui constituent la base de leur pouvoir. En outre, pour obvier aux inconvénients du droit successoral castillan, qui prévoit à chaque génération le partage des biens, à parts égales, entre tous les enfants, ils ont constitué des majorats : les biens qui les composent (mobiliers, immobiliers, charges héréditaires, etc.) passent en bloc à l'héritier désigné, mais sont inaliénables. On gagne en sécurité ce qu'on perd en souplesse de gestion. Seul le roi, souverain absolu, source même du droit, peut autoriser les entorses au principe de l'ialiénabilité que rend nécessaire l'évolution des conditions économiques. Ceci lui donne un moyen de pression formidable sur les oligarchies et lui permet de se faire respecter d'elles en dépit, ou peut-être à cause, de la crise économique du XVIIe siècle, qui frappe de plein fouet les possesseurs de revenus fixes.*

Le document qui suit est une demande de rapport adressée par la Chambre de Castille (l'organisme qui gère ces affaires pour le royaume du même nom) au corrégidor de Trujillo, en Estrémadure. Un ducat vaut onze réaux.

Mon gouverneur de la ville [*villa*] de Trujillo, ou mon alcalde majeur, son lieutenant. Don Ignacio de Alarcón Pacheco y Vargas, domicilié [*vecino*] en votre ville et échevin [*regidor*] d'icelle, m'a rapporté les faits suivants.

Il possède un majorat [*mayorazgo*] fondé par Juan de Alarcón, son grand-père, domicilié en votre ville, échevin d'icelle, lequel comprend un *juro* de 6 000 réaux de rente annuelle assis [*situado*] sur les *alcabalas* de votre ville et de son district [*partido*] ; d'une vigne donnée à bail, d'un rapport annuel de 900 réaux ; d'une rente constituée de 1 200 réaux l'an, due par don Juan de Chaves, qui ne rapporte plus que 600 réaux, car le débiteur en a racheté la moitié. Le capital versé lors du rachat a été réinvesti dans une autre rente, qui pèse sur don Garcia de Vargas, grand-père de don Ignacio, mais elle est gagée sur des *juros* qui ne rapportent presque plus rien, car j'en retiens les intérêts [*por valerme de ellos*] ; aussi son rapport est-il nul, d'autant que le débiteur est en liquidation judiciaire [*concurso de acreedores*], sans que l'ensemble de ses biens suffise à couvrir ses dettes. Le majorat comprend, enfin, un titre d'échevin [*un regimiento*], qui ne rapporte que 171 réaux l'an, et la maison de famille [*las casas principales*] où vit le solliciteur.

Ces biens supportent une hypothèque, prise comme gage d'une rente constituée de 2 000 ducats de principal et de 100 ducats de rente annuelle, autorisée par licence royale, vendue pour clôturer la vigne. Une fois déduit son montant, et les 300 ducats que je retiens sur le *juro,* il ne reste à don Ignacio Alarcón qu'un revenu de 3 362 réaux pour faire vivre sa famille, sa mère (veuve et malade depuis plus de quatorze ans), six soeurs célibataires et un jeune frère. Deux des soeurs sont franciscaines déchaussées, mais la famille doit encore leur dot à un parent, syndic du couvent, qui a avancé la somme nécessaire pour les y faire entrer.

Pour rembourser cette dette criante, il serait nécessaire de vendre la vigne. Le majorat n'en tire pas plus de 900 réaux de revenus. On en offre 40 000 réaux. Avec cela, on rembourserait le cens de 100 ducats et 6 000 réaux d'arriérés dus sur les intérêts courus, ce qui, à l'évidence, améliorerait la situation du majorat. Sur cet argent, on paierait également la dot d'une troisième soeur, qui doit entrer en religion. Le solliciteur demande aussi à vendre son office d'échevin. Il en tirera 28 000 réaux, qui lui permettraient de rembourser la dot des deux premières soeurs et d'en caser une quatrième. Cette charge lui est d'ailleurs inutile, car sa famille possède une autre place d'échevin, qui doit lui revenir par héritage.

Il me supplie d'autoriser ces opérations. [Le roi demande, en conséquence, un rapport sur la véracité des faits rapportés au corrégidor de Trujillo], lequel me sera remis signé d'un notaire et scellé en forme publique [*de manera que haga fe*].

Madrid, le 25 mars 1676.

Source : Archivo Histórico Nacional de Madrid, Section Consejos suprimidos, livre 450.

Bibliographie : Hermann, *Premier âge*...; Bennassar, *Valladolid*...; Schnapper, *Rentes*...; Clavero, *Mayorazgo*...

LE VOYAGE DE CHARLES II A SARAGOSSE (1677)

En 1677, don Juan José d'Autriche récompense l'Aragon de l'appui efficace qu'il lui a apporté dans sa marche vers le pouvoir par la venue du jeune Charles II. La chronique de ce voyage exceptionnel fut commandée à Francisco Bremudans (1621-1698), une des personnalités marquantes de l'entourage de don Juan. Ce secrétaire très érudit joua un rôle actif à la Gaceta de Madrid *et devint président du Conseil des Finances.*

Les raisons pour lesquelles le roi Notre Seigneur décida de quitter la cour de Madrid pour honorer pour la première fois de sa royale présence le royaume d'Aragon sont si connues qu'il ne paraît pas nécessaire de les mentionner ici, pas plus que les causes qui firent différer ce voyage jusqu'à la deuxième année de l'heureuse majorité de Sa Majesté. L'exemple de ses Très Augustes Prédécesseurs et la juste affection qu'il hérita d'eux a l'égard des Vassaux d'une Couronne si considérable et si vaste justifiaient cette consolation. La relation de ce voyage mémorable et heureux commencera donc, dès que Notre Monarque, une fois prises de providentielles dispositions pour les guerres de Flandres, de Catalogne et de Sicile et réglées d'autres affaires urgentes et prenantes à l'intérieur et à l'extérieur de l'Espagne, se résolut à accomplir ce que verbalement il avait daigné signifier aux Députés du Royaume d'Aragon…

Finalement, le 21 avril comme prévu (on comptait neuf journées de voyage et une de repos, pour les 50 lieues séparant Madrid de Saragosse), Sa Majesté sortit par la porte du Palais appelée la Priora, afin d'éviter la foule qui l'attendait dans les rues de Madrid et afin de ne pas accroître sa douleur d'être privée de sa royale personne ; car il n'est pas facile de mettre à la raison les passions inconsidérées de la multitude, ni de faire comprendre à la passion aveugle de la foule que les rois, étant les Soleils de leurs Monarchies, il leur faut imiter le Ciel, où celui-ci, par des rotations régulières, communique et influence la lumière de tous côtés.

Aussi, Sa Majesté tourna-t-elle, autour de sa ville [Madrid] et, pour placer son voyage sous d'heureux auspices, elle alla prendre congé de l'image miraculeuse de Notre Dame d'Atocha, sanctuaire célèbre dans le monde entier… Il ne faut pas oublier de mentionner le temps serein et paisible par lequel la Divine Providence montra qu'elle approuvait et qu'elle voulait favoriser le voyage, car trois jours avant, il n'avait cessé de pleuvoir…

A Saragosse, la manificence et la somptuosité des édifices publics et des bâtiments privés, le nombre de maisons qui rivalisent avec les palais de princes souverains, l'heureuse symétrie des places, des rues principales, les efforts coûteux par lesquels le conseil municipal a corrigé l'étroitesse de certaines rues et les a nivelées, sont des choses si connues que ce serait affectation de les redire…

Sa Majesté fit son entrée à cheval, sous un dais, avec à sa droite le *jurado en cap* et à sa gauche le gouverneur. Le *zalmedina* et les quatre autres jurats tenaient cinq cordons passés au cou du cheval du roi… tous à pied et tête nue…

C'est de cette façon, avec son cortège, que le roi entra en passant devant le couvent des religieuses de Sainte Inés, par les rues de San Pablo, la Cedaceria, le Cosso, la rue neuve de San Gil, celle de San Pedro, celle de la Cuchilleria, jusqu'à la place de la *Seo* [cathédrale]. Dans le Cosso, et à l'entrée des rues de San Pedro et de la Cuchilleria se dressaient des arcs très décorés, tous avec des portraits de Sa Majesté et avec des inscriptions en langue latine et en langue vulgaire très en rapport avec l'événement. Mais ce qui attirait le plus tous les regards, c'était l'apparat du trône, qui était en face, à la sortie de la rue de la Cuchilleria... Cet emplacement était proche du terme où le roi devait descendre de cheval pour adorer la croix...

L'assistance des députés étant absolument obligatoire au serment royal et relevant des *fueros*, ils sortirent à quatre heures de l'hôtel de ville, tous à pied, précédés par leurs huit huissiers, dont deux portaient des masses, précédés par les deux procureurs du royaume, le notaire et secrétaire de la *Diputación*, revêtus d'amples vêtements de damas rouge garnis de dentelle d'or et d'argent... Dans cet ordre et dans cet appareil, ils se rendirent à l'autel majeur de la *Seo*, où, après avoir fait oraison, ils occupèrent un banc du côté de l'épître.

Puis, arriva le *Justicia Mayor* d'Aragon, don Luis de Exea y Talayero, accompagné de quatre lieutenants de son tribunal... Les autres, après avoir adoré le Saint Sacrement, s'assirent sur le banc, à côté de l'Evangile... A l'entrée du Roi, l'archevêque prit le goupillon de la main du doyen, et s'inclinant devant Sa Majesté, il lui donna l'eau bénite. Au même instant, on commença à chanter le Te Deum... Une fois la cérémonie religieuse terminée, le Roi monta sur le trône royal et le duc de Hijar lui donna l'estoc avec l'épée nue, qu'il plaça entre les jambes, la pointe reposant sur le coussin qui était aux pieds du roi.

En même temps que le roi, montèrent (sur l'estrade), par la droite, le gouverneur d'Aragon et les jurats de Saragosse ; et par la gauche le Grand Juge [*Justicia*] d'Aragon et les Députés... Le protonotaire des Royaumes de la Couronne d'Aragon lut le serment à haute et intelligible voix... Le roi s'agenouilla sur un siège placé devant le trône, toucha le missel et la grande croix d'or de la cathédrale, vouée à cet usage, et le Grand Juge d'Aragon, debout, quoique s'inclinant pour tenir le missel, dit au roi : « Votre Majesté le jure ainsi ? » Ce à quoi il répondit à voix haute : « Je le jure ainsi »...

Les illuminations furent si nombreuses, qu'ajoutées aux innombrables feux d'artifices, elles firent de trois jours un seul, car il n'y eut pas de nuit pour les séparer... Les courses de taureaux, sous leurs deux formes, furent aussi un succès. Si les toreros à cheval furent plutôt rares, en revanche, ceux à pied furent si nombreux et si habiles que les censeurs les plus rigoureux de semblables festivités avouèrent leur contentement... La troisième après-midi, consacrée à l'incendie du château, ne fut pas moins agréable pour Sa Majesté.

Le 2 mai, le roi Notre Seigneur, fidèle aux règles de la dévotion la plus régulière, consacra ses premiers pas en public de la matinée à la visite de Notre-Dame du Pilar, le premier des temples parmi tous ceux de l'Espagne, et même d'Europe, consacrés au vrai Dieu et à Sa Très Sainte Mère. Personne, sans témérité, sans impiété, ne peut nier la tradition constante et ininterrompue selon laquelle, sur l'ordre de la Vierge Marie en personne, son cousin, notre Apôtre Saint Jacques le Majeur, le fonda et l'édifia avec le ministère des anges...

On disposa un beau trône dans la salle Saint Georges de la *Diputación* de Saragosse, pour le 14 mai... En attendant l'expiration du délai accordé aux absents, convoqués aux cortès, le louable divertissement du roi fut de visiter différents couvents et monastères... Le 31 mai, les quatre bras reconnurent Don Pedro d'Aragon comme Président des cortès, et exprimèrent à Sa Majesté leur très grande satisfaction de se conformer à la volonté royale... Sa Majesté ayant déclaré aux bras des cortès qu'il lui plairait de recevoir leur serment en tant que roi et seigneur, ils reçurent cette suggestion, avec égal respect et satisfaction... [Le 2 juin, en l'église du Pilar], le roi entendit la messe puis, avec une grande tendresse, il adora la sainte image de la Mère de Dieu et lui baisa la main, montant, pour ce faire, sur l'autel. Après quoi, accompagné de toute sa suite, de sa propre cour et aussi du chapitre de l'église métropolitaine au grand complet, il sortit sur la rive de l'Ebre et monta dans son carrosse, devant un peuple innombrable qui, avec des larmes d'amour et des acclamations d'affection paya à sa royale présence un dernier tribut de vénération...

Source : Fabro Bremudans (Francisco), *Viaje del Rey nuestro señor, Don Carlos II al Reyno de Aragon*, Saragosse, Club de Bibliófilos aragoneses, 1985, première édition, Madrid, 1680, pp.1-126.

Bibliographie : Hermann, *Premier âge...*; Canellas López, *Aragón...*; Colas la Torre, *Aragón...*

TABLEAU DE L'ESPAGNE PAR LE MARQUIS DE VILLARS

Le marquis Pierre de Villars (1623–1698), père du célèbre maréchal de France, entra dans le corps diplomatique après une jeunesse agitée et une carrière militaire bien remplie. Il fut, à trois reprises, ambassadeur de France en Espagne (1668–1669, 1671, 1679–1682), ambassadeur à Vienne, en Savoie et au Danemark. Ses Mémoires de la cour d'Espagne, publiées en 1733, longtemps après sa mort, ont été très utilisés par les historiens. Sa description de l'Espagne ne brille ni par la profondeur, ni par la sympathie. Il porte sur le pays le regard d'un étranger qui établit sans cesse des comparaisons implicites avec la France.

Quoique Madrid soit fort peuplée, il y a néanmoins peu de Bourgeoisie. La maison du Roi, les courtisans, le grand nombre de conseils, de tribunaux et de personnes qui en dépendent, une quantité extraordinaire de couvents de l'un et de l'autre sexe est ce qui compose la plus grande partie de la ville. Il n'y a au–delà que quelques ouvriers pour les choses nécessaires et quelques marchands. C'est la ville du monde la plus remplie de carrosses à proportion de sa grandeur, soit à cause de la saleté qui s'y rencontre, ou par la vanité ordinaire des Espagnols dont la plupart préfèrent le faste du carrosse à la subsistance la plus nécessaire de leur maison. Il est vrai qu'en hiver les boues sont horribles à Madrid et la poussière insupportable en été. On n'observe aucune police pour nettoyer la ville ; il n'y a point d'eau à la rivière pour en emporter les immondices qui demeurent dans les rues tout le long de l'année. La bonté seule de l'air peut remédier aux suites que devroit causer cette infection ; aussi l'on peut dire que l'air et l'eau des fontaines sont les seules choses qui soient bonnes à Madrid. Ce qui dépend du soin des hommes y est dans un extrême dérèglement ; les choses nécessaires à la vie y viennent de fort loin par des voitures de mulets et de chariots qui les apportent à grands frais et en petite quantité ; les entrées et les autres droits sont immenses ; le monopole des magistrats s'étend sur tout, et depuis le décri de la monnoie de cuivre, la cherté est venue à un tel point qu'elle passe deux fois celle de la ville d'Europe la plus chère.

Le reste de l'Espagne, c'est–à–dire les deux Castilles

qui en composent la plus grande partie, sont réduites à une misère qu'il est difficile de comprendre à moins que de l'avoir vue. Ce pays, autrefois si abondant et si habité, a commencé à se dépeupler par un grand nombre de Mores qu'on a chassés en divers temps. Les Indes ont continué à attirer des colonies d'Espagnols dont la plus grande partie y sont demeurés. La nécessité d'envoyer des soldats espagnols en Flandre et en Italie a beaucoup diminué encore le nombre des habitants depuis cent ans, et le dérèglement du gouvernement a achevé par l'excès des impositions qui ont mis le peu d'habitants qui restoit hors d'état de cultiver la terre.

Depuis quarante ans, ces impositions, le nombre des officiers employés à les lever et des tribunaux pour en connoître sont augmentés à l'infini. Cependant de ces prodigieuses levées d'argent le roi d'Espagne n'en tire presque rien...

Le commerce n'est pas en meilleur état et, hors les laines de Castille qui se vendent aux étrangers, il n'y a, en Espagne, ni marchandise ni manufacture qui puisse y attirer de l'argent. Le Roi n'a point de vaisseaux pour assurer la mer, les sujets n'en ont point pour trafiquer, aussi les étrangers leur en apportent de toutes sortes et les épuisent de ce si peu d'argent que les Indes leur donnent, car le principal des Indes se fait pour les étrangers et, dans ce que chaque flotte ou galions apportent d'or et d'argent, des trois parts il y en a deux qui vont directement aux étrangers sans entrer en Espagne. La troisième part se partage entre le Roi et ses sujets, auxquels les étrangers en enlèvent encore peu à peu la meilleure partie par le commerce des marchandises qu'ils apportent et par le transport actuel [c'est-à-dire effectif] des espèces hors du royaume dont le profit est très considérable.

On peut encore ajouter que tous les ans, il y a plus de soixante et dix mille Français qui tirent de l'argent d'Espagne. C'est une quantité de misérables répandus dans toutes les provinces pour cultiver la terre, couper les blés, porter de l'eau, faire la brique et la tuile, la chaux, le charbon et tout ce que les Espagnols, par paresse ou faute de monde, ne peuvent ou ne veulent point faire. Tous ces gens emportent ou envoient chaque année en France l'argent qu'ils ont gagné.

Les Gênois qui occupent presque toutes les banques et beaucoup de recettes, et grand nombre de juifs qui sont dans les fermes du Roi ont encore mille moyens d'épuiser l'Espagne, et il semble qu'elle soit en proie à l'industrie de toute l'Europe.

On peut juger de l'état du reste de l'Espagne par celui où Séville se trouve réduite. Cette ville, puissante par sa grandeur, par le nombre de ses habitants, par des richesses amassées depuis tant de siècles, par l'abondance de son terroir, par sa rivière et le voisinage de la mer qui lui donnoit de grands avantages pour le commerce de tout le monde et surtout pour celui des Indes, est, depuis l'année 1630, réduite au quart de ses habitants et n'a pas de son terroir la vingtième partie de cultivée de ce qu'il y avoit alors ; de sorte qu'encore que, depuis ce temps, les droits et les impositions soient augmentés au triple, la diminution du peuple et les non-valeurs font qu'on n'en retire pas le tiers qu'on en tiroit auparavant. C'est ce qu'un député du commerce de cette ville vint représenter avec beaucoup d'autres circonstances en l'année 1680. Il est à croire que si cette ville, une des plus riches du monde il y a cinquante ans et qui peut avoir tant de ressources, se trouve si accablée, le reste de l'Espagne ne l'est pas moins.

Source : Marquis de Villars, *Mémoires de la Cour d'Espagne de 1679 à 1681*, publiées par Morel-Fatio, Paris, Plon, 1893, pp.4-7.

Bibliographie : Kamen, *Spain...*

LA VIE NEGOCIANT SOVOYARD A CADIX SOUS CHARLES II (ANNEE 1680)

Raymond de Lantéry, négociant « savoyard » né à Nice, arriva à Cadix en 1673 et y acquit une position importante. C'est là qu'il rédigea ses Mémoires *entre 1676 et 1704. En dépit d'un style relativement médiocre, cette chronique, qui mêle savoureusement notations personnelles et familiales, remarques sur la conjoncture économique et les événements de la grande politique internationale, est une des sources documentaires majeures du règne de Charles II. Elle nous fait vivre au rythme d'un grand port que le Frère Jerónimo de la Concepcion exalte à la même époque dans un ouvrage célèbre dont le titre est tout un programme :* Emporio del Orbe, Cádiz ilustrada. *Isabelle de Bourbon était la première épouse de Philippe IV, que nous avons vu déplorer sa mort (p.138).*

... Et comme un malheur ne vient jamais seul, comme on dit, dans la matinée du 13 février souffla un très fort vent du Levant, un vent comme je n'en ai jamais vu en trente-trois ans de séjour à Cadix, qui n'épargna aucun bateau de commerce, en une saison où le commerce était pourtant florissant, aussi bien ceux qui étaient à la Porte de la mer, où ils se rendent en plus grand nombre, que ceux qui étaient à la Porte de Séville. Certains étaient déjà chargés et la perte fut importante. Parmi ces bateaux, il y en avait un, venu de Séville avec une cargaison de bois de campêche qui devait être transférée sur un des bâtiments à destination de Gênes... Par la suite, avec des hommes, je ramassai de ce bois sur la plage, à marée basse, car c'est un bois qui ne flotte pas... De ce fait, la perte de cette journée fut considérable. Plusieurs bateaux sombrèrent ; d'autres partirent à la dérive après avoir rompu leurs amarres et chassé leur ancre. Plus tard, une fois la tourmente passée, on les récupéra, mais les noyés, qui furent en très grand nombre, ne ressuscitèrent pas, et si la tempête avait eu lieu de nuit et non de jour, les noyés auraient été bien plus nombreux, parce qu'on put, des murailles, jeter des cables auxquels les hommes s'agrippèrent et montèrent. Cela se passa lors des grandes marées, aussi les bateaux étaient-ils au pied des murailles.

Le 18 du même mois, la monnaie fut dévaluée et fut interdit le cours de la *moneda de molino,* également appelée *perendengues,* qui était tellement dévaluée qu'on en apportait de Hollande et d'Angleterre à pleins barils ; de sorte que le réal de huit fut troqué pour 25 réaux de *vellon* ; si bien que la miche de pain en vint à valoir 6 réaux de *vellon.* Le roi ordonna de fabriquer ce qu'on appelle les *pesos de Maria* ; on les mit chacun à 12 réaux de *vellon*... et on ordonna que tous les marchés et contrats se fassent dans cette monnaie, mais à Cadix cet édit fut peu observé, quoiqu'au début la rigueur ne fût pas absente. Mais cela dura peu, et les rentes constituées [*censos*] exprimées en pesos furent rédimées avec ces pesos, de telle sorte que les débiteurs furent favorisés et que de nombreuses dettes, écritures et bons en pesos furent payés avec cette monnaie, ce qui occasionna de nombreux procès... Mais, ainsi que je l'ai dit, cette pragmatique fut peu observée à Cadix, à telle enseigne qu'il semble qu'il y a un autre roi pour cette ville...

A l'époque de la promulgation de la dite pragmatique, on apprit que le duc de Medinaceli, frère du marquis de la Laguna, était premier ministre, c'est-à-dire favori (*privado*) ; jusque là, il n'avait pas voulu se déclarer comme tel, afin qu'on ne le considère pas comme l'auteur de la dévaluation. Ensuite le roi fit disposer des caisses dans tous les lieux importants des différents royaumes pour récolter la dite monnaie *de molino*, et ensuite il la rendit à Madrid à divers traitants [*asentistas*], avec l'autorisation de l'exporter du royaume. Nous reçûmes de la part de plusieurs traitants, nos correspondants, de nombreux lots importants, avec l'ordre de les embarquer publiquement. Nous savons que certains firent ainsi fortune, comme d'autres qui en achetèrent en secret. Ils l'embarquèrent et doublèrent leur capital... La même chose était arrivée en 1650, lorsque Sa Majesté Philippe IV, de glorieuse mémoire, avait interdit le cours des anciens pesos péruviens...

Cette même année, arriva en Espagne la Reine doña Louise de Bourbon, fille du duc d'Orléans, frère de Louis XIV, première épouse de don Carlos II, de glorieuse mémoire. Ce fut une bonne reine, très amoureuse de son époux, et tous deux s'aimaient beaucoup, parce que c'était une belle dame, comme on peut toujours le constater d'après plusieurs tableaux à Cadix. Et parce qu'elle n'eut pas d'enfants, on commença à dire : « Si paris, a España, y si no paris, a Paris » [Si tu accouches, en Espagne, sinon à Paris !]. Elle vécut peu de temps, bien que très aimée de ses sujets, qui avaient coutume de dire qu'elle devait être une autre doña Isabelle de Bourbon, si applaudie en l'Espagne. Elle mourut d'accident pour avoir mangé des huîtres crues et bu par dessus des boissons froides, qu'on a coutume de prendre au palais en été. Dieu lui fasse miséricorde !

Cette même année, au début du printemps, le Turc marcha sur Vienne et l'assiégea avec 300 000 hommes... [Le roi de Pologne Jean Sobieski délivra la capitale] et le Turc aurait été chassé d'Europe et le trône impérial eût été à nouveau placé dans la grande Constantinople, du train où allaient les choses, si le roi Louis n'avait occasionné une nouvelle guerre dans les Flandres...

A cette époque, au début du mois de juillet, la peste se déclara à Puerto de Santa Maria, quoique les habitants le nièrent toujours et cachèrent la vérité. On faillit lapider don da Costa, celui qu'on appelait « le Petit Docteur », un Portugais, médecin des Ducs [de Medina Sidonia], parce qu'il déclara à Puerto Santa Maria que cette maladie était la peste... Pour cette raison, et selon l'avis du dit Petit Docteur, le marquis de La Laguna, qui partait au Mexique comme vice-roi, et toute sa famille s'embarquèrent à l'avance sur la flotte de don Gaspar de Velasco... On craignait que la flotte n'amène la peste avec elle, en raison du nombre élevé de personnes originaires de Puerto qui s'embarquèrent, avec beaucoup de linge, et que les Indes ne fussent touchées ; mais la Divine Majesté en décida autrement...

A la fin de l'année 80, ma famille ayant augmenté, je louais les maisons que construisait Don Manuel de Barrios le Vieux, en face de l'église des Dechaussées. Je les louais à raison de 20 pesos par mois. Et comme ce sont les femmes qui vivent dans les maisons, je la fis voir en premier à mon épouse à qui elle plut beaucoup, bien qu'elle n'eût pas de fenêtres sur la rue. Comme elle n'était pas femme à apprécier la rue, elle s'en contenta en raison des grandes commodités qu'elle offrait ; un grand patio très clair, une jolie citerne, un entresol, deux très beaux magasins, sa jolie courette pour laver ; sa cuisine arrangée, avec le puits à l'intérieur, et une porte donnant accès à une salle à manger très spacieuse, avec une alcôve à côté et son balcon surplombant la cour ; sa belle salle principale, avec son alcôve très dégagée ; ses balcons en fer très dégagés, où je fis ouvrir une fenêtre pour donner de la lumière à l'estrade [la partie de la salle où se tenaient les femmes] ; son bel escalier aux degrés de marbre noir ; son patio dallé de marbre, où je fis mettre un tambour de porte pour que les femmes puissent voir à l'occasion ce qui se passait dans la rue.

En raison de tous ces avantages, j'y aménageai, mais la fraîcheur et le salpêtre de la maison commencèrent à rendre mon épouse malade et cela me coûta beaucoup de pesos. Et en fin de compte, elle ne se rétablit pas tant que je ne la sortis pas de ce lieu, et même d'Espagne.

Source : Bustos Rodríguez (Manuel), éd., *Un comerciante saboyano en el Cadiz de Carlos II (Las memorias de Raimundo de Lantery, 1673-1700)*, Cadix, Caja de Ahorros, 1983, pp.167-173.

Bibliographie : Kamen, *Spain...*; Hamilton, *War and Prices...*; García Fuentes, *Comercio...*

LA DIFFICILE NEGOCIATION DU MONTANT DE L'IMPOT (1683)

Ce texte est composé d'extraits de lettres envoyées par le corrégidor de Cordoue et l'un de ses adjoints à la Junte de Finances, organisme chargé aux côtés du Conseil des Finances d'organiser la perception des impôts. Le corrégidor n'agit pas ici en tant que corrégidor, mais en tant que « surintendant des rentes royales », commissaire du Conseil des Finances chargé de fixer le montant des rentes royales et des millions, les principaux impôts directs, dans la « province » fiscale de Cordoue, dont les limites débordent largement celle de son « corregimiento ». Les impôts en question ne sont pas tous perçus en appliquant un tarif au mouvement économique, comme le veut en principe la loi. On procède par « abonnement » ; le surintendant se met d'accord avec la municipalité de chaque ville sur une somme globale, très inférieure au montant attendu de la perception directe, que les édiles se procureront comme ils l'entendent : produit de l'exploitation des biens municipaux, taxes sur les produits de consommation courante, répartition de la somme entre les habitants... Les officiers municipaux, en revanche, sont responsables sur leurs biens de la perception et du versement de l'impôt dans les caisses royales.

Le document, d'un abord austère, met en relief un phénomène capital pour la compréhension de l'Espagne moderne. Le roi, quoiqu'absolu (c'est-à-dire doué du pouvoir de dispenser de la loi) doit, dans la pratique, négocier chacune de ses décisions avec des oligarchies locales, avec de petits groupes de familles qui tiennent en main les municipalités urbaines et, à travers elles, les campagnes ; ces oligarchies (qu'ont longtemps représenté les cortès) constituent des relais indispensables aux ordres de Madrid. Elles ont le pouvoir de paralyser la monarchie en lui refusant leur collaboration. On connaît encore mal le dialogue qui s'est instauré entre elles et le souverain. C'est une direction d'étude très prometteuse et en plein développement.

Les « primes » auxquelles il est fait allusion représentent une surimposition destinée à faire face aux impayés éventuels. Ceci revient à rendre, en fait, tous les habitants de la ville solidaires du paiement des impositions royales.

Lettre de Francisco Ronquillo, corrégidor de Cordoue et surintendant des rentes royales à la Junte des Finances [Junta de Hacienda]

... Votre Majesté a bien voulu me charger de la surintendance et de l'administration générale des rentes royales et du service des millions dans la ville [*ciudad*] et le royaume de Cordoue, ainsi que de l'abonnement [*encabezamiento*] des villes et villages de ce ressort pour trois ans, à compter du premier janvier passé pour les rentes royales, du premier avril pour les millions [*millones*], aux conditions suivantes : paiement dans les délais ; remise des fonds aux caisses du chef-lieu ; caution des officiers municipaux et des membres du conseil municipal [*justicias y regidores*], qui s'obligent sur leurs biens propres.

Considérant l'importance de ce que la ville de Cordoue donnât un bon exemple, c'est par elle que j'ai commencé, en proposant à sa municipalité l'abonnement des alcabalas, des quatre centièmes [*los cuatro uno por ciento*] et du service des millions. A l'issue de nombreuses réunions du conseil municipal, et après avoir écartés maints obstacles, on est arrivé à un accord le 9 courant. La ville accepte l'abonnement des rentes et des millions pour les trois ans à venir, pour la somme globale de 20 000 000 de maravédis chaque année, à savoir : 11 202 800 maravédis pour les alcabalas ; 6 817 321 maravédis pour les centièmes ; 1 910 853 maravédis pour le service des vingt-quatre millions : 69 026 maravédis pour l'impôt des huit mille soldats. Tout est signé...

La municipalité a pris pour base de calcul la valeur de ces impôts en 1681, année la plus proche de la moyenne, étant donné les perturbations entraînées en 1680 par la dévaluation *[la baja de la moneda]*, l'épidémie de 1682 et le caractère exceptionnel des années antérieures du fait de la cherté de tous les produits. L'abonnement étant suffisamment garanti par le montant des primes *[premios]*, qui sont fortes, et par les cautions qu'a donné le caissier *[arquero]* auprès de qui sera déposé le produit des millions, la municipalité supplie Votre Majesté de lever l'obligation qu'ont ses membres de se porter garant de la rentrée de l'impôt sur leurs biens propres. Il faut dire que tous les offices municipaux et les biens de leurs détenteurs sont propriété de majorats, si bien que cette demande ne présente pas les inconvénients qu'il paraît au premier abord ; d'autant que la municipalité offre à la place toute autre garantie qu'il plaira à

Votre Majesté d'exiger. Votre Majesté ordonnera ce qui convient à son service.

Dieu garde la catholique et royale personne de Votre Majesté, pour le bien de la chrétienté.

Cordoue, le 11 février 1683.

[Signé :] Francisco Ronquillo.

Lettre de Francisco Ronquillo, corrégidor et surintendant des rentes royales de Cordoue, à Ignacio Bautista de Rivas, membre de la Junte des Finances

[De la main d'un secrétaire]

Le rapport ci-joint et le certificat du secrétaire de la municipalité de Cordoue vous permettront, Monsieur, d'informer la Junte que l'on est tombé d'accord sur la somme de 20 000 000 de maravédis pour l'abonnement des alcabalas, des centièmes et des millions, somme que je considère raisonnable, étant donné la forte diminution du rapport des deux premiers impôts. La négociation s'est heurtée à de nombreuses difficultés, dont la moindre n'était pas le fait que la municipalité était en correspondance continuelle avec les autres villes [*ciudades*] du royaume, pour agir de concert avec elles. Je vous prie donc, Monsieur, d'insister pour que la Junte approuve cet accord...

Cordoue, le 11 février 1683.

[De la main du corrégidor]

Monsieur, je vous prie d'excuser mon insistance, mais je dois renouveler mes instances pour que vous fassiez approuver cet accord. Je vous assure que Cordoue n'est pas ce que l'on croit. Toute tentative pour augmenter l'abonnement se traduira par une augmentation des contributions [sur les plus pauvres], ce que veut précisément éviter Sa Majesté... Mieux valent 20 000 000 sûrs que 23 doûteux, cette dernière valeur étant celle du produit net des impôts en 1681.

Lettre de Francisco Ronquillo à Ignacio Bautista de Rivas

Par lettre du 23 février, vous m'informez, Monsieur, de ce que vous avez transmis à la Junte le texte de l'accord passé avec Cordoue... Je puis vous assurer que j'ai pris toutes les précautions pour garantir son exécution, étant donné les difficultés de la négociation. Se sont portés caution non seulement la municipalité et les officiers municipaux de Cordoue, mais encore trente particuliers, les plus riches de la ville. Des accords ont été passés, suivant le même modèle, avec les villes [*villas*] de la Rambla, Santaella, Montalban, Fernán Nuñez et Montemayor, au mieux des intérêts des finances royales, en fonction des possibilités de leurs habitants. J'ai voulu laisser respirer un peu ces derniers tant est profonde leur misère. J'aurais scrupule à taire l'état de dénuement extrême des populations, frappées par les mauvaises récoltes et par l'épidémie dont a souffert si longtemps toute l'Andalousie. Si je ne le voyais tous les jours de mes yeux, j'aurais du mal à le croire, et ce doit être pire ailleurs, car les agglomérations que j'ai mentionnées sont les plus riches de la province.

Aguilar, 3 mars 1683.

Lettre de Tomás Felipe de Legazpi, adjoint de Francisco Ronquillo, à Ignacio Bautista de Rivas

Monsieur, les lettres de mon surintendant vous auront fait connaître les démarches qu'il effectue dans les agglomérations de ce royaume, dont onze, parmi les plus importantes, se sont déjà abonnées, pour le plus grand profit des finances royales et pour le soulagement des sujets. Les réponses qu'il reçoit [de la junte] ne rendant pas justice au zèle tout chrétien et à l'habileté que don Francisco Ronquillo met au service du roi, je me permets, Monsieur, en abusant de la confiance que vous me témoignez, de vous exposer le détail des opérations, pour vous faire sentir combien les décisions sont prises en connaissance de cause. Je serai bref, pour ne pas abuser de votre temps.

Dès que nous arrivons à notre logement (toujours à l'auberge, même si les officiers municipaux nous ont préparé un logis plus commode et plus convenable), nous examinons les comptes des biens communaux et les titres en vertu desquels le village en jouit, ainsi que les comptes de tous les impôts royaux et des services [les *millones*] jusqu'en 1682. On passe ensuite à l'évaluation du nombre des feux, du nombre des ecclésiastiques, des exempts et des veuves. Nous examinons ensuite les déclarations jurées que doivent nous remettre tous les chefs de famille, sans aucune exception, ni pour les ecclésiastiques, réguliers ou séculiers, ni pour les agents du Saint-Office. Ces déclarations indiquent la surface emblavée et plantée en vigne qu'ils exploitent, les oliviers, les jardins, les caves, les moulins de tous types, les bestiaux et toute autre source de revenu. Les contribuables sont prévenus que toute omission sera sanctionnée par la confiscation au profit du Trésor de l'objet concerné.

Après nous être soigneusement informés, par des voies officielles tout autant qu'officieuses, de la capacité contributive de l'endroit (ici entre en compte le montant des impôts... des années précédentes), nous négocions avec la municipalité le montant et les clauses de l'abonnement.

Nous tenons compte de la dureté des temps, des épidémies dont ont souffert toutes ces localités, de la faiblesse des récoltes et de la misère des habitants ; de l'abondance du clergé..., qui détient l'essentiel des fortunes ; du caractère irréaliste surtout, des sommes exigées par nos prédécesseurs, dont on peut garantir qu'un tiers au moins de ce qu'ils déclaraient comme produit net n'a jamais été perçu, par insolvabilité des contribuables. C'est ainsi que se sont abonnés ces onze villages, pour des sommes en rapport avec leurs forces. Tout le monde y gagne : le Trésor, car les sommes effectivement versées augmentent ; les contribuables, qui profitent d'une forte diminution des frais de perception et de la *albaquia*, nom que l'on donne ici à une surimposition qui compense les impayés. Bref, on ne demande plus l'impossible.

Toutes les précautions sont d'ailleurs prises pour assurer la rentrée de l'argent. A la caution des officiers et du corps municipal, dont les membres s'engagent sur leurs biens propres en tant que particuliers..., s'ajoute celle des habitants les plus riches...

Voilà ce que l'on doit au zèle, à l'autorité et à l'intelligence de don Francisco Ronquillo...

Cordoue, le 18 mars 1683.

Source : Archivo General de Simanca, Consejo y Juntas de Hacienda, liasse 1447.

Bibliographie : Hermann, *Premier âge...*; Kamen, *Spain...*; Thompson, *War and Government...*; Pérez Moreda, *Crisis...*; Garzón Pareja, *Hacienda...*

DISCOURS POLITIQUE SUR LA FAIBLESSE DE LA MONARCHIE... ATTRIBUE A LUIS DE SALAZAR Y CASTRO (1687)

La réflexion sur l'Etat et la décadence de l'Espagne, dans la tradition des arbitristes, reste vivace jusqu'à la fin du XVIIe siècle et au-delà. Ce texte, marqué d'influences mercantilistes, reprend la métaphore de la société conçue sur le modèle du corps, classique depuis le XVIe siècle, en lui donnant une tonalité particulière. Luis de Salazar y Castro (1658-1734), historiographe du roi, généalogiste éminent, membre de plusieurs sociétés savantes, canoniste distingué, homme d'une vaste érudition et d'une certaine influence, lisait le français, l'italien et le latin.

Constatant la faiblesse de la monarchie, nombreux sont ceux qui cherchent à diagnostiquer la maladie dont elle souffre et à la diversité des symptômes répond celle des opinions... Je dis, pour ma part..., que le manque de sang est la cause profonde de tout ; je veux dire par là le manque d'argent. La métaphore est justifiée, étant donné l'analogie qui existe entre le corps politique et le corps physique. L'épuisement du Trésor, l'endettement de la noblesse, la misère de la plèbe, la faillite des marchands et des traitants [*asentistas*], la clameur générale prouvent la généralité et la réalité du mal...

Ce manque de sang est dû, en premier lieu, au manque d'aliment : nos flottes, en effet, nous en apportent de moins en moins ; elles ne servent qu'aux étrangers, qui y transportent le prix de leurs marchandises. Les laines, l'unique richesse de nos royaumes, font presque entièrement défaut aujourd'hui. Quant au reste, le vin, l'huile, les raisins secs et les autres broutilles que nous vendons à l'extérieur, c'est si peu de chose qu'il ne vaut pas la peine d'en parler.

En deuxième lieu, il faut placer l'abondance des saignées. La Cour de Rome, les subsides d'Allemagne, l'entretien de l'armée de Flandre, les secours à Milan et à la Catalogne saignent notre corps politique de toutes ses veines, sans parler des versements aux Lieux Saints et du rachat des captifs.

En troisième lieu vient le relâchement des humeurs et l'écoulement de la substance par tous nos pores. Que ne nous suce donc pas le Portugal, avec ses sucres, les toiles et ses épices ? La Barbarie avec ses grains et sa cire ; Valence avec la soie : elle appartient bien au même corps, mais la circulation du sang est si lente que ce qui y part est perdu. Que ne sucent pas l'Angleterre, la Hollande, l'Allemagne, le Danemark et la Suède ? Que dire de Genève et des villes d'Italie ? Que dire, enfin, des Flandres et de toute la France ?

Nous dépensons des sommes folles en toiles d'argent et d'or, de lin, de laine et de soie qui viennent presque entièrement de l'étranger..., surtout de France. Chapeaux, bas, fourrures..., presque tous les produits de luxe viennent du dehors. Métaux, minerais, drogues, presque toute la cire, verre, tapisseries, peintures, papier fin, riches bijoux, carrosses de bon goût, tout vient du dehors. Nous nous ruinons en poisson séché, en vaisseaux, en mâts, en canons et en apparaux. Que dire, enfin, de ce que suce le bric-à-brac des colporteurs français et arméniens, qui nous vendent jusqu'à nos peignes. Et n'oublions pas ce que les 50 000 travailleurs français répandus en Castille et en Andalousie emportent chez eux : c'est notre sang...

Dernière cause, le manque d'exercice : notre paresse, notre manque d'ardeur au travail. Nous pourrions fabriquer ici beaucoup de ces marchandises, et les fabriquer mieux. On attribue au manque de main-d'oeuvre ce qui n'est que faiblesse et laisser-aller. Est-il possible que nous en soyons arrivés au point d'avoir besoin de Français pour fabriquer nos toiles, aiguiser nos couteaux, réparer nos palissades, porter notre eau ou pétrir notre pain ?

Source : d'après Garzón Pareja (Manuel), *La Hacienda de Carlos II,* Madrid, Instituto de Estudios fiscales, 1981, pp.443-445.

Bibliographie : Hermann, *Premier âge...*, Kamen, *Spain...*; Vilar, *Literatura...*

MEMOIRE FRANÇAIS TOUCHANT LE COMMERCE DE CADIX (1691)

Les Francois, les Anglois, les Hollandois, les Hambourgeois, les Genois et les Flamands se sont depuis longtems introduits dans ce commerce. Ils n'ont pu jusqu'à présent y avoir qu'une part indirecte, et sous le nom des Espagnols, mais cette part est devenue si grande, que les

Espagnols ne sont presque plus en cela que les commissionnaires de tous ces étrangers.

Ce commerce se fait en deux manières par les étrangers ; la première en envoyant des marchandises à Cadix, qui de là sont portées aux Indes sous le nom des Espagnols : la seconde par ce qu'on appelle le commerce à la longueur de la pique.

Les Francois, les Anglois, les Hollandois, les Hambourgeois, les Genois et les Flamands se servent du premier moyen, les Anglois et les Hollandois seuls y ajoutent le second...

Le commerce de Cadix aux Indes se fait par deux voyes, l'une que l'on apelle les galions, et l'autre la flotte.

Les galions sont une escadre de dix vaisseaux de guerre, neuf desquels sont destinés pour Carthagène et Portobello, le dixème pour Sainte Marguerite. De ces dix vaisseaux de guerre, huit sont de 44 à 52 pièces de canon ; les deux autres sont des frégates légères, l'une de 24 canons et l'autre de huit, destinées pour porter à Porto-Bello avis de l'arrivée des Galions.

La flotte est composée d'environ 16 vaisseaux marchands de 5 à 600 tonneaux, armés de 30 à 34 canons chacun, et de deux vaisseaux de guerre de 52 à 54 canons qui leur servent d'escorte. De ces seize vaisseaux marchands, dix des plus grands vont à Vera Cruz et les plus petits s'en séparent à la hauteur de Porto-Rico, pour aller à la Trinidad, Curaçao, La Havane, Saint-Domingue et Campèche...

Les François et autres étrangers qui commercent à Cadix y font d'ordinaire entrer en fraude la plus grande partie des marchandises qu'ils apportent de leur pays, pour éviter les droits de douane qui montent à 23 %. Cette fraude se fait par le secours et par l'intelligence des Espagnols memes, ce qu'ils appellent passer par haut. A l'arrivée d'un vaisseau étranger dans la baye de Cadix, les officiers de la douane y envoyent un garde pour empêcher le débarquement des marchandises sans acquit ; mais, comme ce garde ne peut estre receu dans le vaisseau que sur le billet du Consul de la Nation, le Consul diffère souvent plusieurs jours de donner ce billet pour laisser aux marchands le tems de tirer leurs marchandises en fraude, et quand le garde y est receu les fraudes et l'évasion des marchandises n'en continuent pas moins ; au contraire il met en plus grande seureté ce qu'il en reste à passer, il est établi que le marchand donne à ce garde deux écus pour chaque balot de soyerie, 53 millions en tout, à prendre ces marchandises seulement sur le pied du prix coûtant dans les divers pays d'ou elles viennent, et non sur celui qu'elles sont estimées et vendues en Espagne et aux Indes.

De toutes ces marchandises il en demeure environ un tiers en Espagne pour l'usage du pays, les deux autres tiers passent aux Indes sur les galions et sur les flottes, et pour les y faire passer en seureté, vû les defenses sévères aux Etrangers d'y commercer en aucune manière, ils choisissent parmi les espagnols naturels quelque ami fidèle qui leur prête son nom pour signer leurs connoissemens et leurs factures, et pour faire aux douanes les déclarations des marchandises qu'ils veulent envoyer sur son nom, pour donner quelque vraisemblance à la feinte.

Autrefois on était obligé de faire enregistrer à Séville toutes les marchandises embarquées pour les Indes ; on ne les fait enregistrer à présent qu'à Cadix sous prétexte de la commodité des marchands.

Avant le départ des flottes et des galions, les officiers de la Contratation assignent un terme dans lequel on est obligé, sous peine de confiscation, de faire ses enregistremens ; cependant la plus grande partie est portée de bord à bord sans estre enregistrée, c'est a dire que du vaisseau étranger on les porte immédiatement dans les galions et dans les batimens de la flotte sans les descendre à la douane.

De plus comme on ne les visite point et que les droits de sortie de Cadix se payent suivant le nombre des ballots, sans en examiner la grosseur ni la valeur des marchandises, ils font des ballots aussi gros qu'ils peuvent et payent seulement, ainsi qu'il est ordonné, 14 écus pour le premier et sept pour le second, quoique souvent chaque ballot en contienne la valeur de deux, de trois et davantage.

Les droits du Roy d'Espagne sur tous les effets que les galions et les flottes raportent des Indes sont de 6 % sur l'or, l'argent et les pierreries et de 8 % sur tout le reste.

Nous avons veu comment les droits de sortie de Cadix, ceux d'entrée et de sortie aux Indes, ne rendoient presque rien au Roy d'Espagne par les fraudes excessives qui se font dans les levées : ceux-ci ont la meme destinée et par les memes causes.

La déclaration des effets qui sont sur les flottes ou sur les galions ne vont jamais à plus de la moitié de ce qu'ils contiennent...

Tout cela étant fait, chaque nation étrangère remporte chez elle les effets qui lui sont revenus des Indes, et on estime que leurs retours pour les marchandises envoyées montent :

Aux François à 13 ou 14 millions.

Au Anglois à 6 ou 7 millions.

Aus Hollandois à 10 millions.

Aux Hambourgeois à 4 millions.

Aux Genois à 11 ou 12 millions.

Et aux Flamands à environ 6 millions.

Voilà en general quel est le commerce des Indes et quelle est la part qu'y ont toutes les nations étrangères ; venons maintenant à ce qui y regarde plus particulièrement les François, ce qui est la vue principale de ce mémoire et voyons premièrement en quoi il consiste ; en second lieu quelles sont les causes de sa diminution ; et enfin quels remèdes on peut aporter pour le retablir et meme pour l'augmenter.

Le commerce que les François font à Cadix et par Cadix aux Indes, consiste en :

Toiles de : Rouen, Quintin et Pontivis, Laval, Morlaix, Coutances, Dinan, Vitré, Fougeres, Rennes, Cambray.

Etoffes de laine : Ras de Chaalons, Serges d'Amiens, Camelots d'Amiens, Barracans contrefaits, Barracans de Lille, Barracans de Valenciennes, Draps de Languedoc, Sampareilles.

Chapeaux : Castor, Demi-castor, Vigogne, Caudebec.

Dentelles : D'or fin, d'argent fin, d'or faux, d'argent faux, de soie noire assortie, de soie noire de deux aunes et demie pour mantes, Du Puis, de Lorraine et de France, guipures de soie.

Boutons : d'or fin, d'argent fin, de soie.

Etoffes de soye : Tapis haute laine et etroits, pannes, velours, brocards de soye, brocards d'or et d'argent, moire de soie, moires d'or et d'argent, taffetas imprimés, taffetas d'Avignon, taffetas lustrés, soye torse et plate.

Merceries et quinquaillerie de Lyon et de Forest.

Picottes de laine et soye.

Morues.

Bleds.

Drogues de médecine.

Saffran.

De toutes ces marchandises celles qui ont le plus de débit en Espagne pour l'usage du pays sont les toiles de Morlaix, de Quintin et de Laval, les Picottets, les Sampareilles et les Barracans ; et pour le commerce des Indes ce sont les toiles de Rouen, de Quintin, de Laval, de Coutances et de toutes les autres sortes, excepté celles de Morlaix nommées créées, communes et graciennes.

Les François se chargent très peu de manufactures étrangères, et ce qu'ils portent à Cadix des marchandises ci-dessus mentionnées monte environ à 20 millions à chaque départ des flottes et des galions, et, comme on compte que les galions et les flottes ne partent que deux fois en 4 ans, ce commerce se réduit à 10 millions par an.

De ces 20 millions de marchandises, il s'en consomme environ un tiers en Espagne, ainsi que de celles des autres étrangers. Des deux autres tiers les galions en portent aux Indes pour environ 7 millions...

On ne scauroit guère sçavoir précisement quel est le profit que nos négocians font sur ces marchandises ; on peut pourtant compter que ce qu'ils en debitent en Espagne raporte au moins 12 ou 15 % et ce qu'ils envoyent à leurs risques aux Indes va à 40 et jusqu'à 60 %.

Il est certain que le commerce des François à Cadix avoit, meme avant cette dernière guerre, receu une diminution considérable. La jalousie que les Espagnols ont conceue contre les François, depuis les conquêtes que le Roy a faites sur eux, n'y a pas peu contribué. Ils estiment et disent tout haut que le seul moyen d'abaisser la puissance de la France est de détruire son commerce et surtout celui de Cadix, qui est le plus grand et le plus utile que fasse notre nation.

Source : Sée (Henri), *Documents sur le commerce de Cadix*, Paris, Société d'histoire des colonies françaises, 1927, pp.25–47.

Bibliographie : Labrousse, *Histoire...*; Léon, *Economie mondiale...*; Kamen, *Spain...*; García Fuentes, *Comercio...*; García Baquero González, *Cádiz...*

LES ETATS DE SERVICE D'UN OFFICIER (SECONDE MOITIE DU XVIIe SIECLE)

Les archives du Conseil de la Guerre, à Madrid, contiennent des milliers de mémoires et de feuilles de service d'officiers espagnols des XVIe et XVIIe siècles, présentés par ces derniers à l'administration pour obtenir avancement et pensions. C'est une source capitale, encore peu exploitée, sur les forces armées du temps. Le Secrétariat d'Etat à la Guerre de Naples était l'organisme qui gérait, à Naples, l'administration de l'armée espagnole stationnée dans ce royaume. L'identification précise des personnes nommées n'est pas essentielle pour la compréhension du texte.

Relation des services de feu le capitaine d'infanterie espagnole don Estabán de Anguiz, tirée de ses papiers originaux présentés par don Pedro de Anguiz, son héritier et neveu, au Secrétariat d'Etat à la Guerre [de Naples] [*Secretaría de Estado y Guerra*], dirigé par le comte de San Estabán, mon maître, Vice-roi, Lieutenant et Capitaine général du présent royaume [de Naples].

Il ressort de documents officiels que le capitaine don Estaban de Anguiz a servi Sa Majesté 27 ans d'affilée, de 1663 à 1690, date de sa mort à Palerme. Il a servi sur les navires de l'Escadre de Naples, sur l'Escadre Royale de la Mer Océane [*Armada Real del Mar Oceano*], dans les Etats de Flandre, dans le royaume de Sicile. Il a successivement été soldat, enseigne [*alférez*] en activité [*vivo*], puis en situation de réforme [*reformado*]. Il fut ensuite enseigne de maître de camp [*alférez de maestre de campo*], adjudant sergent major [*ayudante de sargento mayor*] et capitaine d'infanterie espagnole. Sa feuille de service contient les éléments suivants.

Il vint à Naples à bord des navires de l'escadre du prince de Montesarcho, comme soldat de la compagnie du capitaine don Francisco de Anguiz, qui s'agrégea au tercio sédentaire [*tercio fijo*] le 7 janvier 1663 ; il passa sa première revue à l'Arsenal [*Tarazanal*]. Il y resta jusqu'au 8 juin, date à laquelle Monsieur le comte de Monterrey l'autorisa à regagner l'Espagne.

Il s'engagea là-bas comme soldat dans la compagnie du capitaine Juan Francisco Garibaldi, capitaine pour la navigation et le combat [*capitan de mar y guerra*] du vaisseau San Juan ; il y resta jusqu'au 15 novembre suivant, date à laquelle il passa à la compagnie du capitaine don Hector de Mendoza, du tercio du maître de camp [*maestre de campo*] don Francisco Pereira Freire, l'un de ceux de l'Escadre Royale de la Mer Océane. Il y servit jusqu'au 2 novembre 1666, date à laquelle il devint enseigne de la compagnie du capitaine Andrés Ibañez. Il participa à toutes les sorties que fit l'Escadre pour le service royal jusqu'au 15 mai 1668, date à laquelle il fut embarqué à Vigo, avec sa compagnie, sur la frégate San Vicente, capitaine de l'Escadre de Flandre, à destination de ce pays.

Arrivé en Flandre, il fut réformé, comme toute sa compagnie, et s'engagea dans celle du capitaine don Juan de Vilches, du tercio du maître de camp don José García Salcedo. On lui attribua une prime spéciale [*ventaja particular*] de dix écus, en sus de la solde ordinaire. Il servit ainsi jusqu'au 7 juin 1670, date à laquelle il redevint enseigne dans la compagnie du maître de camp Lazaro de Aguirre, jusqu'au 16 février 1674, où il abandonna cette fonction, étant arrivé au terme fixé par Sa Majesté. Il devint ce jour-là soldat dans la même compagnie, avec seize écus de prime spéciale ce qui, avec la solde normale de quatre écus, faisait vingt écus par mois. Il continua ainsi jusqu'au 5 avril suivant, date à laquelle il utilisa la licence qui lui avait été donnée pour se rendre en Espagne à ses affaires.

De là, il passa en Sicile et s'engagea comme soldat, le 16 décembre de la même année, dans la compagnie du maître de camp du tercio sédentaire de ce dernier royaume, avec 20 écus de solde (quatre de solde, seize de la prime dont il jouissait en Flandre comme enseigne réformé), ainsi qu'il ressort de documents officiels. Par patente du 20 août 1676, le marquis de Villafranca le nomma adjudant extraordinaire [*ayudante extraordinario*] du tercio en question, avec vingt écus par mois. Il continua ainsi jusqu'au 6 juillet 1683 date à laquelle, en vertu d'une patente du prince don Vicente de Gonzaga, il devint capitaine d'une compagnie d'infanterie espagnole du même tercio, vacante à l'expiration de l'autorisation d'absence concédée à don Pedro Colmenero. Il servit avec cette compagnie, sur terre comme sur mer, jusqu'à sa mort à Palerme, le 11 février courant.

Documents joints : lettres patentes par lesquelles le comte mon maître nomme l'intéressé, en 1683, capitaine de guerre [*capitán de armas a guerra*] de la terre de [illisible] et en 1685, capitaine de guerre de l'île de Faviñana.

Certificats du Duc de Bornonvilla, gouverneur militaire de Sicile [*gobernador general de las armas de Sicilia*] ; du général d'artillerie Lazaro de Aguirre, maître de camp du tercio du dit royaume ; du général d'artillerie don Duarte Correa de Castelblanco, maître de camp du même tercio. Tous témoignent de ce que l'intéressé a servi en Sicile pendant la guerre de Messine et a pris part à toutes les opérations, avec un grand courage et une parfaite exactitude dans le service. Ils le jugent digne de n'importe quelle récompense que Sa Majesté voudra lui accorder.

Quant à Pedro de Anguiz, à la demande de qui est dressé le présent état, il ressort de documents officiels qu'il a servi dans le royaume de Sicile comme soldat, avec deux écus de prime [*dos escudos de ventaja*] pendant neuf mois et 28 jours, jusqu'au 5 courant, date à laquelle il utilisa la licence que lui a accordé Monsieur le duc d'Uceda pour se retirer chez lui.

Naples, juillet 1690.

Source : Archivo Histórico Nacional de Madrid, Section Consejos, liasse 1282, boîte 1.

Bibliographie : Bennassar, *Histoire des Espanols...*; Quatrefages, *Tercios...*; Kamen, *Spain...*; Stradling, *Europe...*

LE PROJET DE PARTAGE DE LA MONARCHIE ESPAGNOLE (1700)

Le traité de partage de la monarchie d'Espagne commençoit à faire grand bruit en Europe. Le roi d'Espagne n'avoit point d'enfants, ni aucune espérance d'en avoir. Sa santé, qui avoit toujours été très foible, étoit devenue très mauvaise depuis deux ou trois ans, et il avoit été à l'extrémité depuis un an, à plusieurs reprises. Le roi Guillaume, qui, depuis les succès de son usurpation, avoit fort augmenté son crédit par la confiance de tous les alliés de la grande alliance qu'il avoit ourdie contre la France et dont il avoit été l'âme et le chef jusqu'à la paix de Ryswyk, et qui se l'étoit depuis conservée sur le même pied, entreprit de pourvoir de façon, à cette vaste succession, que, lorsqu'elle s'ouvriroit, elle ne causât point de guerre. Il n'aimoit ni la France ni le Roi, et, dans la vérité, il étoit payé pour les bien haïr : il en craignoit l'agrandissement ; il venoit d'éprouver, par l'union de toute l'Europe contre elle dans une guerre de dix ans, quelle puissance c'étoit, après toutes celles dont ce règne n'avoit été qu'un tissu plein de conquêtes. Malgré les renonciations de la Reine, il n'osa espérer que le Roi vît passer toute cette immense succession sans en tirer rien : il avoit vu, par les conquêtes de la Franche-Comté et d'une partie de la Flandre, le peu de frein de ces renonciations. Il songea donc à un partage que l'appât de le recueillir en paix, et sous la garantie des puissances principales, pût faire accepter au Roi, et qui fût tel en même temps qu'il n'augmentât pas sa puissance, ne fût qu'un arrondissement léger vers des frontières bien assurées, et que ce qu'il auroit de plus fût si éloigné, que la difficulté de le conserver le tînt toujours en brassière, et ses successeurs après lui. En même temps, il voulut bien assurer les bords de la mer du côté de l'Angleterre, et mettre ses chers Hollandois à l'abri de la France, et partager l'Empereur si grandement, qu'il eût lieu de s'en contenter, et de ne pas regretter une totalité qu'il n'avoit pas la puissance d'espérer contre la France. Il ne destinoit donc à celle-ci, pour ainsi parler, que des rognures. Ce fut pour cela qu'il s'en voulut assurer d'abord, comme la prévoyant la plus difficile à se contenter de ce qu'il lui vouloit offrir, et que, sûr, s'il le pouvoit, de son acceptation, il n'eût à présenter à l'Empereur que la plus riche et la plus grande partie, avec un nom qui pouvoit passer pour le tout, et que la tentation d'une si ample monarchie sans coup férir le consolât du reste, et la lui fît promptement accepter. Son plan arrêté fut donc de donner à l'Archiduc, second fils de l'Empereur, l'Espagne et les Indes, avec les Pays-Bas, et le titre de roi d'Espagne ; le Guipuzcoa à la France, parce que l'aridité et la difficulté de cette frontière est telle, qu'elle étoit demeurée en paix de tout ce règne au milieu de toutes les guerres contre l'Espagne, Naples et la Sicile, dont l'éloignement et le peu de revenu étoit plutôt un embarras et un sauve-l'honneur qu'un accroissement, et dont la conservation tiendroit à l'avenir la France en bride avec les puissances maritimes ; la Lorraine, qui étoit un arrondissement très sensible, mais qui ne portoit pas la France au-delà d'où elle étoit, et qui, en temps de guerre, ne la soulageoit que d'une occupation qui ne lui coûtoit rien à faire ; et, pour dédommagement, le Milanois à M. de Lorraine, qui y gagnoit les trois quarts de revenu et d'étendue, et, d'esclave de la France par l'enclavement de la Lorraine, de devenir un prince puissant et libre en Italie, et qui feroit compter avec lui. Le roi d'Angleterre fit donc d'abord cette proposition au Roi, qui, las de la guerre et dans un âge et une situation qui lui faisoit goûter le repos, disputa peu et accepta. M. de Lorraine n'étoit ni en intérêt ni en état de ne pas consentir au changement de pays que l'Angleterre avec la Hollande lui proposèrent d'une part, et le Roi de l'autre, qui lui envoya Callières. Cela fait, il fut question de l'Empereur. Ce fut où tout le crédit et l'adresse du roi d'Angleterre échouèrent : l'Empereur vouloit la succession entière ; il se tenoit ferme sur les renonciations du mariage du Roi, il ne pouvoit souffrir de voir la maison d'Autriche chassée d'Italie, et elle l'étoit entièrement par le projet du roi d'Angleterre, qui donnoit à la France les places maritimes de Toscane que l'Espagne tenoit, connues sous le nom *degli Presidi*. Pressé par Villars, envoyé du Roi, par l'Angleterre, par la Hollande, qui avoient signé le traité et qui lui faisoient entendre qu'ils se joindroient contre lui, s'il s'opiniâtroit dans le refus d'un si beau partage, il se tint ferme à répondre qu'il était inouï, et contre tout droit naturel et des gens, de partager une succession avant qu'elle fût ouverte, et qu'il n'entendroit jamais à rien là-dessus pendant la vie du roi d'Espagne, chef de sa maison, et qui lui étoit si proche. Cette résistance, et plus encore l'esprit de cette résistance, divulgua bientôt le secret qui devoit durer jusqu'à la mort du roi d'Espagne, qui fut averti par l'Empereur et pressé de faire un testament en faveur de l'Archiduc et de sa propre maison. Le roi d'Espagne jeta les hauts cris comme si on l'eût voulu dépouiller de son vivant, et son ambassadeur en fit un tel bruit en Angleterre, et en des termes si peu respectueux, jusqu'à nommer le roi d'Angleterre « le roi Guillaume », que ce prince lui fit dire de sortir en quatre jours d'Angleterre : ce qu'il exécuta, et se retira en Flandres. Mais l'Empereur, quoique mécontent du roi d'Angleterre, le vouloit ménager dans ce qui n'étoit pas le point principal, pour ne se brouiller pas absolument avec lui : il s'offrit entre lui et le roi d'Espagne, et fit en sorte que ce mécontentement accessoire se raccommoda, et que l'ambassadeur d'Espagne retourna à Londres.

Harcourt eut à essuyer à Madrid toutes les plaintes et les clameurs ; elles furent au point que, sur le compte qu'il rendit de tous les désagréments qu'il essuyoit et de l'inutilité où il se voyoit par cette découverte, il eut permission de revenir. Il laissa Blécourt, son parent qu'il avoit mené avec lui, et qui étoit homme ferme et capable d'affaire, quoiqu'il n'eût fait toute sa vie d'autre métier que celui de la guerre et qui, en l'absence d'ambassadeur, servit très bien et très dignement avec le caractère d'envoyé du Roi. L'Empereur cependant ne pensoit qu'à fortifier son parti en Espagne. La reine sa belle-soeur y étoit toute-puissante ; elle avoit fait chasser les plus grands seigneurs et les principaux ministres qui ne ployoient pas sous elle. Par sa faveur, la Berlepsch étoit l'objet de l'envie universelle ; elle prenoit à toutes mains et vendoit les plus grands emplois.

Source : Saint-Simon, *Mémoires,* A. de Boislisle, éd., Paris, Hachette, 1890, t.7, pp.116-124.

Bibliographie : Kamen, *Spain...*; Renouvin (Pierre), *Histoire des Relations internationales,* t.III, *Les temps modernes ; Recueil des institutions.*

TESTAMENT DU ROI CHARLES II (2/10/1700)

Rarement testament aura été attendu avec autant d'impatience. Les manœuvres diplomatiques ont échoué. Souverain de ce qui reste le plus vaste empire de la terre, sans enfants, Charles II, mourant, refuse tout démembrement. Il doit choisir entre les deux héritiers potentiels.

Au nom de la Très Sainte Trinité, Père, Fils et Saint-Esprit, trois personnes en un seul Dieu véritable ; de la Très Glorieuse Vierge Marie, Mère du Fils, le Verbe Eternel, Notre-Dame ; de tous les saints de la Cour céleste ; Moi, Charles [*don Carlos*], par la grâce de Dieu roi de Castille, de Léon, d'Aragon, des Deux Siciles, de Jérusalem, de Navarre, de Grenade, de Tolède, de Valence, de Galice, de Majorque, de Sardaigne, de Séville, de Cordoue, de Corse, de Murcie, de Jaen, des Argarves, de Gibraltar, des Iles Canaries, des Indes Orientales et Occidentales, des Iles et de la Terre Ferme de la Mer Océane, archiduc d'Autriche, duc de Bourgogne et de Brabant, de Milan, d'Athènes et de Néopatrie, comte de Habsbourg, de Flandres, de Tyrol et de Barcelone, seigneur de Biscaye et de Molina, sachant qu'étant mortel je ne puis échapper à la mort que nous subissons tous par le péché de notre premier père, malade (comme je le suis) et allité d'une maladie qu'il a plu à Notre-Seigneur de m'envoyer, je fais mon testament, j'ordonne et je déclare par cet acte ma dernière volonté, en mon libre et sain entendement, tel qu'il a plu à Notre-Seigneur de me le donner...

13. Considérant, après consultation de divers ministres d'Etat et de Justice, que les reines Anne et Marie-Thérèse [*doña Ana et doña María Teresa*], reines de France, ma tante et ma soeur, n'ont renoncé à succéder en mes royaumes que pour éviter qu'ils soient absorbés par la Couronne de France ; que, cessant cette cause, subsiste en sa force le droit de succession par le parent le plus proche, conformément aux lois de mes royaumes ; que celles-ci désignent aujourd'hui le deuxième fils du Dauphin de France ; m'appuyant sur lesdites lois, je déclare être mon successeur (au cas où Dieu me rappellerait à lui sans enfants), le duc d'Anjou, deuxième fils du Dauphin, que, comme tel, j'appelle à me succéder dans tous mes royaumes et domaines, sans exception aucune... moyennant le serment préalable d'observer les lois, fors [*fueros*] et coutumes des dits royaumes et domaines. Je veux, ce qu'exige la paix de la chrétienté et de l'Europe entière, que mes royaumes ne s'unissent jamais à la Couronne de France. Je déclare en conséquence qu'en cas de décès du duc d'Anjou, ou s'il hérite de la Couronne de France et choisit de l'accepter de préférence à la présente Monarchie, la succession passera au duc de Berry son frère, troisième fils du Dauphin, en la même forme ; et en cas de décès du duc de Berry, ou de sa succession à la Couronne de France, j'appelle à la dite succession l'archiduc, second fils de l'Empereur mon oncle ; pour la même raison et le bien de mes sujets, j'exclue de celle-ci le fils aîné du dit Empereur mon oncle. Si le dit archiduc vient à manquer, j'appelle le duc de Savoie et ses enfants. J'ordonne que mes sujets exécutent les présentes dispositions, pour leur bien, sans permettre aucun démembrement ni diminution de la Monarchie que mes ancêtres ont si glorieusement fondée... J'exhorte le duc d'Anjou à épouser l'archiduchesse afin d'assurer, par ce moyen, la paix de l'Europe.

14... Le duc d'Anjou me succèdera en tous mes royaumes et seigneuries, tant ceux de la Couronne de Castille que de la Couronne d'Aragon, en Navarre et en tout ce que je possède dans et hors d'Espagne, particulièrement : en ce qui concerne la Couronne de Castille, [la Castille], le Léon, Tolède, la Galice, Séville, Grenade, Cordoue, Murcie, Jaen, les Algarves d'Algéciras, Gibraltar, les Iles Canaries, les Indes, les Iles et la Terre Ferme de la Mer Océane, de la Mer du Nord et de la Mer du Sud, les Philippines et toutes les autres îles et terres découvertes et à découvrir bref, en tout ce qui appartient en quelque manière à la Couronne de Castille.

En ce qui concerne la Couronne d'Aragon, les royaumes et les Etats d'Aragon, de Valence, de Catalogne, de Naples, de Sicile, de Majorque, de Ménorque, de Sardaigne et toutes les autres seigneuries et tous les droits qui appartiennent à cette royale Couronne.

Ainsi que mon Etat de Milan, les duchés de Brabant, de Limbourg, de Luxembourg, de Gueldres, de Flandre et toutes les provinces, états, domaines et seigneuries qui m'appartiennent et peuvent m'appartenir dans les Pays-Bas... Que tous mes sujets et vassaux le considèrent comme leur roi et seigneur naturel...

15. Au cas où mon successeur ne se trouverait pas à l'intérieur du royaume au moment de ma mort... j'ordonne que l'on forme une junte qui comprendra : le président (ou gouverneur) du Conseil de Castille ; les vice-chanceliers (ou présidents) du Conseil d'Aragon, l'archevêque de Tolède ; l'inquisiteur général ; un grand ; un conseiller d'Etat. Je les nommerai dans le présent testament ou dans un codicille... Je demande à la reine, ma femme bien-aimée..., tout le temps qu'elle résidera à la Cour, qu'elle assiste à la dite junte... et qu'elle y ait voix prépondérante, de telle sorte qu'en cas d'égalité des suffrages, le sien soit décisif et que, pour le reste, les décisions se prennent à la majorité. Ces dispositions dureront jusqu'à ce que mon successeur les réforme, une fois atteinte sa majorité.

16. Au cas où mon successeur n'aurait pas atteint sa majorité, il est de mon devoir, comme père de tous mes sujets, de donner à mes royaumes le meilleur gouvernement possible... Je nomme pour tuteur de mon successeur, jusqu'à ce qu'il atteigne sa majorité, à quatorze ans, les membres de la junte, pour qu'ils gouvernent dans les formes que l'on dira ci-après...

27. La présence de mon successeur est de la plus grande importance pour le bien de mes royaumes... Je lui demande de s'y rendre au plus vite...

33... L'agencement de l'appareil de justice [*tribunales*] qui existe aujourd'hui s'est avéré depuis longtemps le plus efficace pour gouverner une monarchie composée de tant de grands royaumes différents. Bien utilisée, cette organisation [*planta*] est celle qui en permet l'administration la plus juste et la plus aisée. Je demande donc à mes successeurs de la maintenir telle quelle. Je leur demande, en particulier, de conserver les lois et les fors de mes royaumes et de veiller à ce qu'ils soient gouvernés par leurs propres naturels, sans admettre aucune exception à cette règle, car, outre que ce serait aller contre le droit, le procédé contraire s'est avéré désastreux.

34. Conformément aux lois de mes royaumes, qui interdisent d'aliéner les biens de la Couronne et des seigneuries qui en dépendent, j'interdis à tous mes successeurs perpétuellement de ne rien aliéner des dits royaumes, états ou seigneuries, de les diviser, de les répartir, entre qui que ce soit, même entre leurs propres enfants. Je veux que tous... aillent et restent toujours ensemble, unis sous cette Couronne, comme biens indivis et impartageables... Si une pressante nécessité ou la reconnaissance pour d'exceptionnels services reçus obligent mes successeurs à aliéner une partie du domaine, ils ne le feront qu'avec le consentement des intéressés, conformément à la loi de Monseigneur le roi Jean II...

Source : Domínguez Ortiz (Antonio) et Seco Serrano (Carlos), éd., *Testamentos de los reyes de España. Los Austrias*, Editora Nacional, Madrid, 1982, vol. 5.

Bibliographie : Kamen, *Spain...*, Renouvin (Pierre), *Histoire des Relations internationales*, t.III, *Les temps modernes ; Recueil des instructions données aux ambassadeurs français*

UNE OPERATION DE CREDIT RURAL (14/11/1708)

L'Eglise, par le jeu des dîmes et des revenus tirés de ses terres, disposait d'importants stocks de grains. L'écoulement n'en était pas toujours aisé, mais un gestionnaire habile avait la possibilité de réaliser de gros profits en jouant sur les fluctuations des cours. Les années 1705-1710 ont été très mauvaises dans le nord de l'Espagne. La municipalité de Pinilla del Campo (province actuelle de Soria) emprunte du grain au nom de la collectivité des habitants du village, assumant ainsi une fonction de bien-être social qui faisait partie de ses attributions. Le grain sera rendu après la récolte de l'année suivante, au prix des mois de soudure. Une media *équivalait à une demi-fanègue, soit 27 litres environ.*

... Qu'il soit connu par la présente écriture publique d'obligation que nous, Juan de Ledesma et Pedro Mazalbete, alcaldes, Sebastian del Hoyo, Diego Gil, Domingo Ledesma [suivent dix autres noms]..., tous domiciliés à Pinilla del Campo et conseillers [*concejantes*] de ce village, qui relève de la juridiction de la ville [*ciudad*] de Soria, ... pour le compte et au nom des autres habitants... reconnaissons et disons tous ensemble et conjointement, d'une seule voix,... devoir donner et payer, et nous nous porterons garants et paierons simplement et sans y mettre d'obstacle, à la fabrique de l'église paroissiale du susdit village de Pinilla et à son majordome... la somme de maravédis que vaudront 200 *medias* de froment que, pour nous faire grâce, bien et bonne action, pour le soulagement et le secours de nos maisons, nous a donné à crédit Juan Gil, domicilié audit village, majordome de la fabrique de son église paroissiale, pris sur les biens de ladite fabrique. Nous devrons payer la somme entière en une seule fois et un seul versement, le jour de Notre-Dame d'août de l'année prochaine 1709. Chaque fanègue sera comptée au prix courant sur les marchés de Gomara y Soria tenus pendant les mois de mai et juin de ladite année prochaine. Nous reconnaissons que les 200 *medias* en question nous ont été réellement et effectivement livrées à notre entière satisfaction.

Source : Archivo Provincial de Soria, boîte 2723. Texte fourni par M. Bartolomé Bennassar.

Bibliographie : Bennassar, *Siècle d'or...*

LE PORTUGAL

LE PORTUGAL VU PAR UN VENITIEN AU DEBUT DU XVIe SIECLE (1504-1506)

Lunardo Cà Masser fut envoyé par la République de Venise pour se rendre compte de visu *des réalités du commerce portugais d'Orient, qui commençait alors à affecter gravement l'économie de sa patrie. Arrivé à Lisbonne en octobre 1504, il fut rapidement arrêté pour espionnage, puis relâché sur l'ordre du roi Manuel, désireux d'attirer des capitaux italiens pour aider son pays à supporter le poids de l'Empire. Il séjourna deux ans à Lisbonne, notant les informations susceptibles d'intéresser ses mandants.*

Son rapport est intéressant pour la connaissance du commerce portugais. Il l'est aussi pour celle des institutions et des cadres du pays. Le commentaire dressera les parallèles qui s'imposent avec l'Espagne voisine.

Le roi Sérénissime réside en permanence dans la ville de Lisbonne, la première du royaume, qui peut rivaliser avec n'importe quelle autre par sa grandeur, son extension, le mouvement des affaires et sa population. On y trouve toutes sortes de marchands... Le roi y a son palais, nouvellement construit et non encore terminé. On n'y a pas fait grande dépense : c'est un édifice très bas, pauvre et peu décoré. Il suffit à loger raisonnablement la cour.

Un corrégidor réside en permanence dans la ville. C'est une espèce de vice-roi, la première autorité de la ville, nommé à vie. Il est juge et corrégidor de la ville, au civil comme au criminel.

On trouve aussi deux Conseils. Le premier, le « Conseil du Rapport » [texte italien : *Casa della Relazion*], installé à demeure dans la ville, traite de toutes les affaires du royaume, au civil comme au criminel. Le roi assiste à ses séances deux fois par semaine, ainsi que le gouverneur sus-dit. Il se compose de vingt juges, tous lettrés. On peut faire appel de ses décisions aux « Plaintes » [texte italien :

Agravi], un organisme composé de six juges, comme qui dirait six auditeurs, les plus âgés et les plus savants des vingt, et de la personne du roi…

Le second Conseil, que l'on appelle « des Suppliques » [texte italien : *la Supplicazione*], suit la cour. On y juge les affaires de celle-ci dans un rayon de cinq lieues, c'est-à-dire 15 milles. Le roi y entre deux fois par semaine, avec le corrégidor. Il se compose de 15 juges, lettrés et docteurs en droit, nommés à vie. Les appels montent aux six des Plaintes et à la personne du roi…

Il y a trois Contrôleurs des Recettes [texte italien : *Veadori della Intrada*], qui seraient chez nous comme trois Gouverneurs des Recettes [texte italien : *Governadori delle intrade*], office très estimé et que Son Altesse donne à ses favoris… Ils gouvernent les recettes de Son Altesse et toutes ses dépenses, c'est-à-dire toutes ses finances. Ce sont eux aussi qui reçoivent l'argent de la « Casa della Mina » des épices ; ce sont eux qui arment les flottes des Indes. Ces trois contrôleurs sont des fidalgos, c'est-à-dire des gentilshommes du royaume, et ils ont beaucoup d'influence auprès de Son Altesse.

Il y a un Amiral, Capitaine de la Mer, Don Vasco de Gamba [sic], celui qui a découvert les Indes. C'est un office très haut placé dans la hiérarchie des honneurs, que Son Altesse a donné à Don Vasco, bien que celui-ci ne lui plaise guère, car c'est un homme de mauvais caractère et déraisonnable. Il a fait, au cours de son voyage aux Indes, bien des choses qui n'ont pas plu à Son Altesse ; mais, étant donné que c'est lui qui a découvert la route des Indes…, Son Altesse l'a fait Amiral et lui a donné une châtellenie d'un revenu de 1500 ducats. Il jouit à présent d'un revenu de 4000 ducats et du privilège de pouvoir envoyer aux Indes, à chaque voyage, 200 ducats, avec lesquels il peut acheter toute marchandise qui lui plaît sans payer aucun droit, ce qui lui donnerait déjà de gros revenus s'il n'en avait d'autres. C'est un homme de basse extraction, que l'on a fait fidalgo, c'est-à-dire gentilhomme. Il vit honorablement et beaucoup des Grands du royaume l'apprécient.

Le Premier Secrétaire [texte italien : *Secretario mazor*] de Son Altesse s'appelle Antonio Carniero [António Carneiro]. C'est un homme intelligent et d'expérience, bien qu'il n'ait reçu aucune éducation. Il a bon fond et une très grande expérience de son métier. De nombreux secrétaires travaillent sous ses ordres…

Il y a un Notaire de l'Exactitude [*Scrivan de Puritade*], charge extrêmement honorable, dont le détenteur signe les privilèges et les autres mandements royaux. Rien ne passe devant Son Altesse qu'il n'ait signé. L'actuel Notaire est le fils de feu le marquis, frère du roi sérénissime. C'est un homme intelligent et de bon caractère. Son Altesse le consulte beaucoup...

Le Grand-Comptable [*Contador maggiore*] exerce un office très honorable. Il examine les comptes de toutes les personnes qui administrent les recettes de Son Altesse, qui, toutes, sont obligées de lui rendre des comptes. Sa charge rapport 2000 ducats par an...

Il y a beaucoup d'autres charges dans cette ville ; un juge des marchands étrangers, par exemple, lettré et docteur en droit, nommé à vie, qui a juridiction sur les affaires de douane, c'est-à-dire les droits que perçoit le roi sur toutes les marchandises à l'entrée... Ou un « Juge des accises »[*Giudice dell'offizio della Sisa*], docteur en droit, qui juge toutes les affaires liées à l'accise, un droit que perçoit le roi sur toutes les marchandises qui entrent dans la ville.

Le Grand Facteur [*Fattor mazor*] de son Altesse est chargé de la *Casa della Mina*. Il s'appelle Stefano Vaza [Etienne Vaz]. Il a un caractère infâme et il serait de l'intérêt de Son Altesse que ce fût un autre qui s'occupât de cette douane : on y vendrait davantage d'épices et elle lui rapporterait plus. Cet homme manque d'expérience et ne comprend rien à la valeur de la marchandise ; mais Son Altesse l'estime... et c'est par lui que passent toutes les ventes d'épices. Il en tient les clés, car il reçoit ce qui arrive des Indes...; il encaisse le produit de toutes les ventes faites par la *Casa della Mina* et il les consigne aux Contrôleurs. On l'honore beaucoup. Il est la route qui conduit aux Indes, ou plutôt, à la mine d'or...

Il y a, à l'heure actuelle, deux ducs dans le royaume. Le premier, le duc de Bragance, est le neveu de l'actuel roi sérénissime ; il possède de nombreux châteaux et forteresses, au nombre de trente, à tout le moins. Il a 30 000 vassaux et des revenus de 16 000 ducats. Il est âgé de 26 ou 27 ans et il est marié à la fille du duc de Medina Sidonia, de Castille. Ils sont deux frères ; l'un d'eux, Don Denis, vit en Castille et est marié là-bas.

Le second duc est Don Georges, duc de Coïmbre, fis naturel du roi Don Jean [II]. Il prétendait à la succession du royaume et espérait devenir roi. Il attendait des bulles de légitimation de Rome avant la mort de son père. Mais celui-ci, comme l'on sait, se heurta à l'hostilité des Grands de ce royaume... qui finirent par l'empoisonner ; de sorte que le duc jouit maintenant de peu de crédit. Il a 23 ans environ ; il est de faible constitution et de peu de santé. Il a 17 000 ducats de revenus, en comptant ce que lui rapportent les charges de Maître de Santiago et de Calatrava. Son duché comprend nombre de châteaux et de forteresses, ainsi qu'une ville.

Il y a un marquis, appelé de Villa Real, cousin germain du roi sérénissime. On le considère à la cour comme faible d'esprit et plus fou qu'autre chose. Ses revenus se montent à 10 000 ducats. Il est couvert de dettes... Il exerce la charge de connétable, ce qui signifie capitaine général des gens d'arme.

Il y a dix comtes dans ce royaume, très vaillants chevaliers qui jouissent de revenus raisonnables. Le premier, le comte de Jole [Loulé] et de Maldave [Marialva], a un revenu de 5000 ducats. Les revenus du comte de Tentagel [Tentúgal], fils du seigneur Alvaro [de Bragance], oscillent entre 3000 et 3500 ducats. Le comte d'Alcoutin [Alcoutim], fils du marquis, a 2500 ducats. Le comte de Cimmaguerra [?], 1500 ; le comte de Farro [Faro], 2000. Le comte de Brannes [Abrantes], frère du Prieur de Crato, 2100 ; le comte de Borba, très vaillant chevalier qui s'est distingué en Afrique où il a fait de fort belles choses, est très estimé par Son Altesse ; ses revenus sont de 4000 ducats. Le comte de Tirocha [Tarouca] perçoit 3200 ducats l'an ; le comte de Ponela [Penela] 1500 ; le comte de Fera [Feira] 2000.

Il y a deux archevêques. Le premier, l'archevêque de Lisbonne, a 10 000 ducats de rente. Le second, l'archevêque de Braga, 8000 ducats à peu de chose près ; il est à Rome, ambassadeur du roi sérénissime. Son Altesse l'apprécie beaucoup.

Il y a sept évêques dans le royaume et trois en Afrique. Le premier, l'évêque de Bura [Evora], a 12 000 ducats ; le deuxième, l'évêque de Lisbonne, 10 000 ; l'évêque de Coïmbre 6000 ; l'évêque de Braga, 4000 ; l'évêque de La Mego [Lamego], 5000 ; l'évêque de Sylves, 4500 ; l'évêque de La Guarda, 5000. En Afrique, trois villes : Tanger, Ceuta et Argilla, qui ne procurent aucun revenu et sont source de dépenses incessantes pour les protéger des Maures. On y entretient 400 cavaliers avec leur capitaine...

Source : Lunardo da Cà Masser, d'après Godinho

(Vitorino Magalhães), « Portugal no começo do século XVI : instituições e economia. O relátorio do veneziano Lunardo da Cà Masser », *Revista de História Económicae e social,* IV, 7-12/1979, pp.75-84.

Bibliographie : Godinho, *L'économie de l'Empire...*; Oliveira et Rodrigues, « Um proceso...» ; Hespanha, *História...*; Serrão, *Dicionário...*; Domínguez Ortiz, *Clases privilegiadas* ; Chaunu, *Espagne de Charles Quint.*

LISBONNE CITE RESPLENDISSANTE, MAITRESSE DES MERS

Au XVIe siècle, Lisbonne connaît une formidable croissance démographique, passant de 60 000 habitants vers 1500 à 100 000 vers 1550. Cet essor s'exprime également dans l'espace : la grande ville d'aspect toujours très médiéval, gênée par son site escarpé (n'est-elle pas, comme elle le revendique, « la ville aux sept collines » ?) occupe surtout la Baixa, *mais commence à construire à l'ouest le* bairro alto. *L'effort architectural est également manifeste : construction hors des murailles et aménagement du* Terreiro do Paço *par D. Manuel qui se décide à quitter le château Saint-Georges, édification du monastère des Hiéronymites à Belem en 1502 et de la tour de Belem en 1515, grands travaux de F. Terzi sous Philippe II.*

La ville qui draine les richesses des deux mondes n'est guère adaptée au petit Portugal. C'est la capitale impériale du monde luso-atlantique qui fait déjà du Portugal, selon l'expression de V. Magalhães Godinho, « un pays macrocéphale ».

LA DÉCOUVERTE PAR UN CISTERCIEN FRANÇAIS, LE F. CLAUDE DE BRONSEVAL

Quand nous eûmes fait deux lieues sur une route mauvaise et infernale, dans les sentiers tortueux de la montagne tournant parmi les vignobles, nous atteignîmes enfin cette fameuse cité de Lisbonne, capital du Portugal et splendide cité commerciale. Comme nous approchions, je regardai avec curiosité l'emplacement et le site. Je notai que deux collines (1) avec une vallée les séparant et une longue ligne s'étirant le long du port constituent le site de Lisbonne qui était alors certainement une cité matériellement florissante.

Cette ville très populeuse est un réceptacle de Juifs, la nourricière d'une foule d'Indiens, une geôle de fils d'Agar, un réservoir de marchandises, une fournaise d'usuriers, une étable de luxure, un chaos d'avarice, une montagne d'orgueil, un refuge de fugitifs, un hâvre pour les Français repris de justice. Nous la parcourûmes en grande partie et nous ne pouvions y trouver un endroit pour nous loger...

Bronseval, Frère Claude de, *Perigrinatio hispanica, 1531-1533,* Paris, Fondation Gulbenkian, PUF, 1970, p.329.

LE TABLEAU DU CHEVALIER PORTUGAIS DAMIÃO DE GOIS

A notre époque, il y a deux villes que nous pouvons appeler à juste titre maîtresses et reines de l'océan, sous la conduite et le commandement desquelles les vaisseaux parcourent aujourd'hui tout l'orient et l'occident. L'une d'elles est Lisbonne, située à l'embouchure du Tage, dont la domination embrasse cette partie de l'océan proche de l'Afrique et de l'Asie. L'autre est Séville, entourée par l'Occident qui, à partir du Guadalquivir, a ouvert toute grande à la navigation la partie du globe qu'on appelle aujourd'hui Nouveau Monde...

Du Palais royal que D. Manuel fit construire à son intention, avec tant de grandeur et de somptuosité, se détache un portique de colonnes gigantesques, qui avance vers la mer comme une machine de guerre... Finalement auprès du palais royal, et à l'opposé de cette construction moderne, au milieu d'une place se trouve le septième et dernier bâtiment public, avec un grand nombre de salles et de dépendances, dans toutes les directions, orné et travaillé avec art, avec tant d'entrées et de sorties qu'il ressemble à un véritable labyrinthe.

C'est là que nos rois établirent leur arsenal de guerre ; que s'accumulent des armes de toute nature, machines de guerre, mortiers d'artillerie, et tout ce qui sert pour les combats de terre et de mer, en telle quantité que cela dépasse facilement tous les arsenaux, même les mieux équipés et les mieux fournis, d'Europe et d'Asie. Nous en avons vu beaucoup, mais le nôtre est le plus riche par la quantité de machines de guerre et le nombre infini d'armes et de traits. J'imagine qu'il y a une autre raison plausible à cette organisation : c'est que le roi se voit dans l'obligation d'avoir uniquement pour ses expéditions navales ordinaires, en Asie, en Afrique et en Europe, plus de deux cents bâtiments pourvus de munitions et prêts en permanence...

La ville, du côté où elle est baignée par la mer, c'est-à-dire la partie la plus noble, compte 22 portes. Côté terre, elle a 16 portes. Toutes ces portes sont indispensables, en raison de l'ampleur du périmètre et du nombre élevé d'habitants et de leur mobilité. Tout au long de ces murailles, elle est défendue par 77 tours.

Les églises paroissiales, dans lesquelles sont administrés les sacrements, sont au nombre de 25, sans compter les sanctuaires qui appartiennent aux frères et aux religieux qui vivent en congrégation et en clôture. Je ne saurais manquer de mentionner les louanges que mérite ici la musique religieuse. Il est bien connu que, pour les principales fêtes religieuses, sortent de la capitale plus de 30 chorales complètes, pour chanter en harmonie, aux solennités religieuses dans les villages et les hameaux des environs. Les associations que l'on appelle confréries sont au nombre de 131. Tous les ans, les confrères versent des sommes d'argent qui ne cessent de croître ; cet argent est ensuite méthodiquement distribué aux pauvres et sert à des dépenses nécessaires.

Quant à la salubrité de Lisbonne et à la douceur de son climat, je dois dire que son aménité et sa suavité tout au long de l'année sont telles qu'on n'y connaît ni chaleurs ni froids excessifs. C'est la raison pour laquelle viennent à Lisbonne des étrangers en grand nombre, en provenance de pays et de régions éloignés...

Source : (traduit du latin), Gois (Damião de), *Lisboa de Quinhentos (1554), Descrição de Lisboa*, Lisboa, Livraria Avelar Machado, 1937, pp.17-54.

LE PORT DE LISBONNE AU XVIe SIECLE

Il y a dans cette ville un port, le meilleur de toute la côte des mers découvertes, où mouillent et entrent chaque année 1500 nefs et caravelles de toutes les régions de la chrétienté. On y rentre par la *Casa do Marco*, où l'on voit tous les navires se faire enregistrer, à l'entrée comme à la sortie. Ceux qui ne le font pas encourent des peines sévères.

Cette Casa appartient à la ville. Toutes les nefs, tous les navires y payent dix reis la tonne, plus deux pour le contrôleur chargé d'inspecter les nefs [*naus*] avant leur départ pour vérifier qu'elles possèdent bien tout ce qui est nécessaire au voyage et qu'il ne leur manquera rien de ce qu'elles ont besoin. Sinon, elle sont sanctionnées, afin qu'aucune ne parte sans l'équipement nécessaire.

Source : Brandão de Buarcos (João), *Tratado da Majestade, Grandeza e Abastança da Cidade de Lisboa,* ou *Estatistica de Lisboa de 1552;* publié par Bracamp Freire (Anselmo), dir., Lisbonne, 1923, p.32.

L'ALIMENTATION A LISBONNE

Le petit peuple vit pauvrement. Les sardines cuites et salées, que l'on vend en grande abondance dans toute la ville, constituent la base de son alimentation quotidienne. C'est là ce que l'on trouve de meilleur marché, aussi le peuple achète-t-il rarement de la viande. On pêche ces poissons au large de la barre [du Tage], ainsi que d'autres, de toutes espèces et fort gros ; ils sont cependant moins savoureux que ceux que l'on trouve à Venise, bien qu'ils soient si chers que les étrangers s'en étonnent et que les naturels s'y ruinent.

Ces derniers, d'ailleurs, souffrent du prix excessif de tous les aliments. Les pauvres mangent une espèce de pain fort mauvais, bien qu'assez bon marché, fait de blé du pays tout mêlé de terre, car on ne le vanne pas, mais on le moud dans les moulins à vent que l'on trouve là-bas, tout sale, comme il sort de l'aire. Le bon pain blanc est fait avec du blé importé, qui vient de France, de Flandre ou d'Allemagne, qu'apportent les navires de ces pays lorsqu'ils viennent chercher des épices à Lisbonne. A vrai dire, on ne le vanne pas non plus, mais des pauvresses le trient grain à grain, assises sur le pas de leur porte, avec une patience flegmatique plus propre d'Allemandes que de Portugaises. Elles sont autorisées à fabriquer du pain et à le vendre n'importe où en ville, à un prix toujours élevé. Le blé coûte 280 reis l'*alqueire* [mesure de 13,8 litres]. Les pauvres mangent également de grandes quantités de fruits, qui sont très abondants et très bon marché.

Le vin ordinaire n'est pas bon, pour ne pas dire mauvais : on ne sait pas, on ne veut pas ou l'on ne se donne pas la peine d'améliorer sa qualité. Il coûte généralement 24 réis la *canada* [1,4 litre]. Le prix des vins fins est excessif...

Ce n'est pas à Lisbonne qu'il faut chercher des nourritures exquises. Le veau lui-même est rare, car on n'a pas coutume d'abattre ces animaux : on préfère les laisser grandir et les utiliser pour le travail des champs ou l'approvisionnement des villes. Les chapons, cependant, sont excellents.

Source : Relato de Tron e Lippomani, 1580, publié par Herculano (Alexandre), *Opúsculos IV,* Lisbonne, Presença, 1985, p.368.

Bibliographie : Serrao, *Historia de Portugal,* vol.III ; Saunders, *Social history of black slaves..*, Azevedo, *História dos Cristãos Novos...*

NOTE

1. Les deux collines en question sont au N.E., celle du château Saint-Georges, et au S.O. celle qui domine le Carmo.

L'AFFLUX DES RICHESSES DE L'OUTRE-MER

Aux XVe et XVIe siècles, les richesses du monde entier affluent à Lisbonne. Garcia de Resende (vers 1470-1536), chroniqueur palatin qui jouit de la confiance de plusieurs rois de Portugal (Jean II, Manuel, Jean III) se fait le chantre de la grandeur portugaise. Ce polygraphe, qui est à la fois poète, chroniqueur, compositeur, dessinateur, architecte, est bien l'homme complet de la Renaissance. En un style épuré, il décrit dans le moindre détail une réalité fabuleuse.

48
Il se vit Roi et prince
de Castille qui fut son domaine,
bientôt il découvrit
l'Inde et s'en rendit maître
comme l'apprit le monde entier,
conquérant royaumes et provinces,
par maintes guerres acharnées,
gagnant toute la richesse
du Soudan et de Venise,
dominant mers et terres.

62
Et en l'Inde, généralement
existent coutumes les plus différentes,
les unes s'éloignant des autres
non moins que le bien du mal,

coutumes fort répandues :
pays fortuné
ayant reçu les plus grands dons en partage,
ne connaissant ni la peste ni la faim,
où la nourriture coûte peu,
où les hommes vivent sains, pourvus de tout.

63
Et en elle, il y a grande abondance
de macis, girofle, cannelle,
noix, gingembre à profusion,
– le poivrier y pousse naturellement
au point qu'il en pourrait pourvoir le monde–d'ambre,
de musc, de tincal,
d'aloès, de cordial,
de licorne, rhubarbe possède,
casse, sental également,
camphre, encens y foisonnent.

64
Elle a des rubis, des diamants si beaux
qu'ils n'ont ni prix, ni mesure,
des émeraudes royales,
des perles de la plus grande valeur,
des spinelles et, de plus,
des cocarboucles, des améthystes,
des turquoises et des chrysolites,
des saphirs, des oeils–de–chat,
des jargons ; il se fait commerce de tout cela
et de bien d'autres choses que je ne saurais dire.

65
Elle a de l'or, de l'argent, des brocarts
de mille sortes, fort beaux,
et crevés et dorés,
maintes fines garnitures,
très riches qu'on acquiert à bas prix,
des soies précieuses de mille façons,
des tapis, des camelots,
des porcelaines, du benjoin,
des toiles écrues, des *rambotins* (1)
très fins et très résistants.

187
On a vu Lisbonne croître
en habitants et en grandeur
et s'ennoblir
de nombreux édifices, de richesses
d'armes et de puissance,
Il n'existe au monde ni port,
ni commerce qui égale les siens ;
pour les fruits, les vivres et les subsistances
le pays n'a pas son pareil ;
il ne lui manque que d'être bien gouvernée et
administrée.

188
La plupart des gouverneurs
qui aux Indes furent envoyés
je les vis mourir ou être accusés,
gentilshommes instruits
de ces choses, je ne vis y échapper :
la plupart partaient en cachette,
et ceux qui revenaient comme accusés
voyaient leurs biens séquestrés,
les uns arrêtés, les autres poursuivis
et objets de procès.

189
Nous vîmes beaucoup de Portugais
se répandre à travers le monde
et peupler le Brésil et les îles,
et aller vivre aux Indes
et oublier leur pays.
Nous voyons introduire dans le royaume
chaque jour plus d'esclaves
et partir les gens d'ici
de sorte que m'est avis que bientôt
ils seront plus nombreux que nous.

190
Et nous vîmes le roi entrer en relations
avec le prêtre Jean,
lui envoyer des ambassades,
nouvelle qui semblait
relever du prodige ;
nous vîmes arriver ici les éléphants
et d'autres animaux extraordinaires

que l'on amenait des Indes par mer
et que l'on voyait partir par mer
jusqu'à Rome en signe de triomphe.

Source : Garcia de Resende, *Miscellania e variedade de Histórias,* Coimbra, França Amado Editor, 1917, pp.20–67 (première édition 1554).

Bibliographie : Boxer, *The Portuguese seaborne Empire...*; Chandeigne, *Lisbonne...*; Magalhães Godinho, *L'économie de l'empire* et *Os decubrimentos economia* ; Mauro, *Etudes économiques* ; Bottineau, *Portugal...*; Cidade, *A literatura...*

NOTE

1. *Rambotin :* étoffe indienne de laine.

DECOUVERTES, CRITIQUE DU SAVOIR LIVRESQUE ET ESPRIT SCIENTIFIQUE (1505–1508)

Dans le cadre de la Renaissance, l'ampleur des découvertes suscite une intense réflexion, qui tend à réduire le savoir livresque hérité de l'Antiquité et aussi la récurante atmosphère de merveilleux. Guidés par la raison et par l'expérience, les esprits les plus avisés commentent, comparent, critiquent, proposent des interprétations. Duarte Pacheco Pereira (environ 1460–1533) affirme qu' « on en sait plus en un jour avec les Portugais, qu'on en savait en cent ans avec les Romains ». Les découvertes portugaises démantèlent le système ptoléméen et les Portugais dépassent le cadre méditerranéen et européen pour atteindre une vision mondiale, comme le montre la carte de Cantino de 1502. Toutes les sciences progressent, mais surtout les mathématiques, la géographie, la cartographie. Cartes et roteiros (1) *concrétisent ces progrès.*

Pour D. João de Castro (1500–1546), le plus remarquable roteirista *du XVIe siècle* (Roteiro de Lisboa a Goa, Roteiro de Goa a Suez, Roteiro de Goa a Diu), *la raison et l'observation sont les deux chemins de l'analyse scientifique. De même, dans son* Esmeraldo de Situ Orbis, *Duarte Pacheco Pereira, qui en 1505 calcule le degré de méridien avec une erreur de 4 % seulement, glorifie l'expérience : « L'expérience – écrit-il – est la mère de toutes les causes ; elle seule nous détrompe et nous écarte complètement du doute ; par elle, nous connaissons à fond la vérité ». Telle est la règle de conduite de cet homme de science qui s'est illustré comme soldat dans l'escadre d'Albuquerque aux Indes, savant héroïsé par Camoes sous le nom d'« Achille lusitanien ».*

DES ROUTES ET DES CONNAISSANCES DES TERRES DU FLEUVE GABON AU CAP DE CATHERINE QUI, SOUS UN AUTRE NOM, S'APPELLE LE CAP PREMIER

L'expérience nous permet de corriger les erreurs des superstitions et des fables que quelques anciens cosmographes ont mentionnées en décrivant la terre et la mer. Ils disaient que toutes les contrées qui se trouvent sous l'équateur étaient inhabitées du fait de la grande chaleur du soleil. Nous affirmons que c'est faux et que c'est même le contraire. Car, en avant du fleuve du Gabon (dont nous parlerons dans le prochain paragraphe), on trouve un étroit et bas promontoire qui, dans notre langue, s'appelle le Cap de Lopo Gonçalves, comme le nom du capitaine qui l'a découvert. Il est situé près du fleuve Gabon, qui coule du nord-est au sud-ouest, il s'infléchit du nord au sud et mesure vingt-sept lieues sur la route. Ce Cap de Lopo Gonçalves se trouve précisément sous le cercle de l'équateur, et ces terres sont habitées par de si nombreuses personnes qui sont noires, qu'en aucune partie du monde il ne peut y en avoir autant. C'est l'expérience qui nous l'a enseigné, puisque nous avons longtemps navigué et parcouru cette région des Ethiopies de la Guinée, pris la hauteur du soleil et mesuré sa déclinaison, afin de savoir combien de degrés séparent chaque lieu d'un côté et de l'autre de la ligne équinoxiale, par rapport à chaque pôle. Nous avons ainsi appris que ce cercle passe par le promontoire. Et nous avons reconnu qu'en cet endroit la durée du jour est égale à celle de la nuit tous les jours de l'année ; s'il y a une différence, elle est si faible qu'on ne la remarque presque pas.

Beaucoup d'anciens ont dit que si deux régions étaient situées à l'est ou à l'ouest d'une même ligne, elles auraient le même degré du soleil et toutes leurs propriétés seraient semblables. Quant au degré du soleil, c'est vrai ; mais comme la nature majestueuse a elle-même créé toutes choses avec une grande richesse, l'expérience nous a montré que les hommes de ce promontoire de Lopo Gonçalves et de toutes les terres de la Guinée sont assez noirs, et que les autres personnes, qui vivent au-delà de l'océan en occident (où le degré du soleil est le même que chez les Noirs de ladite Guinée) sont mulâtres, avec la peau presque blanche. Ces gens-ci habitent les terres du Brésil, dont nous avons déjà fait mention dans le second chapitre du premier livre. Et à celui qui affirme que ces hommes sont à l'abri de la chaleur du soleil, du fait qu'il y a dans la région de nombreuses forêts qui leur donnent de l'ombre, et que pour cette raison ils sont presque blancs, je répondrai ceci : s'il y a beaucoup d'arbres dans la région du Brésil, on en trouve autant et même plus, avec des forêts aussi épaisses, dans les contrées orientales, situées en deçà de l'océan de la Guinée. Et si l'on dit que les gens de ces terres orientales sont noirs parce qu'ils sont nus, et que ceux du Brésil sont blancs parce qu'ils sont vêtus, je répondrai que la nature a distribué le même don aussi bien aux uns qu'aux autres, car tous sont comme ils étaient à leur naissance ; de la même manière, nous pouvons dire que le soleil n'influence pas plus les uns que les autres. Maintenant, il s'agit de savoir si tous appartiennent à la génération d'Adam.

Source : Pacheco Pereira (Duarte), *Esmeraldo de situ orbis,* 3e éd., Lisboa, Academia portuguesa da história, 1954, pp.160-161.

EXTRAIT DU TRAITE DE LA SPHERE DE JOÃO DE CASTRO

D. – Comment pouvaient-ils croire que la terre est sphérique, quand ils y observaient autant d'abîmes et de hauteurs ?

M. – Ils ne lui attribuaient pas une forme sphérique aussi parfaite que celle des cieux, mais ils la voyaient comme assez imparfaite, avec les irrégularités de ses monts et vallées, et les inégalités des fonds de l'océan. Toutes ces disparités détruisent moins la forme sphérique de la terre, qui est fort grande, que ne le feraient des grains de blé sur un ballon.

D. – Comment interprétaient-ils le fait que les terres semblent émerger contre tout principe naturel, et que leurs propres centres ne coïncident pas ?

M. – Il y avait une grande variété de raisons et fondements à ce sujet. Les uns invoquaient les nombreuses concavités qui auraient existé dans ces parties émergées et au contact de l'air, et qui les auraient fait flotter sur les eaux, comme des bulles. Les autres attribuaient ce fait au pouvoir des étoiles et signes septentrionaux qui auraient attiré ces terres, soit parce qu'ils possédaient les mêmes qualités, froides et sèches, soit par quelque vertu secrète, comme l'aimant attire le fer. D'autres encore croyaient que l'émersion des terres était due au miracle et à la providence divine ; les régions ainsi mises à découvert auraient permis le peuplement du genre humain et de tous les autres animaux, de même que la création de toute chose naturelle.

D. – Qui peut en fait extirper du monde cette opinion des anciens ?

M. – La grande expérience des modernes, et surtout l'intense navigation du Portugal. Car depuis que les Portugais naviguent par l'Orient sur toute la rondeur du monde, comme les Espagnols le font à leur exemple par l'Occident, depuis qu'ils découvrent tant de terres aussi variées, comme jamais depuis le début du monde, et qu'ils les décrivent et les situent chacune à leur place, nous vérifions que beaucoup de ces nouvelles terres se trouvent du côté du sud, à l'opposé du vieux continent, et que beaucoup d'autres se répartissent du côté de l'Occident. Finalement, dans presque toutes les mers, on trouve de nouvelles îles et terres fermes, qui ont une position contraire aux anciennes terres connues. De sorte que, derrière notre vieil hémisphère, un autre émerge des eaux.

Ainsi, face à cette expérience, l'opinion des anciens est vraiment condamnée. La proportion des eaux est si éloignée du décuple que l'on ne peut pas dire qu'elle soit au quintuple, ni au quadruple, ni affirmer une quelconque mesure des eaux qui recouvrent la terre. On ne peut plus dire que les terres émergent au nord et que les eaux sont rassemblées au sud, ni que les terres ont une forme sphérique avec de nombreuses petites imperfections, comme les anciens le croyaient. Et pour le prouver, il suffit d'observer la forme des terres et des mers mentionnées dans les descriptions et sur les cartes selon les informations maintenant recueillies sur place. Comme on y montre que les terres s'éparpillent dans l'autre hémisphère, la vérité apparaît très clairement et atteste que, dans l'hémisphère sud, on ne trouve pas cette grosse boursouflure liquide, et cette quantité excessive d'eau, telle que les anciens la situaient. Mais l'abondance relative des mers est strictement répartie dans les deux hémisphères, de manière à remplir les énormes creux et les immenses bas-fonds qui y sont restés depuis que la terre a été mêlée avec l'eau. Il s'ensuit donc que les terres par elles-mêmes ne sont pas sphériques, ni que les eaux ne le sont d'elles-mêmes, mais les terres et les eaux forment ensemble une seule sphère. Ainsi, les lieux où se trouvent la Mer Méditerranée, la Mer Caspienne et la Mer Noire sont des creux et des lacunes de la terre, qui y sont restés depuis que celle-ci a été mêlée avec l'eau. Ces creux ne sont pas assez amples pour modifier profondément la forme sphérique de la terre ; cependant, il y a aussi toutes les concavités où s'étend l'océan, entre l'Europe et les terres occidentales récemment découvertes, ou l'emplacement entre l'Afrique et les terres entrevues au sud, de même que tous les endroits de l'océan : toutes ces concavités et ces endroits sont situés entre terres et terres. Et tous ces lieux forment de si grandes ouvertures et des lacunes si démesurées qu'en aucune manière ils n'empêchent que la terre soit une sphère. La mer remplit toutes ces concavités, et ne fait rien de plus que de combler les trous qui apparaissent en tous lieux entre terres et terres. Il est donc clair que ces deux éléments ne forment pas deux corps sphériques séparés, mais qu'ensemble ils constituent une seule sphère, dont le centre est celui du monde.

Source : Obras completas de D. João de Castro, Academia internacional da cultura portuguesa, edição crítica por Armando Cortesao e Luís de Albuquerque, vol.I, Coimbra, 1968, pp.50-51.

Bibliographie : Bottineau, *Le Portugal... ;* Chaunu, *L'expansion européenne...*; Oliveira, *História de Portugal...*; Godinho, *Les Découvertes, révolution des mentalités...*; La Roncière, *Portulans...*; Marcel, *Recueil de Portulans...*; Randles, *De la terre plate...*

NOTE

1. Le *roteiro* est un journal de navigation.

LA REALITE ECONOMIQUE ET SOCIALE PORTUGAISE VUE PAR UN HUMANISTE DES PAYS-BAS LETTRE DE CLENARDO A LATOMO (Evora, 25 mars 1535)

Nicolau Clenardo (1494-1542), de son vrai nom Nicolas Cleynaerts, est un célèbre humaniste et pédagogue. Après des études à Louvain, il apprend l'arabe, sans maître et sans grammaire. Ordonné prêtre, il est attiré en Espagne par Ferdinand Colomb, le fils du découvreur. Il y séjourne longuement, à Salamanque, puis s'installe à Evora en 1533, où il est professeur de l'infant Henri, le futur cardinal-roi. En 1538, il rentre à Louvain. Il a exercé une très grande influence sur les intellectuels qui gravitaient autour de la cour d'Evora. De sa période portugaise, on conserve de très belles lettres.

... Je ne vous affirmerai pas qu'il n'y a pas de pays où toutes choses ne soient aussi chères ; je ne dirai même pas qu'un *thaler* du Rhin à Louvain vaut plus qu'un *ducat* d'or au Portugal. Arrêtons-nous ici, pour que vous considériez de plus près le but de mon voyage.

Si l'agriculture a été quelque part dépréciée, c'est incontestablement au Portugal. Et sachez avant tout que ce qui fait la richesse d'une nation se trouve ici dans un état d'extrême débilité. De plus, s'il y a un peuple adonné à la paresse sans être portugais, je ne sais pas où il se situerait. Je parle surtout de nous autres, qui habitons au-delà du Tage [à Evora] et qui respirons de plus près l'air de l'Afrique. Si beaucoup d'étrangers et de nos compatriotes n'exerçaient pas ici les arts mécaniques, je crois bien que nous n'aurions presque pas de cordonniers ou de barbiers.

Puisque vous avez par hasard mentionné les barbiers, vous jugerez mieux l'état de mes finances par leur intermédiaire. Ecoutez donc, non pas l'une de ces fables sur les loups-garous que l'on raconte chez le barbier, mais comment la péninsule ibérique me ruine avec les soins de ma barbe. Autrefois, on appréciait les philosophes par leur barbe : vous-même, face à l'allure de la mienne, pouvez judicieusement calculer à quel point le retour à la patrie me comblera de bonheur...

Mais avant tout, je crois qu'il faut établir le change de la monnaie, et vous compterez ensuite sur vos doigts ce que je retire de ma chère bourse. Un ducat de Castille vaut onze *réaux* : ce sont des monnaies d'argent, que Budeo aurait peut-être évaluées à quatre sesterces.

Or, à Salamanque, pour le soin de la barbe, il faut au moins donner, imaginez-vous ça !, un demi *réal*, alors que jadis je donnais à peine le huitième à mon barbier Pedro Belo, qui en plus arrangeait mes cheveux avec habileté et passait son rasoir sur la barbe avec grande légèreté. Ici, le rasoir me fait venir les larmes aux yeux, et résonne sur mes joues comme la musique d'un enterrement. Je ne suis donc pas étonné qu'il y ait plus de barbus dans la péninsule que dans les Flandres.

Mais poursuivons et calculons le coût d'un rasage. Un ducat portugais vaut quatre *testons* d'argent, comme ces monnaies que nous appelons *dormeurs*. Un teston vaut cinq vingtaines, chacune d'entre elles correspondant à peu près à deux *stuiver* de notre monnaie. On appelle ainsi les pièces de vingt, car elles valent vingt petites pièces de bronze : c'est à cette vingtième partie d'une *vingtaine* qu'ici on donne le nom de *réal*. Toutefois, en Castille, ce dernier terme désigne la onzième partie d'un ducat.

J'irai encore plus loin dans cette division, car tous ces détails peuvent avoir leur utilité, qui sait ? Le réal portugais vaut six *ceitil*, en somme, *ducat, teston, vingtaine, réal, ceitil.*

Mais enfin, diriez-vous, combien vous coûte alors le rasoir portugais ? – Imaginez-vous !... pas moins de trente réaux par semaine ! Vous conviendrez que c'est un peu fort !

Calculons à notre manière, et faisons le compte en arrondissant les chiffres, sans entrer dans les menus détails. En évaluant trente réaux à trois *stuiver,* j'en arrive à six *philippus* par an, ou en exagérant le résultat, sept *thalers* et demi du Rhin. Que dirait, mon Dieu !, mon oncle, le receveur de Diest, si je lui demandais une rente annuelle de quinze florins pour le soin de ma barbe – un montant qui dépasse le patrimoine de nombreuses personnes de bien ! Et malgré tout, c'est ainsi que je vis depuis près d'un an. Si je lui offre moins, l'homme au rasoir ne reviendra pas, et même si j'insiste auprès de lui (fait qui vous aidera à mieux connaître ces créatures).

Ici, il n'y a pas beaucoup d'artisans, et ils n'ont pas l'habitude de mettre en valeur leurs marchandises. Presque tous les achats exigent qu'on les supplie, avant qu'on ne les paye. Cette coutume est si bien enracinée que les choses perdent leur valeur aux yeux de tout le monde, à partir du moment où elles nous sont présentées. Personne ne désire un autre morceau de viande si ce n'est celui que l'on arrache, pour ainsi dire, des mains du boucher, après avoir attendu deux ou trois heures au marché, et de pied ferme.

Mais vous ne savez pas encore la fin du chapitre sur le rasage. Voulez-vous être rasé ? Envoyez d'abord un domestique pour demander les services de votre barbier. Vous pensez qu'il viendra tout de suite ? Il se fait attendre un bon moment, jusqu'à ce que finalement il arrive, – mais non avec ses indispensables plat et aiguière, comme viennent les nôtres. Il n'est pas convenable qu'un homme d'honneur porte lui-même le moindre objet. C'est votre valet, votre domestique en personne qui doit porter le plat et l'aiguière et les ramener ensuite. Sinon, vous en resterez là, sans être tondu, comme Apollon.

Au Portugal, nous sommes tous nobles, et c'est un grand déshonneur si l'on exerce une quelconque activité.

Pensez-vous par hasard qu'une mère de famille va acheter au marché du poisson ou des légumes ? Une femme n'a rien qui puisse servir à quoi que ce soit, en dehors de sa langue *et quo tuetur nuptiarum titulum.* Même si j'offrais le quart de ce que je gagne, je n'arriverais pas à trouver une femme pour prendre soin de ma maison et de mes biens, selon la coutume de notre pays.

Comment diable vivez-vous donc dans ce pays, demanderez-vous ?

— Les esclaves pullulent partout. Tous les services sont exécutés par des noirs et des captifs maures. Le Portugal est bondé de cette race de gens. Il me semble qu'à Lisbonne les esclaves sont plus nombreux que les portugais libres. On trouvera difficilement une maisons sans au moins une esclave. C'est elle qui va faire les achats au marché, lave le linge, balaie la maison, transporte l'eau, et s'occupe des ordures à l'heure indiquée : en un mot, c'est une esclave, qui ne se différencie pas d'une bête de charge, si ce n'est par sa figure. Les riches ont des esclaves des deux sexes et il y a des individus qui obtiennent de bons bénéfices en vendant les enfants des esclaves nés chez eux. Il m'arrive de penser qu'ils les élèvent comme celui qui élève des pigeons pour les vendre au marché. (Ils ne sont pas choqués, loin de là, par les coquineries des esclaves, ils estiment même qu'elles agissent ainsi, du fait que *le fruit obéit à la condition du ventre* : ni le prêtre voisin, ni je ne sais quel captif africain ne peuvent le réclamer...) (1).

Disons en passant que, comme autrefois à Thèbes, Vénus a son culte public dans toute l'Espagne, et surtout au Portugal, où je crois qu'il serait extraordinaire de voir un jeune homme engagé dans une liaison légitime.

C'est pour cela que ces coutumes m'ont beaucoup inquiété ces derniers temps, quand mon frère est venu dans ce royaume. En effet, je craignais qu'à son âge, si dangereux, il ne puisse me causer de sérieux ennuis, en fréquentant des garçons de sa condition. Mais heureusement pour moi, le Portugal ne lui a pas plu.

Je crois même qu'aucun d'entre nous, après avoir

connu les inconvénients de ce pays, n'hésiterait à en sortir rapidement, si on lui donnait tout à coup les moyens de revenir dans sa patrie — car les coutumes du Portugal diffèrent tant des nôtres sur toute la ligne ! Mais parmi ceux qui échouent ici, les uns, dégoûtés de leur patrie ou complètement ruinés, finiraient par aller jusqu'au bout du monde plutôt que de revenir au pays. Les autres n'ont même pas l'espoir du retour, ils s'accrochent donc à deux mains à tout ce que la fortune leur réserve. Ces derniers se laissent séduire par les coutumes portugaises, s'abandonnent au plaisir et à la débauche. Les premiers perdent leurs habitudes de bien-être familial et s'accoutument à supporter la misère et les incommodités de leur nouvelle existence. C'est exactement ce qui m'est arrivé.

Pour vous persuader que je réussis, comme il plaît à Dieu, à m'adapter aux us et coutumes de ces gens, je vais jeter un coup d'oeil sur les endroits que j'ai tour à tour parcourus.

A peine vous ai-je quitté, mon cher Látomo, que j'ai tout de suite éprouvé la douleur de devoir abandonner tous mes amis, et de me retrouver parmi des personnes qui m'étaient complètement étrangères.

Nous sommes restés deux jours à Paris, et bien que je fusse entre amis, je me suis toujours senti comme un étranger.

C'est avec plaisir que nous avons contemplé la vieille Aquitaine. Heureuse province de la France, celle qui nous conduit au tombeau de Saint Martin ! [Nous pourrions dire comme Saint Pierre : *Il est bon que nous soyons ici, faisons trois tentes,* etc.] (2) Mais notre guide commençait aussitôt à nous prédire des prophéties sinistres, et présageait qu'il arriverait un jour où non seulement la bonne table française nous manquerait, mais encore un simple verre. Ces malheurs étaient alors bien loin de notre esprit, mais bientôt, nous ne tarderions pas à les connaître par expérience.

En effet, à peine arrivés en Biscaye (la veille de la fête de Saint Martin), nous aurions jeûné si l'un de nous n'avait pas réussi à obtenir du pain, un autre du vin, celui-ci du poisson et celui-là des raisins secs. J'ai alors reconnu la vérité du proverbe qui dit : *En France, que tu le veuilles ou non, défais les cordons de ta bourse ; en Espagne, même si tu le veux, tu n'y parviendras pas*...

... Il me semble aujourd'hui que le train de vie que j'avais [*en Espagne*], quoique très différent du nôtre, faisait mon bonheur si je le compare à celui du Portugal. A Salamanque, il y a au moins de tout en abondance et on peut, si on le veut, vivre chez soi à la mode du Brabant : on trouve des valets, des bonnes, et il faut traiter ces créatures comme des personnes libres. Mais à peine ai-je mis le pied à Evora, j'ai pensé que j'étais entré dans une ville d'enfer : j'apercevais partout des noirs, une race qui me cause une telle aversion qu'elle seule suffirait à me faire fuir de cet endroit.

Si la Providence Divine ne m'avait pas donné pour ami le maître Jean Petit, docteur de l'Université de Paris, je ne sais pas si je serais resté au Portugal. C'est un homme très riche, qui est non seulement chanoine, mais de plus archidiacre de la cathédrale. Nous vivons tous les deux d'une manière si cordiale et si intime, que l'absence de l'un serait très pénible pour l'autre.

Il me semble qu'avec lui je me replonge dans le temps de nos humanités. J'habite juste en face de sa maison ; quand le dîner est servi, on m'appelle. Durant le repas, on lit un passage de l'Ancien Testament en hébreu, ou en grec quand il s'agit du Nouveau Testament. Nous échangeons alors quelques idées sur les interprétations douteuses et chacun profite du savoir de l'autre, car il connaît aussi ces deux langues. De plus, la maison abrite deux membres de sa famille, qui sont assez versés dans ces idiomes. En somme, toutes nos relations ont pour objet les lettres, ou encore la piété et la religion.

Jusqu'à maintenant, je n'ai pas eu affaire avec cette espèce de race d'esclaves. Je n'ai qu'un valet, un compatriote et un homme déjà mûr qui connaît parfaitement les soins du ménage. Je l'ai trouvé à Salamanque. Lui seul est à mon service et s'occupe de mes affaires, et comme je ne suis pas un maître très impertinent, son joug ne doit pas être trop lourd.

Si je voulais m'accommoder aux coutumes de ce pays, je commencerais par entretenir une mule et quatre laquais. Mais comment serait-ce possible ? — En jeûnant chez moi, alors que je brillerais au dehors comme un triomphateur et que j'aurais à boire cette potion amère : devoir plus d'argent que je ne pourrais en payer. Voilà ce que fait un courtisan accompli !

Ce fait me rappelle un certain individu, qui vous permettra d'imaginer les autres. Celui dont je vais faire le portrait avait une querelle avec un étranger, un français, me semble-t-il, qui était arrivé au Portugal sous D. Manuel en tant que membre de la maison de la reine D. Leonor. Le portugais le devançait par le faste extérieur, mais le français avait une meilleure table. Ce dernier avait pris connaissance des habitudes locales par un moyen quelconque ; poussé par la curiosité, il réussit habilement à consulter le livre où étaient inscrites les dépenses quotidiennes de l'autre. Ses yeux tombèrent aussitôt sur un passage assez comique, mais vraiment portugais. Il avait trouvé la dépense journalière suivante :

Eau : 4 ceitils
Pain : 2 réaux
Navets : 4,5 réaux

Et comme ces prodigalités se prolongeaient pendant toute la semaine, il s'est imaginé qu'au moins le dimanche serait un jour somptueux de bonne chère ; mais pour le dimanche (qu'a-t-il vu ?), il a simplement trouvé ceci :

> Aujourd'hui rien, car il n'y avait pas de navets au marché.

...

Source : d'après Gonçalves Cerejeira (Manuel), *O Humanismo em Portugal. Clenardo*, Coimbra, Coimbra Editora, 1926, pp.271-279.

Bibliographie : Saunders, *Social history of black slaves...*; Bataillon, *Erasme...*; Silva Dias, *Portugal e a Cultura...*; Mauro, *Le Portugal, le Brésil...*; Mauro, *Etudes économiques...*; Godinho, *L'économie...*; Silva, *Stratégie...*

NOTES

1. La phrase entre parenthèses a été rayée par la censure dans l'exemplaire de la Bibliothèque Universitaire de Coimbra.
2. Rayé par la censure. En latin dans le texte portugais. Citation de l'Evangile, tiré du récit de la Transfiguration (Mt 17,4).

L'INEGALE OBSERVANCE : LA VISITE DE DEUX MONASTERES DU « CUL DU MONDE » PAR L'ABBE DE CLAIRVAUX

Frère Claude de Bronseval, secrétaire de l'abbé de Clairvaux, accompagne celui-ci pendant la longue visite régulière des abbayes de la péninsule, faite sur ordre du chapitre général. Cet observateur sagace et sincère se montre très attaché à la qualité de l'observance ; or, celle-ci est en déclin, en particulier dans la prestigieuse abbaye d'Alcobaça, fondée par Clairvaux en 1153. Cette crise est d'autant plus grave qu'« on a pu écrire que jusqu'au milieu du XVe siècle, l'histoire de Cîteaux et celle du Portugal se confondent ». Il ne faut cependant pas noircir le tableau et, à côté de monastères relâchés, les monastères dignes de respect sont nombreux.

MONASTERE DE MONIALES D'ODIVELAS PRES DE LISBONNE

C'est un monastère très important situé dans une petite vallée, au milieu d'opulentes collines. Il fut abîmé par le tremblement de terre qui, d'une manière générale, ébranla prodigieusement tout le royaume il y a deux ans (1). En descendant dans la vallée, nous vîmes d'abord beaucoup de maisons formant comme la clôture de la basse-cour et où habitent les séculiers mariés.

Nous arrivâmes à la porte régulière du monastère. Quand elle fut ouverte, l'abbesse sexagénaire (2) se présenta accompagnée de soixante-dix moniales, de cinq novices et de quatorze soeurs converses se tenant en bon ordre, avec la croix et l'eau bénite, pour recevoir Monseigneur avec honneur en sa qualité de Père et de Supérieur immédiat à cause de la commende d'Alcobaça. Elles le firent très solennellement et dévotement, au chant parfaitement uniforme du répons *Audi Israël.*

L'abbesse s'approcha très près en pleurant. Etendant ses bras alourdis par la vieillesse, elle s'écria à haute voix en disant : « Béni soit celui qui vient au nom du Seigneur ! ». Et elle tint Monseigneur étroitement embrassé. Elle lui présenta ensuite l'eau bénite et lui donna la croix à baiser.

Nous fûmes conduits à travers le cloître dans le choeur inférieur de l'église. Quand le chant fut terminé, Monseigneur donna la bénédiction solennelle et se rendit au chapitre où il prononça une admirable allocution qui fut traduite par le prieur. La *Forma visitationis* fut lue. Monseigneur alla ensuite avec la vieille abbesse, la prieure et la sacristine, examiner les vases sacrés et les lieux réguliers. Après cela, ils assistèrent à tierce et à la messe que les religieuses célébrèrent très solennellement, en observant bien et avec simplicité le chant de l'ordre. Je fus heureux d'entendre un si parfait ensemble dans ce cul du monde. Et la moniale qui lut au chapitre la *Forma visitationis* le fit si bien qu'il était impossible de mieux lire, exprimer et accentuer.

On visita donc d'abord la très belle église, longue, pieuse et convenablement décorée. Le Saint Sacrement est très dévotement placé dans le mur septentrional. En sortant par la porte régulière, nous allâmes à notre logis dans le prieuré des moines où nos bagages avaient été portés et notre repas préparé.

Le prieuré fut institué par le roi D. Dinis, fondateur du monastère, qui décida qu'on y célébrerait six messes chaque jour. Il est proche du monastère, recueilli et assez bien disposé vers l'orient, clos comme un monastère.

MONASTERE DE MONIALES DE SAO BENTO SITUE PRES DES MURS DE LA VILLE D'EVORA, DEPENDANT D'ALCOBAÇA

Ce monastère est situé en vue de la ville d'Evora, sur le versant d'une colline fertile plantée de vignes et d'oliviers. Comme nous en approchions, je remarquai qu'il est petit et peu étendu, très ramassé sur lui-même comme un petit château. Tous les édifices constituent la clôture extérieure.

Quand Monseigneur entra, l'abbesse et la communauté parurent, à genoux, avec la croix, l'eau bénite et l'encens. Elles le reçurent apparemment avec la plus grande humilité et elles le conduisirent en procession au chapitre en chantant le *Te Deum laudamus*. Monseigneur fit le chapitre après le chant et prononça une belle allocution sur le thème : « *Venite ad nuptias* » (3). Il y eut beaucoup de pleurs pendant celle-ci. Je ne sais si c'était de joie ou de douleur.

Monseigneur se rendit à l'église après le chapitre pour inspecter les vases sacrés. Il n'y avait ni sacrement de l'autel, ni huile des infirmes. Ce n'était pas la coutume d'en avoir dans ce monastère. En sortant de l'église, nous entrâmes dans la sacristie proche de l'entrée de l'église. Elle était divisée en deux parties. Dans l'une, les ornements et les vêtements ecclésiastiques étaient étalés aussi convenablement que des tripes au marché. Il y en avait un inventaire. L'autre partie de la sacristie contiguë à l'église avait une cheminée. On y avait suspendu du lard et d'autres choses comestibles soigneusement emmagasinées.

Il n'y avait aucune vie commune dans ce monastère, mais au contraire la plus grande et la plus ordinaire, ou plutôt, la plus désordonnée propriété. Chacune recevait une part de grain, d'huile, etc. Toutes les moniales avaient leurs chambres particulières bien disposées autour du beau petit cloître. Ce monastère, à tort ou à raison, passait pour le plus mal famé de tous ceux du royaume, et c'est pourquoi le roi qui y tenait beaucoup y envoya Monseigneur en premier lieu.

Celui-ci retourna en ville après avoir entièrement visité tous les lieux. Il me laissa avec l'interprète Bernardo pour établir la liste des religieuses et examiner de l'intérieur la clôture du monastère. Ceci fait, nous revînmes en ville. L'abbesse envoya derrière nous deux ânes chargés d'avoine pour nos chevaux avec quelques poules et des oies.

17. — Le 17, Monseigneur alla au monastère. Il y célébra la messe et fit le chapitre à toutes les religieuses assemblées. Il proclama ensuite la sacristine et la destitua de sa charge pour certaines raisons. Il dit ensuite que la volonté du roi était de faire réformer ce monastère, d'y introduire la vie commune et d'y faire venir des religieuses réformées. Il ordonna ensuite aux moniales qui ne voudraient pas obéir de le dire maintenant. Si quelques-unes avaient des indults apostoliques, elles devaient les exhiber.

Il fit comparaître devant lui deux religieuses dont il avait appris qu'elles demeuraient en ville, l'une depuis dix ans, l'autre depuis une année. La première dit qu'elle voulait obéir en tout et elle rentra dans la communauté. La seconde déclara qu'elle ne voulait pas obéir ni observer la vie commune. Monseigneur lui répondit qu'il aviserait à ce sujet.

Il s'appliqua de nouveau à son enquête après le chapitre. Comme nous y étions très occupés, nous entendîmes une femme pousser un grand cri strident comme celui d'une personne qui expirait, accompagné des pleurs et des gémissements de celles qui l'entouraient. Monseigneur y alla avec Bernardo, me laissant dans le local où se faisait l'enquête. La moniale que nous interrogions s'était enfuie. Il apparut que l'abbesse feignait de mourir, alors qu'elle n'était cependant pas malade. Ce que voyant, Monseigneur connaissant bien la malice féminine se fâcha et tempêta merveilleusement. Il rendit la santé à la demi-morte par son tonnerre et il dispersa les autres moniales par ses coups de voix. Ainsi fut apaisée cette tempête fictive.

Monseigneur revint à son scrutin. Pendant celui de la matinée, nous apprîmes entre autres choses qu'on ne conservait pas dans ce monastère le sacrement de l'autel ni l'huile des infirmes depuis quarante ans. De plus, l'abbesse et les moniales ne s'étaient pas confessées depuis seize mois. Nous revînmes en ville.

Source : Bronseval (Frère Claude de), *Perigrinatio hispanica, 1531-1533,* Fondation Gulbenkian, Paris, PUF, t.I, pp.313-329.

Bibliographie : Delumeau, *Catholicisme...*; Dos Santos, *Les missions.*

NOTES

1. Tremblement de terre de 1531 qui détruisit le quart de Lisbonne.
2. Il s'agit de Dona Violante de Cabral, soeur de Pedro Alvares de Cabral, le découvreur du Brésil.
3. Evangile de Saint Matthieu, ch. 23, v. 4 : parabole du festin nuptial.

LE MODELE DE L'EVEQUE TRIDENTIN, D. BARTHELEMY DES MARTYRS, ARCHEVEQUE DE BRAGA

Saint Barthélémy des Martyrs (1514-1590) est la figure dominante de l'Eglise portugaise au XVIe siècle. Ce dominicain, qui fut archevêque de Braga de 1559 à 1580, joua un rôle très actif au concile de Trente dans la réforme disciplinaire. Moins célèbre que son ami saint Charles Borromée, saint Barthélémy des Martyrs n'en est pas moins également un modèle de l'évêque tridentin. Dans cette biographie, qui se veut l'antithèse de la vie mondaine de certains prélats du XVIIe siècle, le janséniste Le Maistre de Sacy (1613-1684) s'inspire surtout du petit abrégé composé par le célèbre dominicain Louis de Grenade (1504-1588) sur les vertus de l'ami qu'il avait contraint à accepter le siège primatial de Braga.

L'Archevêque continuant son voyage, arriva sur les terres de Portugal, en février l'année 1564. Il avoit alors prés de cinquante ans. Car, ayant fait profession à prés de seize ans, et ayant esté fait Evesque à quarante-cinq ans, en 1558, il avoit esté depuis deux ans et demy à son Diocese et autant à Trente.

Aussi tost qu'on fceut à Brague son retour, toute la ville fut dans une réjouyssance extraordinaire. Mais l'Archevesque estant averty des grands préparatifs qu'on faisoit pour le recevoir, les voulut prévenir, et estant entré dans la ville la nuit de devant un Dimanche de Caresme, sans que personne le fceust, il parut le lendemain tout d'un coup dans son Eglise Cathedrale, et monta en chaire pour parler à son peuple, qui fut surpris et ravi tout ensemble de le voir si tost…

Le Saint Prelat se voyant en état de reprendre ses fonctions Episcopales, eut soin de se faire informer en particulier de son Vicaire General et de ses principaux Officiers, de tout ce qui s'estoit passé en son Diocese durant son absence. Il considera avec eux comment ses Ordonnances avoient esté observées ; ce qui s'estoit passé dans les visites quel soin on avoit eu des pauvres ; et s'il y avoit quelques desordres, qui eussent besoin d'un plus prompt remede.

Ayant donc considere devant Dieu ce qu'il devoit faire d'abord selon les Ordonnances du Concile, il crut qu'il devoit commencer par l'établissement d'un Seminaire. Cette resolution estant prise, il fit assembler son Chapitre et tout son Clergé. Il leur representa l'obligation qu'ils avoient de prévenir toutes les Eglises du Royaume dans l'execution des Ordonnances du Concile : que l'une des plus importantes estoit celle, par laquelle il avoit esté arresté qu'on fonderoit des Seminaires, où l'on instruiroit des enfans dès leur bas âge : afin qu'ayant esté élevez dans l'innocence de leur Baptesmes, et dans une doctrine sainte, ils pûssent estre capables de servir l'Eglise.

Comme il s'agissoit de donner de l'argent, peu de personnes goûterent cette proposition de l'Archevesque… Les Chanoines de l'Eglise Cathedrale se plaignoient plus fortement que tous les autres, disant qu'outre les Contributions qu'ils devoient faire du revenu de leurs prébendes qui consistoit en fruits, on vouloit encore les obliger à payer en argent contant une partie des distributions journalières qu'ils recevoient… Il y eut en six mois du logement pour soixante pensionnaires ; et l'Archevesque qui s'estoit employé avec tant d'ardeur à faire bâtir ce Collège ; n'eut pas moins de soin de s'en servir utilement à prés qu'il eut esté bâty. Il choisit entre tous les enfants de son Diocese, ceux qui paroissoient d'un naturel plus propre à estre formez dans la pieté. Il prit des personnes pour les conduites, dont la charité estoit accompagnée d'une grande prudence ; et il leur ordonna de veiller encore plus sur leurs moeurs que sur leurs études, parce que la pieté sans la science est tres utile, et suffit pour faire de vrais Chrestiens, au lieu que la science sans la pieté nuit souvent beaucoup…

Il y a dans l'Archevêché de Brague quantité d'Eglises au milieu des montagnes et rochers. Mais surtout, la situation de celles, qui sont dans les terres qu'on nomme Baroso, est si sauvage, et tellement inaccessible à cause des grands précipices et des hautes montagnes qui sont couvertes de neige la plus grande partie de l'année, qu'il semble que ce soit plûtost une retraite de bestes farouches qu'une demeure d'hommes raisonnables. Mais ce pays tout affreux qu'il est, ne laisse pas d'estre peuplé, et il s'y voit des Eglises en grand nombre.

Le Saint Archevesque, ayant resolu de visiter en personne tout son Diocese, crut devoir commencer par ce canton, où sa visite paroissoit d'autant plus necessaire, qu'elle devoit estre plus laborieuse. Il jugea bien que des peuples si barbares seroient dans les tenebres de la plus profonde ignorance, et qu'il y auroit un grand nombre de malades parmy eux, qui auroient un besoin extrême de la presence de leur medecin.

Cette resolution de l'Archevesque ayant esté sceüe, elle fut improuvée de tous ses amis et ils firent tout leur possible pour l'en détourner...

Le bruit de la venüe de l'Archevesque s'estant répandu dans ces Montagnes, les remplit d'une réjoüissance generale. Tous ces peuples accouroient en foule dans les chemins pour le recevoir, en dansant à la mode du pays. On voyoit quantité de gens masquez, qui portoient de petits garçons habillez en filles, et qui faisoient mille tours et retours en sautant avec des sonnettes, et en chantant des chansons impertinentes, dans lesquelles ils entremêloient des motets et des refrains, qui découvroient l'horrible ignorance où ils estoient des veritez de Foy. L'un de ces refrains estoit : Benie soit la Sainte Trinité, soeur de Nostre Dame. On peut connoistre par celuy-cy quels estoient les autres. C'estoit-là la plus grande feste que ces pauvres gens pouvoient faire à l'Archevesque, et ils prétendoient se montrer vrais Chrestiens, en recevant avec cette musique qu'ils croyoient sainte, un Prélat qu'ils reveroient comme un Saint...

Il visita toutes les églises de ce Canton, l'une après l'autre. L'abandon et la pauvreté qu'il y trouva n'estoit pas moindre que l'ignorance et la rusticité des peuples. Plusieurs estoient sans portes et sans vitres. Il y en avoit quelques unes où la Messe ne s'estoit point dite depuis plus de trois mois, parce qu'il ne se trouvoit point de Curez qui pûssent se résoudre à y demeurer. Et si quelques uns y demeuroient, c'estoit parce qu'ils estoient si ignorans, qu'ils ne trouvoient point ailleurs où se retirer. La pluspart de ces églises estoient si depourvues d'ornemens, qu'on ne pouvoit y celebrer le Saint Sacrifice, sans une notable irreverence. Les Calices estoient presque tous de plomb. C'est pourquoi, il en fit fondre la plus grande partie, et en fit venir d'argent, qu'il donna à toutes ces pauvres Eglises. Il s'asseyoit fort souvent sur les rochers au milieu de ses Brebis, comme un veritable Pasteur. Il instruisoit ces Esprits sauvages et incultes avec une extrême patience et il leur communiquoit peu à peu la lumière des veritez de la foy avec une tendresse et une douceur qui ne se laissoit jamais...

En 1567, la stérilité ayant desja esté grande dans les années précédentes, la famine commença à travailler le royaume de Portugal. La ville de Brague se remplissoit tous les jours de pauvres. Car les gens de la campagne qui avoient accoutumé de gagner assez par leur travail pour se nourrir eux-mesmes, et pour faire subsister leurs femmes et leurs enfans, ne le pouvoient plus faire comme auparavant... Ainsi, un grand nombre de personnes se trouva réduit à l'extrémité et presque au désespoir. Car ils estoient contraints de vendre peu à peu ce qui leur estoit le plus nécessaire et leurs bestiaux mêmes d'où ils tiroient d'ordinaire leur subsistance, et après cela de demander leur vie, quelque peine et quelque honte qu'ils en eussent... Et afin de trouver plus de moyen de les secourir, il fit suspendre le payement de l'argent qu'il donnoit tous les jours de son propre revenu, pour la fabrique du College de la Compagnie de Jésus et de son couvent de Viane, disant qu'il estoit raisonnable d'interrompre ces édifices et d'assister premierement les pauvres, qui sont les temples vivants de Jésus-Christ, puis que le revenu de l'Eglise leur appartenoit plus qu'à l'Archevesque...

Quelques années après, la famine s'augmenta beaucoup. Car il y eut une très grande stérilité de toutes sortes de fruits dans les terres de delà le Duero. Le bled estoit hors de prix. Le boisseau de millet se vendoit jusqu'à quatre ducats. Plusieurs après avoir vendu tout ce qu'ils avoient, et avoir abandonné leurs propres maisons pour chercher leur vie, moururent de faim et de misère dans les chemins... Le nombre des pauvres qui vinrent à Brague fut si grand que les rues et les places publiques en estoient pleines. Il se trouvoit quelquefois à la porte du palais de l'Archevêché jusqu'à trois mille personnes. On sonnoit tous les jours une cloche à l'heure du dîner de l'Archevesque ; et sur la fin, tous les pauvres qui s'estoient assemblez au son de cette cloche entroient dans le Palais. On les instruisoit d'abord d'une manière fort familière, afin qu'ils aprissent à connoistre Dieu, et à le bénir dans leur pauvreté. Ensuite, on les faisoit tous passer par une porte, où le Père Jean de Leyra distribuoit de l'argent à chacun d'eux, selon leurs necessitez differentes, et selon le nombre des enfans de chaque famille, dont il avoit soin de s'informer. Delà, ils passoient à une seconde porte, où un Ecclésiastique leur distribuoit du pain avec la mesme discretion. Et ils alloient enfin à une troisième, où un autre officier leur donnoit de la viande et du potage...

Il auroit esté impossible à l'Archevesque de soutenir une si prodigieuse dépense, si sa sagesse et sa prévoyance n'eussent secondé sa charité, s'estant rendu en cela un excellent imitateur du Patriarche Joseph. Car voyant la stérilité de l'année 1574, il jugea bien qu'elle seroit ensuite la nécessité des pauvres. C'est pourquoy il se hâta de faire acheter en diverses Provinces du Royaume le plus de bled qu'il pût, dont il se servit après, lorsque la cherté et la misere du peuple estoit excessive. Et après avoir dépensé tout son revenu, il emprunta encore beaucoup, tâchant de remedier à la nécessité presente, et laissant à Dieu le soin de l'avenir.

Source : Le Maistre de Sacy (Isaac-Louis) et Du Fossé (Thomas), *La vie de Dom Barthelemy des Martyrs religieux de l'ordre de S. Dominique, archevesque de Brague en Portugal, tirée de son Histoire écrite en Espagnol et en Portugais par cinq auteurs, dont le premier est le Pere Louis de Grenade*, Paris, Pierre Le Petit, 1664, pp.295-360.

Bibliographie : Delumeau, *Le catholicisme entre Luther et Voltaire ; Dicionário de história da Igreja...*; Oliveira, *História Eclesiástica* ; Silva Dias, *Correntes de sentimento* ; Dos Santos, *Les missions...*

L'INQUISITION DANS LE DIOCESE DE BRAGA (1565)

En 1496, sous la pression de son épouse, fille des Rois Catholiques, D. Manuel contraint les juifs du Portugal à la conversion. En 1536, D João III introduit l'Inquisition au Portugal ; mais, comme en Espagne, cette dernière ne se limite pas à la surveillance et à la persécution des Cristaos–

novos, *comme le montre la diversité des instructions qui suivent.*

45 – Dénonciateur : le P. Antonio Alvares. Dénoncé : le chanoine João da Fonseca. Délit : propos contre le Concile.

Le 7e jour du mois de février de l'an 1565, en la ville de Braga, dans l'édifice où siège le Saint-Office de l'Inquisition, devant l'Inquisiteur Isodoro Pero Alvarez de Paredes a comparu Antonio Alvares, abbé de Saint-Pierre d'Ajuda et sous-chantre de la cathédrale, se disant âgé de 52 ans. Après avoir prêté serment sur les Saints Evangiles, il promit de dire la vérité et fit la déclaration suivante : en septembre ou en août dernier, avant que parvint en cette ville l'approbation du concile de Trente, alors que le déposant se trouvait dans le déambulatoire, il entendit dire au chanoine João de Fonseca en conversation avec d'autres chanoines dont il a oublié les noms, que le bruit courait que le Saint Père n'approuvait pas le Concile, que le Concile était condamné. Et tout cela, en riant, réjoui à l'idée que Sa Sainteté ne voulait pas donner son approbation. C'est tout ce qu'il sait, et le déclare pour dégager sa conscience. Et le dit João da Fonseca répéta les propos ci-dessus par deux ou trois fois devant son entourage. Et il n'ajouta rien de plus. Il déclara n'avoir aucun lien avec l'accusé. Et il signa ainsi que l'Inquisiteur. Il lui fut ordonné de garder le secret, ce qu'il promit. Rédigé par Manuel Cordeiro.

Isidoro Pedralvarez Antonio Alvares

46 – Dénonciateur : P. Manuel de Cunha. Dénoncé : Manuel de Sea. Délit : propos sur l'Inquisition.

Le 8e jour du mois de février de l'an 1565, en la ville de Braga, dans l'édifice où réside le Saint-Office, devant l'Inquisiteur Isidoro Pero Alvares de Paredes, a comparu Manuel da Cunha, se disant âgé de 44 ans. Et par ce serment prêté sur les Saints Evangiles, il promit de dire la vérité et fit la déclaration suivante : après qu'un certain Manuel de Sea, nouveau chrétien, orfèvre habitant la ville de Guimarães, revint du Saint-Office de Lisbonne, où il avait été, dit-on, réconcilié, et alors qu'il se trouvait dans cette ville, devant la porte de Baltasar Luis, doreur, demeurant en cette cité, rue du Souto, lui, déposant, entendit déclarer au dit Manuel de Sea que son frère Gaspar de Sea, habitant de cette ville, était un grand juif et qu'il avait été la cause de son emprisonnement. Et, qu'à l'Inquisition, par la question que les autres et lui subirent, on leur fit dire davantage que ce qu'ils avaient fait. Alors, le déposant, l'admonesta, en présence du dit Baltasar Luis. Et il ne sait pas ce que le dit Manuel de Sea répondit. Et il ne dit rien de plus. Et il vient déposer pour décharger sa conscience. Et il signa ainsi que l'Inquisiteur, et il déclara n'avoir aucun lien avec l'accusé. Et il lui fut ordonné de garder le secret et il le promit. En outre, il déclara qu'il avait entendu dire à une fille de Pero Fernandes le Caniço, qui fut brûlé par l'Inquisition, du nom d'Isabel, qui est une femme de 16 ou 17 ans, ou davantage, que son père avait été brûlé à tort parce que c'était un homme de grand bien. Et le déposant l'adjurant de ne pas tenir ces propos, la jeune Isabel réaffirma ce qu'elle avait dit sur son père. Et elle ne dit rien de plus. Et cela se passa dans cette ville, aussitôt après que son père eut été brûlé, parce que sa mère Branca de Oliveira n'était pas encore revenue au pays. Et il signa. Ecrit par Manuel Cordeiro.

Isidoro Pedralvares Manuel da Cunha

115 – Dénonciateur : Guiomar Garcia. Dénoncée : Ana do Frade. Délit : sorcellerie.

Le 4e jour du mois d'avril de l'an 1565, en la ville de Viana de Foz de Lima [Viana do Castelo], dans l'édifice où réside le Saint Office de l'Inquisition, devant l'inquisiteur Isidoro Pero Alvares de Paredes, a comparu Guiomar Garcia, fille de Bartolomeu Garcia, habitant cette ville, rue du Pilori, se disant âgée de 18 ans. Et par serment prêté sur les Saints Evangiles, elle jura de dire la vérité et fit la déclaration suivante : il devait y avoir deux ans, plus ou moins, dans la maison d'une de ses tantes appelée Guiomar Fernandes, femme de Pedro de Porto, où la déposante habite, vint les rejoindre une sorcière dont elle ne connaît pas le nom (dans la marge : Ana do Frade) et dont elle a simplement entendu dire qu'elle a un fils, à ce qu'on dit prieur de Palme, et qu'aujourd'hui elle est emprisonnée dans la cité de Braga. Dans cette ville, elle soigna pour ensorcellement un certain Antonio Estevez. Et étant toutes deux en tête-à-tête, la dite magicienne et elle, la magicienne lui dit que puisqu'on l'avait appelée pour l'ensorcellement de son beau-frère Fernão Barbosa, aujourd'hui décédé, on devrait bien la payer, parce que les démons, comme elle les appelait, l'avaient fort malmenée et qu'elle avait dû rester quelques jours alitée. Et elle lui dit cela une seule fois, toutes deux se trouvant seules comme elle l'a dit. Et cette magicienne disait que son beau-frère était ensorcelé et qu'elle le désensorcèlerait comme, en effet, elle soigna son beau-frère, mais il décéda de la maladie dont il souffrait. Et elle repartit le jour même de son arrivée. Et il lui semble qu'elle dit, pour qu'on la paye bien, que les démons l'avaient fort malmenée. Sa tante dit également que la dite magicienne lui avait demandé trois testons, en lui disant que c'était pour acheter trois boucs et les offrir au diable. Et qu'elle les avait donnés...

153 – Dénonciateur : Diogo Afonso. Dénoncé : lui-même. Délit : conversation avec des luthériens anglais.

Confession : Le 1er jour du mois de mai de l'an 1565, à Vila de Conde dans l'édifice du Saint Office de l'Inquisition, en présence de l'Inquisiteur Isidoro Pero Alvares, a comparu devant lui Diogo Afonso, marin, vieux chrétien marié, habitant la ville d'Azurara, soit-disant âgé d'environ 45 ans. Et par serment prêté sur les Saints Evangiles, il promit de dire la vérité et déclara qu'il doit y avoir environ dix huit ans qu'il partit de Lisbonne pour Londres dans une caravelle, avec huit hommes à bord ; son capitaine s'appelait Gonçalo Figueira, habitant cette ville, lequel aujourd'hui est à Lisbonne, et il y avait aussi Diogo Diaz et Afonso Fernandez qui étaient du pays... et Afonso de Bayona et d'autres marins, tous défunts, sauf Gonçalo Figueira. Alors qu'ils étaient à Londres, des Anglais luthériens vinrent leur parler ; ils lançaient des imprécations contre notre pape parce qu'il absout pour de l'argent, car il ne fallait pas absoudre pour de l'argent, mais pour imposer pénitence. Et les paroles des Anglais plurent au déclarant. Alors il répéta qu'il lui paraissait plus juste d'absoudre moyennant pénitence que moyennant argent. Ses compagnons étaient présents lorsque les Anglais avaient tenu les propos ci-dessus. Et il ne se rappelle pas ce qu'ils avaient répondu. Et cependant, dans la caravelle, il disait à ses compagnons : « quand ces gens disent cela, il semble qu'ils ont raison, car la pénitence vaut mieux que l'argent ». Telle est la vérité sous serment. Après, il n'a jamais séjourné en Angleterre, il y est seulement passé sur la route des Flandres. Il n'a jamais parlé ensuite à aucun Anglais ou personne de cette secte. Et il demande pardon et miséricorde. Il signa ainsi que l'inquisiteur. Il lui fut ordonné de garder le secret et il le promit. Ecrit par Manuel

Cordeiro. Il va de soi pour ses compagnons que la lumière a été faite.

Isidoro Pedralvarez D. + A.

154 – Dénonciateur : P. le P. João Gonçalves Burgado. Dénoncé : Antonio Gonçalves. Délit : Bigamie.

Le 3e jour du mois de mai de l'an 1565, à Vila de Conde, dans l'édifice du Saint Office de l'Inquisition, en présence de l'inquisiteur I. Pedro Alvares de Paredes, a comparu Joao Gonçalves Burgado, prêtre, habitant la ville d'Azurara. Et par serment prêté sur les Saints Evangiles, il promit de dire la vérité, et étant prié de rapporter ce qu'il savait sur le mariage d'Antonio Gonçalves avec Catarina Annes, il dit qu'il ne se souvenait pas d'avoir assisté à ce mariage et, qu'à cette époque lui semble-t-il, il se trouvait à Maia. Et toutefois, si le souvenir lui revient, il le dira. Il n'ajouta rien d'autre. Et il déclara n'avoir aucun lien avec les parties. Et il constata que le dit Antonio Gonçalves et Catarina Annes vivaient maritalement sous le même toit. Et il signa. Ecrit par Manuel Cordeiro. Il a déclaré que le dit Antonio Gonçalves est absent aujourd'hui.

I. Pedralvares J.G.

Source : Cartório dominicano Português, século XVI, fasc. 4. Livro da visitação que se fez na Cydade de Braga e seu Arcebispado (1565), Porto, 1974, pp.24-79.

Bibliographie : Azevedo, *História dos Cristãos Novos...*; Saraiva, *Inquisiçãos e Cristãos Novos...*; Saraiva, *A Inquisição Portuguesa* ; Coelho, *Inquisição...*; Bethencourt, *O Imaginário...*; Mendoza e Moreira, *História dos principais actos...*

LES VICISSITUDES MONETAIRES

A la fin du XVe siècle et au XVIe siècle, les Portugais drainent l'or soudanais par la forteresse guinéenne de Saint-Georges de la Mine. Malgré cette position privilégiée, le Portugal connaît des difficultés monétaires comparables à celles que l'Espagne affrontera sous Philippe IV, difficultés dont font état le célèbre chroniqueur lisboète Pero Roiz Soares et Jean Nicot, ce maître des requêtes, non diplomate de carrière, qui avait été envoyé à Lisbonne en 1559 pour faire aboutir le projet de mariage franco-portugais entre le jeune Sébastien et Marguerite de Valois.

MEMORIAL DE PERO ROIZ SOARES, ANNEE 1568

... La raison pour laquelle, on fit saisir et réduire la valeur de cette monnaie fut qu'elle venait secrètement d'Angleterre en très grande quantité, dans des barils de farine et dans des pipes de clous et dans maints autres endroits où on la pouvait cacher. Et on en faisait et battait tellement en Angleterre jusque dans les rues les plus fréquentées, qu'elles couvraient ainsi de cuivre le Portugal, emportant tout notre or et notre argent et si promptement causaient la perte de notre Royaume que, alors qu'il y avait profusion de pièces de mille reis en or et de 500 reis, croix et portugaises en argent, toute cette bonne monnaie disparut du Royaume et ce fut miracle que de voir une des dites pièces. Ainsi, le Portugal courait à la ruine totale. Mais, passé le premier choc de la Pragmatique Sanction, tous revinrent de leur erreur comprenant qu'on avait été bien avisé de réduire la valeur de cette monnaie de cuivre pour qu'elle ne vienne plus de l'étranger, ce qui ne manqua pas de se produire parce que le prix fixé pour cette monnaie était celui du minerai de cuivre non travaillé. Aussitôt, le Roi fit également procéder à une enquête sur ceux qui en avaient fait venir d'Angleterre et, avant le début de l'enquête les coupables quittèrent le Royaume, de sorte que la première justice faite depuis que le Roi accéda au trône fut celle de la fonte et que la première et la meilleure Pragmatique Sanction fut la saisie et la réduction de valeur du cuivre, deux actes aussi bons que prudents : l'un de châtiment exemplaire des malfaiteurs, l'autre législatif pour mettre fin au vol monstrueux et à l'appauvrissement que pour le Portugal représentait cette pièce de cuivre.

Source : Roiz Soares (Pero), *Memorial,* revisão de Lopes de Almeida, dans *Actas Universitatis Conimbrigensis,* 1953, p.17.

LETTRE DE JEAN NICOT, AMBASSADEUR DE FRANCE, A L'EVEQUE DE LIMOGES

25 Septembre 1560

Monsieur, le frère du sieur Diego de Valdès, Castillan, que bien congnoissez, se chargea dernièrement d'un pacquet que je vous envoyay, et me promit le vous mettre entre les mains ; ne says s'il l'a faict.

On m'a admené ung esclave de Caboverde tel que le demandez, hormis quant a l'aage, car il n'est que de dix ans : et pour ce qu'il est enflé pour les maulvais traitement de la mer comme me dict le marchant, et, comme aultres a qui je lay faict visiter me disent, pour ce qu'il mange de la terre, je l'ay faict mettre entre les mains d'une femme qui faict mestier de curer esclaves nouveaux venuz, pour le traicter et guerir de ceste enflure ; et n'eust esté cet accident je le vous eusse a present envoyé avec commodite qui estoit bonne ; mais, sitost qu'il sera guéry chercheray moyen pour le vous envoyer, me faisant entendre ou la cour sera ce moys prochain.

Celui qui me l'a vendu est un prebstre bénéficié en ce pais là, auquel un mien amy en avoyt escript, et m'a asseuré qu'il n'est mal conditionne en chose du monde ; et m'a dist qu'il a opinion qu'il soit fils de quelque bonne maison, sy bien morigéné il est sur la réputation.

Monsieur, je vous advise que je suis en grande peyne pour le retardement de ma pension ordinaire avant este ja deux foys renvoyée à la fin de la demy-année, dont la première est advenu que Giralamo Vigaro, banquier qui estoyt demeurant à Paris, après l'avoir receue, le lendemain feist banqueroute et emporta mil huit cent vingt-cinq livres. Je ne scay si apres les payemens recepvrons quelque améliorations. Je suis en ung païs la ou l'argent et le plus malaisé à trouver quil est possible de croire, et aurois bien besoing que lesdits paiemens ne me feussent ainsi retardés. Je vous prie en escripre ung mot, s'il vous vient a propos, à Monsieur de l'Aubespine, pour en dire quelque parole à Monseigneur le cardinal de Lorraine en ma faveur – Le seigneur Don Anthonio, fils bastard du feu infant Don Loys s'est retiré de ceste court depuis peu de jours en ça pour les grandes sommes de deniers quil doit ça et là pour retrancher son train, et saulver argent pour s'acquitter. L'excès de ces gens dicy est si grand en nombre de criades superflus, que l'escuyer veut tenir train de duc et le duc de roy : ce qui leur fait ordonner du nez en terre à toutes heures.

Aultres nouvelles n'avons par deça, qui sera pour faire fin. Priant Dieu, Monsieur, vous donner en tres parfaite santé, vie longue : me recommandant hûmblement a vostre bonne grace.

De Lisbonne, ce XXVe septembre MDLX.

Vostre humble serviteur et parfaitement amy.

J. NICOT.

Au dos : A Monsieur, Monsieur de Lymoges, conseiller du Roy très chrestien, maistre des requestes.

Source : Nicot (Jean), *Correspondance diplomatique* (éd. par E. Falgairolle), Paris, Challamel, 1897, pp.16–17.

Bibliographie : Silva, *Stratégie des affaires.*

LA DECADENCE MORALE VUE DANS LE MIROIR INDIEN

Ami de Camoes, Diego do Couto (Lisbonne, 1542 – Goa, 1616) a longuement servi comme soldat en Inde. Après l'avènement de Philippe II, il organisa les archives de Goa et commença à écrire sur les succès des Portugais aux Indes. Son célèbre Soldado Prático *est un document historique de première valeur où il analyse les causes de la décadence portugaise en Asie, sous la forme d'un dialogue entre un vieux soldat des Indes qui vient présenter une pétition, un gentilhomme gouverneur des Indes, et un secrétaire du roi. Très indépendant vis-à-vis des puissants, D. do Couto se livre à des critiques mordantes, qui peuvent même atteindre l'invective, critiques de l'administration et des coutumes des Portugais en Orient.*

Le gentilhomme – Peut-être l'eussé-je fait parce que, malheureusement, l'on imite plus vite le mal que le bien !

Le soldat – Je m'apprêtais à le dire, car le premier vice-roi qui s'aventura au Nord n'alla point chercher des bijoux mais des boulets qu'il trouva à Dahbol quand il l'anéantit, et dans la superbe flotte de l'émir Hussein qu'il détruisit à Diu, vengeant ainsi la mort de son fils. Il éleva et ennoblit tellement le nom de Portugais qu'il commença de fait à agrandir largement cet Etat. Lopo Vaz de Sampaio alla au Nord, mais pour rechercher la flotte de l'agha Mahmoud Begara et lui livrer bataille comme il le fit, l'anéantissant complètement. Armé de pied en cap, l'épée ensanglantée jusqu'à la garde, il enrichit le Trésor royal, non pas par des impôts levés sur les vassaux, mais par l'abondant butin qu'il prit aux ennemis.

Nuno da Cunha alla trois fois au Nord, mais pour s'emparer de Bassein, construire une forteresse à Diu et réduire l'Etat de Cambaye. D. Garcia de Noronha fit le même voyage mais pour restaurer Diu et poursuivre la flotte turque qui s'enfuit, n'osant point l'affronter. Le vice-roi D. Joao de Castro alla deux fois au Nord, mais pour sauver Diu assiégée, réduire l'Etat de Cambaye et même se présenter dans la plaine de Bharoch, devant son puissant roi, et lui offrir le combat que ce dernier n'osa accepter ; sur le chemin du retour, il ruina la côte de l'Idaleam et rasa la fameuse cité de Dhabol.

Et il est d'autres entreprises comme celles-ci où beaucoup s'aventurèrent pour y gagner leur salut. Les soldats, enflammés de noble fureur et de vaillance portugaise, faisaient des prouesses dignes de mémoire éternelle ; aussi recevaient-ils honneurs et bienfaits des vice-rois qui pour eux se saignaient aux quatre veines. Ainsi, en ce temps-là, vous ne les trouviez pas à la porte et sous le porche des couvents mangeant des restes de la nourriture des moines, comme je l'ai vu plus tard, et s'il n'y en a plus aujourd'hui, c'est que, déçus par les temps nouveaux et la cupidité des gouverneurs, ils choisirent d'autres carrières : les uns vers la Chine et le Japon, les autres vers le Bengale et Melinde.

Et plus de quatre soldats en activité se sont déjà tellement faits aux moeurs du pays qu'ils ne veulent pas embarquer sans que leurs capitaines leur remplissent les poches d'argent, et je trouve qu'ils ont raison. En effet, puisque les grâces qui leur étaient distribuées sont données aux serviteurs des vice-rois et qu'ils ne reçoivent leur solde qu'au moment de s'embarquer, ils cherchent une autre voie. Eux aussi ont besoin de manger et les gentilshommes qui les nourrissaient sont morts aujourd'hui, et tout finit de male façon, chaque jour la chose va en empirant, car on n'aspire plus qu'à voler et à vendanger cette vigne tous les trois ans. Mais un autre viendra, qui, au lieu de l'entretenir, la détruira davantage. Le pire est qu'on en fait si peu de cas, que j'ai entendu dire à un vice-roi connaissant la situation, qu'il voyait bien que l'Inde dépérissait, qu'elle ne saurait durer longtemps, et que si, où qu'il se trouvât, on lui apprenait que tout était consommé, il le comprendrait.

Le secrétaire – Ainsi, donc, du train où vont les choses, Dieu seul peut y remédier, car le roi ne peut faire autre chose que de chercher des gentilshommes illustres et expérimentés, lui paraissant les plus aptes à son service, pour en faire des vice-rois. S'ils sont indignes et commettent des méfaits et qu'au lieu d'enrichir le roi et de soulager le peuple, ils l'appauvrissent et le chargent d'impôts et qu'au lieu d'élever le nom de l'Etat, ils le discréditent, à qui donc pourra-t-il se fier ? Sur terre, il n'y a point d'anges et il ne peut confier cet office à ceux du Ciel.

Le soldat – Ce ne sont pas les remèdes qui manquent et je n'en veux rien dire à présent et ne saurais en parler qu'au roi, et il lui en coûtera quelque somme, car même si je dis tout le reste gratuitement, je lui vendrai la recette un bon prix.

Le secrétaire – Je gage qu'elle vous sera payée à votre gré, car la chose est d'importance, mais je vous ai entendu dire que les inspecteurs des Finances qui vont également au Nord y font aussi torts et offenses au Roi, je serais bien aise de savoir comment et en quoi, car la plupart des vice-rois écrivent le contraire au roi.

Le soldat – Je n'ai vu chose plus contraire à son service et vous le prouverai sur-le-champ, si vous n'êtes pas déjà, Messieurs, las de m'entendre.

Le secrétaire – Ma foi, Monsieur le soldat, il n'en est rien ; vous me faites plutôt revivre en m'éclairant sur ces affaires et vous me permettrez d'en donner meilleur compte au Conseil, aussi ne vous écartez pas de votre propos.

Source : Couto (Diogo do), *O soldato prático,* Lisboa, Livraria Sá da Costa editora, 1937, pp.78-80 (première édition : *Soldado prático. Observaçoes sóbre as principas causas da decadencia dos Portugueses no Asiá,* Lisboa, 1790).

Bibliographie : Boxer, *The Portuguese seaborne Empire...*, Chandeigne, *Lisbonne hors les murs...*

UN DESASTRE NATIONAL : L'EXPEDITION MAROCAINE DE D. SEBASTIEN ET LA BATAILLE DE KSAR-EL-KEBIR (1578)

Petit-fils de Jean III et fils posthume de l'héritier du trône, Sébastien (1554-1578), roi de Portugal à trois ans, fut élevé par les Jésuites de façon austère, sous la tutelle de sa grand-mère D. Catarina et du cardinal-infant Henri. Obnubilé par les mythes de chevalerie et par l'idéal de la croisade, le jeune « moine-soldat » rêva de renouer avec la politique africaine de son ancêtre Alphonse V, par la conquête totale du Maroc à partir des « fronteiras », les présides portugais comme Ceuta ou Arzila. Contre l'avis de son oncle, Philippe II, il intervint dans le conflit de succession entre Moulay Mohamed et l'oncle de ce dernier, Mouay-al-Malik. L'expédition, mal engagée, tourna au désastre national : écrasement de l'armée portugaise, disparition de Sébastien (d'où l'apparition de faux Sébastien et l'essor du fameux « Sébastianisme »), une noblesse portugaise décimée et ruinée par les rançons, et surtout la perte de l'indépendance nationale. Le récit de la bataille et de ses antécédents est d'autant plus intéressant qu'il suit de peu l'événement et qu'il est le fait d'un auteur anonyme espagnol.

Or, est-il vray qu'estant le roy Don Sebastien de son naturel estrangement adonné aux armes, et de son inclination ne prenant plaisir qu'à l'exercice de la guerre... il est aussi aisé à croire, qu'il souhaitoit que l'occasion se luy offrit tant petite fust-elle de passer en Afrique : prenant et fondant sa présente sur le désir qu'il avoit d'estendre et haulser la saincte foy Catholique. Qui fut la mesme cause qui le meut les années précédentes de passer à Tanger, ayant en deliberation de subjuguer la Barbarie, quoique ce voyage fust sans grand profit. Loin que les moyens luy ayans defaillis, par le refus que Muley Mahamet avoit fait par deux fois d'accepter le secours qu'il luy offroit contre son oncle : à present qu'il se veid sollicité par les lettres de ce Roy More, cela fut suffisant...

... Il y eut une entrevue de luy (Sébastien) et du Roy Catholique à Guadeloupe l'année passée de 1577, où le Roy catholique, comme Prince vrayement Chrestien se mit en tout devoir de le destourner de telle entreprise : ou le faisant, que ce fust à bonnes enseignes, se pourvoyant de tout ce qui seroit necessaire avant que commencer. Mais le Portugais estant resolu en sa deliberation et determiné de suyvre sa fantaisie en tout, sans s'arrester à l'advis de personne, s'en retourna en son païs : où le Roy Catholique envoya ses Ambassadeurs pour cet effect, luy proposant plusieurs autres moiens pleins de grand zele et d'amour, desquels sa majesté Catholique instruisoit son neveu pour l'oster de cette sienne deliberation. Car le Roy Espagnol n'ignoroit pas quelles estoyent les forces et pouvoir des roys de Barbarie, et la grande valeur et dextérité du Roy Abdelmelec, qui commandoit sur tous ces royaumes : et le grand appareil qu'il faisoit faire pour cette conqueste : comme encor il scavoit le peu de provisions qu'avoit le Roy Sebastien pour fournir à ses desseins. Luy donc commençant à s'apprester de tout ce qui estoit necessaire, en premier lieu, il commanda faire la plus grande levée d'hommes que faire ce peut en ses terres, envoyant en Alemaigne souldoyer cinq mille Tudesques et Lansquenets... Et avec ce, il feit assuster grand nombre d'artillerie et faire provision et d'armes et de munitions, et de vivres : et voulut que pour porter cecy, on arrestast tous les vaisseaux estans és ports et havres de son royaume, afin que tous se servissent en ceste guerre. Les soldats qu'il leva en son païs furent en grand nombre, mais mal en point, et sans experience aux armes, veu que c'estoient laboureurs et gens de peu d'effect. Et quant aux cinq mille Alemans, dès qu'ils furent arrivez à Lisbonne, on vit que c'estoient nouveaux soldats et sans adresse : joint qu'ils furent là assailis de maladie, de sorte qu'il y en mourut plus de deux mille... Outre ce, le Roy Portugais fit crier à son de trompe par toutes ses terres et seigneuries, que tout hidalgo, gentilhomme et seigneur qui refuseroit d'aller en ceste guerre, perdroit ses rentes et cens et tous les privileges et franchises qui par les roys leurs avoient esté accordées. En somme, ayant pris garde à tout ce qui seroit mestier à ceste armée, et ayant assemblé une belle flotte de navires et galiotes, il fist embarquer son artillerie, ses vivres et munitions, les chevaux et autre tel carriage necessaire ; afin que venant le jour de la feste bien heureuse de sainct Jean Baptiste, destinée pour son partement, il n'y eust aucun destourbier (1), qui peust empescher l'embarquement de sa gendarmerie et l'effect de son pretendu voiage...

(Muley Abdelemec) fist planter ses tentes en campagne, et à une lieue de Maroc, publiant par tous ses royaumes la guerre à feu et à sang contre les Chrestiens : chose grandement souhaitée par les Mores en general : et fist aprester nombre tres grand d'artillerie et pieces de campagne, et vivres et munitions, et multitude infinie de chevaux et chameaux pour porter tout ce qui estoit necessaire à l'armée...

Le lundy quatriesme d'aoust de l'an de nostre salut 1578, la bataille commença entre ces deux Roys à douze heures du jour : et sur le poinct que les deux armées estoient si pres l'une de l'autre, les Mores furent les premiers qui jouerent du canon. Mais ils n'eurent pas tiré trois coups, que les Chrestiens leurs repondirent : et tout aussitost l'arquebuserie de tous les deux costez feit plouvoir les bales menu comme gresle, avec une si grande fureur et horreur et epouventement, qu'il sembloit au vray que la terre deust s'abismer pour les temblemens causez par le son hideux des canonnades...

Au début de la bataille, les Chrétiens semblent l'emporter.

... En ce mesme poinct de temps, que les hommes d'armes Chrestiens eurent deffaicts les Mores de l'avant-garde, le reste de l'armée du Roy Sebastien ne pousuivit sa victoire, n'y ayant aucun qui les commandast, ou qui mit les gens en ordonnance. Et ainsi, ces hommes d'armes furent contrains se retirer d'où ils estoient sortis : et ce fut lors que les Mores voyant que ces chevaliers seuls avoient fait ce deluge de leurs gens, et qu'aucun ne les suivoit pour les supporter, leurs mirent mille argolets (2) en teste, et plusieurs autres soldats, les bastans et tuans et les chassans, jusqu'à les faire passer par le mitan de l'infanterie, non sans grand desordre et confusion d'entre les Chrestiens... Ce fut lors que toute la masse du camp Mahometan, vint des monts avant se ruer avec la plus grande furie qu'on sçauroit imaginer et que jamais homme ouyt dire : et en ce rencontre fut occis le Duc d'Avero et autres plusieurs vaillans et hardis gentils–hommes. Le cheval du Roy Sebastien fut occis d'une arquebusade, sans que le Roy eust mal quelconque : et qui plus est, les Mahometans gaignerent l'artillerie des Chrestiens, qui ne leur avoit servi de guerre et neanmoins ce fut une grande perte pour eux et desplaisir extreme pour le Roy de Portugal...

... Les nostres estans ainsi environnez de tous costez, sans poudre ny aucune munition pour combatre, la poudre leur defaillant pour avoir esté bruslee durant la bataille par la faute mesme des soldats : que s'il y en avoit qui tirassent, c'étoit plustost contre leurs compagnons et avec intention de s'emparer des chariots : et la multitude si grande des fugitifs causant ceste cruauté, fuyans l'ennemy avec une haste si grande, que les uns tombant sur les autres, et accablez par la cavalerie, c'estoit pitié que de voir la multitude suffoquée. D'autre part, l'ennemy qui desiroit se rassasier en l'effusion du sang Chrestien, souvent jettant ses coups sans adviser où, blessoit et tuoient les siens mesmes...

... Cependant le Roy de Portugal non pourtant laissoit d'endommager l'ennemy, ores d'un costé tantost d'un autre, n'ayant que sept ou huit hommes d'armes de Tanger auprès de luy qui jamais ne l'abondonnerent : car les Hidalgos et Cavalers Portugais estoient si las et avilis, que plusieurs laissans leurs montures, se mettoient à l'abry et ombre des charretes pour s'y refraichir, jusqu'à tant que voyans tout estre perdu, ils se resolurent de quitter le Roy en la bataille : et s'enfuyr à l'aventure, et essayer s'ils pourroient eschapper. Et ainsi, les uns à pied et les autres à cheval, prindrent la route d'Arzila par où ils estoient venus : mais les Mores leur donnerent si furieusement dessus, et sur tout la cavalerie qui n'avoit encor combatu, qu'ils en feirent un piteux carnage. Et ce neanmoins le Roy Don Sebastien combattoit sans cesse avec les siens, ne voulant souffrir ce deshonneur que d'abandonner ses soldats, et se sauver en fuyant : et faisoit tel meurtre, et chaplis des Mores que plusieurs d'entre eux disoient que c'estoit un foudre et feu celeste, nul l'osant regarder. Et en fin s'assemblerent environ soixante d'entre eux resolus de l'occir : aussi furent ils l'enclorre de tous costez... Luy coururent ces Barbares sus de toutes parts, l'assaillans et bleçans en plusieurs endroits de son corps. Et l'aians pris, couperent les las de son armet, luy donnant deux coups sur la teste, et autant en la face : de sorte qu'il tomba de son cheval, et mourut en la mesme place assés pres du lieu où fut donnée la bataille. Les Mores ne cessoient de poursuivre les Chrestiens qui fuyoient avec grande diligence jusqu'à la nuit close : tout estant vaincu, rompu et fait esclave, et ne restant rien des gens du Roy Don Sebastien que les morts...

De ceste punition et coup de fouet, envoyé de Dieu nostre Seigneur par sa permission sur nous à cause de noz pechez, ne fut que quelques uns n'echapassent des mains brutales de ces barbares et infideles, mais le nombre ne scauroit estre que deux cens et plustost moins que davantage. Desquels les soixante estoient de cheval, et le reste de pied : l'un desquels fut l'infant Don Antoine de Portugal, qui ayant esté fait captif fut delivré par un More qui le conduit à Tanger. Or le nombre des Chrestiens morts en ce rencontre fut de douze mille et plustost plus que moins : veu que le soir mesme du combat où fut la bataille, estoit si plein de corps de morts qu'il sembloit que pas un des gens du Roy Sebastien fust eschappé en vie, mais que tout avoit passé au fil de l'espée, tant le champ estoit semé et jonché d'hommes morts, de chevaux, mulets, asnes, boeufs et autres bestes de somme. Entre les gens de marque qui moururent en ce conflit, furent le Roy Don Sebastien que Dieu ait en sa gloire, le Duc d'Avero, les evesques de Coimbre et de Port, le Commissaire general là envoyé par la saincteté du Pape, le Marquis d'Irlande, Christophle de Tavora et son frère Alvero Perez de Tavora, et plusieurs autres chevaliers et gentils-hommes que je laisse pour éviter prolixité... Le corps du Roy Don Sebastien fut trouvé aupres presque du tas et monceau des autres Chrestiens occis. Il fut recogneu par deux de ses serviteurs captifs...

Le nombre des captifs pris par les Mores en ceste bataille, tant d'hommes que de femmes, d'enfans, de gojats (3), et de negres esclaves, fut si grand, qu'il montoit à plus de quatorze mille hommes : lesquels le mardy, qui estoy le lendemain du rencontre, furent receuz, departis et dispersez par les provinces de Barbarie. Car comme les Mores estoient venus à ceste guerre de toutes parts, chacun de ceux qui retournerent en leurs maisons emmena aussi sa prise...

Quoy que l'intention principale du Roy Don Sebastien fust d'esployer les forces naturelles et l'effort de tous ses sujets en une oeuvre tant meritoire, qui est l'advancement de nostre sainte foy Catholique entre les infideles et ennemis du nom Crestien, si est-ce qu'encor il feit ce voiage pour favoriser le Xerif, ainsi que manifestement il declara, lors que d'un coeur tres genereux et vivacité admirable comme tres bon Roy, il se baigna en son sang propre pour la defense du nom Chrestien. Et par ainsi est-il à croire que le Roy souverain guerdoneur, voire le guerdon mesme, des gens de bien, luy donnera la glorieuse et tres heureuse couronne de gloire, avec laquelle sa divine majesté couronne justement et d'ordinaire ceux qui combatent legitimement. Ainsi soit-il.

NOTES

1. Destourbier : trouble, dérangement.
2. Argoulet : archet à cheval.
3. Goujat : valet d'armée.

Source : Histoire veritable des dernieres guerres advenues en Barbarie : et du succéz pitoyable du Roy de Portugal dernier, Don Sebastien (que Dieu absolve) qui mourut en bataille le quatriesme aouest 1578, traduitte de l'Espagnol en François, Paris, N. Chesneau, 1579, pp. 36-88.

Bibliographie : Bourdon, *Histoire du Portugal...;* Oliveira et Cruz, *Historia...;* Ricard, *Etude sur l'histoire des Portugais...*

LES CORTES DE TOMAR (1582) ET L'UNION PERSONNELLE

Après le décès du cardinal Henri en janvier 1580, l'incertitude règne sur le devenir du Portugal. Le peuple, dans sa majorité, semble pencher en faveur d'un souverain national, le prieur de Crato. Mais, Philippe II dispose de nombreux arguments : sa légitimité, sa renommée de bon administrateur, ses arguments monétaires qui lui gagnent rapidement une noblesse et un clergé impécunieux, enfin sa force. Il dit lui-même qu'il possède son bon droit, et la meilleure raison du succès qui est encore l'armée « qu'il a sous le pied ». Effectivement, dans l'été 1580, l'armée du duc d'Albe bouscule à Alcantara la troupe improvisée du prieur de Crato et entre facilement dans Lisbonne. Installé à Lisbonne de 1581 à 1583, Philippe II est solennellement reconnu par les cortès de Tomar roi de Portugal sous le nom de Philippe I et jure de respecter les foros *portugais. Les garanties de l'autonomie portugaise sont réelles. L'union personnelle n'implique donc nullement une quelconque annexion du Portugal et de son empire par l'Espagne.*

Patentes des Grâces, Mercis et Privilèges que le Roi D. Philippe... dispensera à ces Royaumes.

Moi, D. Philippe, par la grâce de Dieu, Roi du Portugal et des Algarves d'en deça et d'au-delà des mers en Afrique... je fais savoir que, dans les Cortès que j'ai mandé de tenir en la ville de Tomar le 20 avril de l'an 1581 où assistèrent les représentants des trois Etats de ces Royaumes, ceux-ci me demandèrent de bien vouloir leur accorder les mercis, grâces et privilèges contenus dans les Chapitres qu'en mon nom proposèrent aux dits trois Etats D. Pedro Girão, duc d'Osuna, comte de Vinha ainsi que D. Cristovão de Moura, mon grand chambellan, conseiller d'état, Intendant des finances, lequel à cette époque résidait à Lisbonne en qualité d'ambassadeur... Les dits chapitres étaient alors lettre morte. Et par le sentiment, la vive bienveillance et l'affection toute particulière que je porte à mes Royaumes et à mes vassaux, entendant poursuivre en cela l'action des Rois qui m'ont précédé, il m'a plu de leur accorder les dits grâces, mercis et privilèges...

Mémorial des grâces et mercis que le Roi, mon seigneur accordera à ces royaumes lorsqu'il aura reçu serment d'allégeance. Il inclut celles qu'avait accordées le Sérénissime Roi D. Manuel, en l'an 1499, ainsi que d'autres de grande importance pour le bien général et particulier.

CHAPITRE I

Premièrement, que Sa Majesté prêtera le serment solennel d'observer tous les foros, usages et coutumes, privilèges et libertés accordées à ces Royaumes par leurs Rois.

CHAPITRE II

Que lorsqu'il faudra réunir des Cortès touchant ces Royaumes, ce sera au Portugal et que dans toutes celles qui se tiendront ailleurs, l'on ne pourra proposer ni arrêter aucune affaire touchant ces Royaumes.

CHAPITRE III

Que si l'on doit nommer dans ces Royaumes un Vice-Roi ou bien une seule personne ou plusieurs qui sous tout autre titre devront gouverner, ce sera des Portugais. Qu'il en ira de même si l'on doit envoyer un *Visitador* ou un Conseil de Magistrats. Ainsi (en ce qui concerne l'autorité des dits Royaumes et parce que Sa Majesté entend leur faire une plus grande faveur), Lui et ses successeurs pourront mander pour Vice-Roi ou Gouverneur une personne royale, que ce soit son fils, son frère, son oncle ou son neveu.

CHAPITRE IV

Idem que toutes les charges supérieures ou inférieures, tant de justice que de finances et de l'administration des places seront pourvues par des Portugais et non par des étrangers.

CHAPITRE V

Que dans ces Royaumes soient toujours maintenus les offices existant du vivant des Rois, tant de la Maison du Roi que du Royaume et qu'ils soient occupés par des Portugais qui exerceront les mêmes offices lorsque Sa Majesté et ses Successeurs viendront dans ces Royaumes.

CHAPITRE VI

Qu'il en ira de même pour toutes les charges existant aujourd'hui, grandes ou petites, de quelque qualité qu'elle soit, tant sur la mer que sur terre. Et qu'elles devront être au service de ces Royaumes et leurs Seigneuries, où l'on en créera de nouvelles. Et que les garnisons tenant leurs forteresses seront formées de soldats portugais.

CHAPITRE VII

Que les comptoirs des Indes et de Guinée et autres places appartenant à ces Royaumes tant découverts qu'à découvrir ne leur seront pas retirés et qu'il n'y aura aucune altération de l'usage actuel. Que les officiers se trouvant dans les dits comptoirs et leurs navires seront portugais et qu'ils navigueront sur des bâtiments portugais.

CHAPITRE VIII

Que l'or et l'argent dont on battra monnaie de ces Royaumes et de leurs Seigneuries (à savoir tout ce qui entrera dans nos Royaumes et Seigneuries) seront frappés aux armes du Portugal, sans aucun mélange.

CHAPITRE IX

Que tous les palais, abbayes, bénéfices et pensions seront donnés à des Portugais. Il en ira de même pour la charge de Grand Inquisiteur, pour les commanderies et leurs bénéfices et pour les offices des Ordres militaires et du prieuré de Crato. Et enfin, pour tous les offices ecclésiastiques, seront appliquées les mêmes dispositions que dans le domaine séculier.

CHAPITRE X

Qu'il n'y aura sur les biens des Eglises de ces Royaumes, ni tierce, ni subside, ni *escusado* (1). Et, à leur endroit, il ne sera impétré aucune bulle.

CHAPITRE XI

Qu'il ne sera donné cité, ville, village, juridiction, ni droits royaux à quiconque n'est pas portugais. Et que lorsque des biens de la Couronne seront vacants, ni Sa Majesté, ni ses successeurs ne s'en saisiront, mais ils les donneront à la famille de celui qui les détenait ou à d'autres personnes de mérite, à condition qu'ils soient portugais, encore que sur ce point on n'exclura pas les Castillans et les étrangers vivant dans ces Royaumes, dont ils auront servi les Rois.

CHAPITRE XII

Qu'aucune innovation ne sera apportée en ce qui concerne les Ordres militaires.

CHAPITRE XIII

Que les gentilshommes recevront leurs pensions dès l'âge de douze ans. Et que Sa Majesté et ses Successeurs prendront chaque année 200 serviteurs portugais qui recevront aussi une pension. Ceux n'ayant pas de lettres de noblesse serviront dans la Marine royale.

CHAPITRE XIV

Quand Sa Majesté et ses successeurs viendront dans ces Royaumes, ils n'useront pas du droit de logement en usage en Castille, mais ils suivront l'usage du Portugal.

Idem lorsque Sa Majesté ou ses successeurs seront hors du Portugal, en quelque lieu que ce soit, ils emmeneront toujours un ecclésiastique et un intendant des finances, un secrétaire, un grand chancelier et deux conseillers du palais, qui formeront le Conseil du Portugal afin que, par eux et avec eux, soient expédiées toutes les affaires de ce Royaume. Résideront aussi à la Cour deux officiers du Trésor et deux de la Chambre pour ce qui incombera à leurs offices. Et toutes les écritures seront tenues en langue portugaise et par les dits sujets portugais. Lorsque Sa Majesté ou ses descendants viendront au Portugal, ils seront accompagnés par ce même Conseil et ses officiers, qui s'adjoindront aux gens du même office qu'il doit y avoir pour administrer le Royaume.

CHAPITRE XVI

Que tous les *corregidores* et autres magistrats, leurs équivalents et leurs inférieurs, soient pourvus dans les Audiences de Sa Majesté, dans ce Royaume, selon les dispositions actuelles. Et il en ira de même pour les charges d'inspecteurs, de contrôleurs du Trésor et autres de même qualité appartenant au service des Finances.

CHAPITRE XVII

Que toutes les causes et les effets concernant la Justice et les Finances de quelque importance que ce soit, se décideront en définitive et seront exécutées dans ces Royaumes, tel que cela se pratique aujourd'hui.

CHAPITRE XVIII

Que Sa Majesté et ses successeurs auront une chapelle tout comme en ont eu les Rois de ces Royaumes, situés à Lisbonne, afin que les offices divins y soient quotidiennement célébrés, selon l'usage : elle ne sera faite nulle part ailleurs dans le Royaume, même si le Roi, ou en son absence le Vice-Roi, le désire.

CHAPITRE XIX

Que Sa Majesté admettra les Portugais aux offices de sa Maison, selon l'usage de Bourgogne, au même titre que les Castillans et autres vassaux de toutes nations.

CHAPITRE XX

Que la Reine, son Epouse aura ordinairement à son service des suivantes de haute noblesse et des dames auxquelles elle donnera protection et grâces, et qu'elle mariera dans leur pays ou en Castille.

Que pour le bien du peuple et de tous sans exception dans ces Royaumes et afin de développer le commerce et les bonnes relations avec les Castillans, Sa Majesté daignera faire ouvrir les postes-frontières des deux côtés, afin que les marchandises passent librement, comme il était d'usage avant l'imposition des droits qui les frappent aujourd'hui.

CHAPITRE XXII

Qu'il ordonnera de même d'accorder toute facilité à

l'entrée du blé castillan pour l'approvisionnement de ces Royaumes.

CHAPITRE XXIII

Qu'il fera don de 300 000 cruzades aux fins suivantes : 120 000 cruzades pour racheter les captifs seront mis à la disposition de la Miséricorde de Lisbonne, la moitié sera employée à délivrer des gentilshommes pauvres et des gens du commun, tous Portugais ; 150 000 cruzades pour instituer et augmenter des dépôts dans les lieux que le corps municipal jugera nécessaires, les 30 000 restants pour parfaire la somme, remédieront au mal qui actuellement sévit et seront distribués par ordre de l'Archevêque et du Corps municipal de Lisbonne.

CHAPITRE XXIV

Que pour l'approvisionnement de la flotte des Indes et des autres qui servent à défendre le Royaume, châtier les corsaires et maintenir les frontières en Afrique, Sa Majesté disposera au mieux des intérêts du royaume, même s'il faut recourir à l'aide d'Etats et à une bien plus forte contribution du Trésor royal.

CHAPITRE XXV

Que pour répondre à l'affection que les sujets de ces Royaumes portent à leurs Princes, le Roi mon Seigneur aimerait bien pouvoir leur promettre d'y résider régulièrement ; mais, comme le gouvernement des autres Royaumes et Etats que Dieu lui a confiés l'empêche de réaliser son voeu, il se propose toutefois de passer dans ces Royaumes le plus de temps possible et, si aucun événement ne s'y oppose, il laissera ici le Prince, mon Seigneur, afin que, élevé parmi les Portugais, il les connaisse, les estime et les aime, comme le fait Sa Majesté.

Fait à Almeirim, le 20 mars 1580

NOTE

1. En Espagne, les *tercias reales* correspondent à environ le tiers des dîmes, qui revient à la Couronne. Le *subsidio*, perçu sur le clergé, et l'*escusado* (la plus forte dîme dans chaque paroisse) constituent avec la bulle de Croisade ce que l'on appelle les Trois Grâces apostoliques, concessions du Saint-Siège à la Couronne.

Source : Anais do Município de Tomar, t.VII (1454-1580), Tomar, Edição da Câmara Municipal de Tomar, 1971, pp.412-417.

Bibliographie : Oliveira Marques, *Histoire du Portugal...*; Serrão, *História de Portugal,* vol.IV...; Gaillard, *Portugal sous Philippe III...*; Azevedo, *A evolução...*; Pires, *D. Sebastião...*

D'UN PRETENDANT A L'AUTRE : LES ENTREPRISES DU PRIEUR DE CRATO ET DES FAUX SEBASTIEN

Brutalement écarté de la succession en 1580, après sa défaite devant le duc d'Albe à Alcantara, l'infant Antoine, prieur de Crato, qui est un bâtard et un petit-fils de D. Manuel, ne renonce pas pour autant. Après son échec à Terceira, une des Açores en 1583 et l'insuccès du débarquement anglais de 1589 à Cascais, auquel il participe, il échafaude un plan de reconquête du Portugal à partir du nord, projet qui ne pourrait réussir qu'avec l'appui d'Henri IV, d'Elizabeth Ière et des Provinces-Unies.

Après la mort du prieur à Paris en 1595, le sébastianisme, qui avait déjà suscité des prétendants en 1584, 1585 et 1594, connaît un regain de vitalité autour du mythe du Desejado *(le désiré), de l'*Encoberto *(le caché). Le quatrième faux Sébastien, le plus intéressant, est l'aventurier calabrais Marco Tulio Catizone, qui ne présente aucune ressemblance avec le jeune « moine-guerrier » et ne sait pas un mot de Portugais ! Il apparaît à Venise, ville cosmopolite, où les nouveaux-chrétiens portugais sont particulièrement nombreux. Ce retour suscite l'intense activité diplomatique des chancelleries, qui voient là un moyen de s'opposer à l'Espagne.*

PROJET DU PRIEUR DE CRATO POUR ENVAHIR LE PORTUGAL (1592)

Sommaire du discours envoié par le Roi de Portugal à M. du Plessis pour estre communiqué au Roi (Henri IV)

Que le Roi estant froidement assisté par la pluspart, mesme de sa Religion, et lui manquant l'argent, qui seul les retient à son service, il semble que raisonnablement il ne peut esperer de venir jamais à bout de cette facheuse guerre, par les moiens que jusques à present il y a tenus : Et pour ce seroit à propos qu'il changeast de procedure, et à l'exemple de plusieurs grands capitaines, tant anciens que modernes, allast attaquer l'Espagnol autheur de touttes ses penes, en sa Maison propre.

La troisieme voie seroit d'aller descendre droit en Portugal dont l'estat est tel qu'il s'ensuit. Qu'il y a une Province, nommée Entreduero et Minho, joignant la Galice d'un costé et la Province de Beyza de l'autre, battue de l'Océan vers le Ponent longue de dixhuit lieues, large de douze montueuse, mais très fertile, coupée de plusieurs grandes rivieres, et partant aisée à garder, riche biens de la terre, et en traffic y aiant six bons havres ; pleine d'un peuple plus guerrier qu'aucun autre, ennemi juré du Castillan, et tres affectionné au contraire à sa personne ; Qu'elle seule entretiendroit aisément dix mil hommes de pied, et mil chevaux, dont elle mesme fourniroit quatre mil bons harquebusiers, et quatre ou cinq cens chevaux ; Que la Province de Beyza, séparée de la susdite par le Duero est aussi tres fertile et bien affectionnée, aiant pour ville capitale l'Université de Conimbre, forte d'assiette et bien riche. Qu'on y pourroit lever et entretenir trois mil hommes de pied et huit cens chevaux, et outre cela paier six mil estrangers ; Que la Province d'outre les monts, qui lui est extremement affectionnée est tres riche et pourroit faire jusques à trois mil soldats et six cens chevaux... Qu'on pourroit aussi à peu de travail prendre Bayonna, proche de la Province d'Entreduero et Minho, lieu propre pour recevoir touttes les armées qu'on y voudroit mener, et d'autre part incommoder grandement le Roi Philippe...

Qu'il (le Roi de Portugal) supplie donc S.M. de l'assister de son authorité, credit et conseil, pour ladite levée de six mil hommes, vers la Roine d'Angleterre et Messieurs des Etats des Païs bas, à ce qu'ils lui fournissent chacun deux mil, et deux cents chevaux, paiés et embarqués avec munitions et vivres pour quatre mois, interposant aussi son authorité pour lui faire trouver les autres deux mil en son Royaume ; Que moiennant ce, outre le grand profit que recevra toute la Chrestienté de l'affoiblissement de l'Espagnol, infallible par le succés de cette entreprise, il s'oblige de rembourser les advances, dans le terme de deux ans, avec honorable reconnaissance à tous ceux qui y auront fait leur devoir.

Source : dans *Mémoires de Messire Philippes de Mornay, seigneur du Plessis...* A la Forest, Jean Bureau, 1625, t.II, 188-191.

APPARITION DE SEBASTIEN A VENISE (1598)

A la cour de Sa Sainteté à Ferrare, dans l'entourage des cardinaux et des personnes dignes de foi, on affirme que le roi D. Sébastien est arrivé à Venise en habits de captif, qu'il a été fort bien reçu par les Illustrissimes de Venise et de la Seigneurie, qui l'ont hébergé avec prévenance dans les palais et l'ont servi avec tous les honneurs.

Les lettres en provenance de Castille ajoutent, d'après l'agent de Sa Majesté auprès de la cour de Rome qui, en ce moment, se trouve à Ferrare, que, parmi les grands seigneurs de cette cour on dit en public que le roi D. Sébastien est arrivé à Venise, et qu'après l'avoir dûment reconnu comme tel, on l'a servi et logé ; les lettres des négociants à leurs correspondants disent la même chose.

Cependant, avoir toujours vingt ans à notre époque était tellement extraordinaire, difficile à croire et surprenant, alors que D.Sébastien s'était perdu dans l'expédition d'Afrique, comme on peut voir plus haut, que d'aucuns se gaussaient au sujet des avis oiseux, en disant que cela pouvait bien être une ruse de guerre ; d'autres disaient que, en conformité aux promesses jurées par le roi D.Afonso Henriques, il pouvait être assurément le vrai Sébastien. Ainsi, la plus grande confusion régnait et on ne parlait que de cela...

En ce qui concerne les nouvelles de ce roi D. Sébastien, prisonnier à Venise, au bout de deux ans et demi arriva à cette ville (Lisbonne) le rapport d'un certain João de Castro qui s'y trouvait, rapport dans lequel on trouvait ceci : on disait qu'il était sorti de la prison dans laquelle les Vénitiens l'avaient detenu durant ce temps-là. Le roi D. Sébastien fut détenu à Venise deux ans, sept mois, deux jours (moi, je dis six jours) et trois heures ; il fut interrogé vingt sept fois ; il fut tiré de prison le vendredi des « Ave Maria », le quinze septembre 1600, à la demande de Diego Manoell, ambassadeur de France et de Sébastien Figeroa, ambassadeur des Etats de Hollande et de Zélande, et du seigneur D. Cristovão, ambassadeur de Sa Sainteté, qu'accompagnaient Manoell de Brito et Pantalião Pesoa de Neiva, Francisco Antonio et d'autres portugais.

Le Révérend père, docteur en théologie, frère Estevão de Sampayo fut le principal artisan de son élargissement parce qu'il arriva à l'époque de la peste à Lixa, et qu'il montra en public des signes corporels et des gestes du roi D.

Sébastien, lesquels, comparés à l'original, s'étant révélés être identiques, on le conduisit à une prison moins rigoureuse.

Source : Roiz Soares (Pero), *Memorial,* revisão de Lopes de Almeida, dans *Actas Universitatis Conimbrigensis,* 1953, pp.364-366.

Bibliographie : Bourdon, *Histoire du Portugal...,* Oliveira Marques, *Histoire du Portugal...,* Serrão, *Histoire du Portugal...,* Serrão, *O Reinado de D.António,* Cantel, *Prophétisme et messianisme.* Azevedo, *A evolução.* Pires, *D. Sebastião...*

TABLEAU DU PORTUGAL ET DE SA DIVISION EN PROVINCES

*La division en six provinces s'est imposée au Portugal, du Moyen Age aux grandes réformes administratives de 1834-1836. Ces six provinces, qui ont d'ailleurs été rétablies de 1936 à 1959 sous forme abâtardie par l'*Estado Novo, *correspondaient en gros à des régions naturelles.*

XI. Tout le Royaume eft diuifé en fix régions ou prouinces, generalement abondantes en hommes plus qu'en toute autre chofe, quoy qu'elles produifent tout à foizon. Le monde y eft modefte & poly, les efprits fubtils & genereux, & qui reuffiffent également à l'eftude des Lettres & à l'exercice des armes. Mais ce qui a toufiours fait la plus haute gloire des Portugais, c'eft l'amour qu'ils ont pour la Religion & pour leur Prince : ce qui fait qu'ils hazardent volontiers leur vie pour l'exaltation de l'vne, & la conferuation de l'autre. Auffi eft-ce fe rendre immortel que de mourir pour deux fujets fi illuftres. La Nobleffe y eft affable & magnifique, le peuple ciuil & induftrieux, les femmes belles & vertueufes. Enfin, tous les arts en cet heureux païs femblent accompagner toutes les vertus. La langue eft compofée de la Latine, de la Françoife & de la Caftillane ; & comme elle tient des perfections de châcune fans tenir de leur defauts, elle eft dans vn fi haut poinct d'excellence, qu'on voit jointes en elle des chofes qu'ailleurs on eftimeroit incompatibles. En effet, elle eft également graue & élegante, & comme elle a de la pompe pour les fujets heroïques, elle a vne fouueraine douceur pour les délicateffes de l'amour.

XII. Pour venir aux régions particulieres, il y en a fix, celle qu'on appelle d'entre Duero & Minno, Trafomontes, Eftremadura, Alenteio & Algarues. La premiere eft ainsi appellée à caufe de ces deux fleuues entre lefquels elle f'eftend, & qui roulent leurs eaux, l'vn vers le Nort, l'autre vers le Midy. L'air y eft fort bon, le païfage fort beau, la terre fertile au poffible, & quelques Autheurs l'ont appellée auec raifon les délices & la moëfte des Efpagnes : auffi eft-il vray qu'elle emporte l'auantage par deffus les autres prouinces du Portugal, tant pour auoir efté le premier fiége de fes Princes, que pource que la valeur de fes habitans a acquis le nom au Royaume, & a fait la plus illuftre partie de fes conqueftes. C'eft là que l'arbre Royal a eftendu fes branches par tout le monde, de forte qu'il n'y a point de famille pour illuftre qu'elle foit, à qui il ne touche de parenté, ou qui n'ait quelque alliance auecque luy. Le terroir de cette région eft generalement montueux, mais fes montagnes font auffi vertes que des prairies, & la campagne y eft fi agréable & fi ombragée, que les chemins y femblent pluftoft des arcs de triomphe que des voyes ordinaires ouuertes pour le commerce. Elle nourrit vne infinité de perfonnes, & peuple le monde de celles qu'elle eleue fans les nourrir.

XIII. Elle a deux Eglifes Cathedrales, à fçauoir la Metropolitaine de Braga, qui a tousjours difputé de la préeminence auecque celle de Tolede, & celle de Porto... Au refte, il y a cent trente Monafteres ou Abbayes richement fondées, plufieurs Commanderies de tous les Ordres militaires, onze Saincts du païs canonizez, mille cinq cens Eglifes Parroiffiales ; des Hermitages & des Oratoires fans nombre, deux cens ponts de pierre, vingt-cinq mille fontaines, fix ports de mer qui ne font qu'à deux lieuës de diftance l'vn de l'autre...

XIV. La Prouince d'au-delà les Monts, qu'on appelle Trafomontes, eft enfermée comme la premiere entre deux fleuues, & bornée d'vn cofté des mémes montagnes que la premiere. Elle confine vers le Septentrion à la Galice, & vers l'Orient au Royaume de Leon. Diuers fleuues l'arrofent, qui perdent leur nom dans le Duero. La terre y eft feche, âpre & montueuse, quoy que d'ailleurs fort riche & abondante ; les vins y font excellents, & fes villes auffi fort agreables. Elle a pour Citez Bragance, chef de la premiere Duche de toute l'Efpagne, & patrimoine de Dom Iean quatriéme, dont nous auons veu le jufte couronnement aprez l'injufte deftitution de fes anceftres...

XV. La troifiéme région, qu'on appelle Beira, eft de figure quadragulaire, & a trente lieues de longueur, & de largeur à proportion. Les hommes y font d'autant plus ménagers qu'ils y font peu accommodez. Ses Citez font Coimbre, Lamego, Vifeo, Guarda & Idanna.

XVI. L'Eftremadura, qui eft la quatriéme région, & qui a trente trois lieuës de longueur & dix-fept de largeur, eft bornée vers l'Occident par la mer Oceane vers le Septentrion, & vers l'Orient par la Prouince de Beira, & par le Midy de celle d'Alenteio. Elle contient quantité de Nobleffe, vne belle bourgeoifie, des pacages fertiles, de telle sorte qu'on dit de fes habitas qu'ils ne viuent que d'eux-mémes. Ses Citez font Lifbonne, qui pourroit annoblir plufieurs Royaumes ; Leiria lieu Epifcopal, la fameufe ville de Santaren, celles d'Alenquer, Abrantes, Tomar, Aliubarota, Azambuja, Ega, Soure, Efqueira & Cafcaïs...

XVII. Celle d'Alentejo, qui eft la cinquiéme, fituée entre le Tage & la riuiere de Guadiana depuis la ville de Sines del campo de Orique iufques à la Cité d'Eluas, tient quafi en quarré trente trois lieuës de long & de large. Le païs y eft fi bon, & le peuple fi induftrieux, que bien fouuent les enfans des Laboureurs deuiennent Miniftres des Villes. Ses Citez font la Metropolitaine de Euora, fiége des anciens Rois, & Eluas fameux Euefché...

XVIII. La fixiéme région, qui eft le Royaume des Algarues, contient depuis Ceixe jufques à Caftromarino vingt-fept lieuës de longueur & huit de largeur, Prouince montueufe, mais abondante en toute forte de chofes neceffaires aux plaifirs auffi bien qu'à la commodité de la vie. Elle a pour Citez, Silues fiége Epifcopal, Tauira & Faro ; & pour villes Albufeira, Lagos, Sagres, Loulé, Caftromarino, Aljefur, Cacela, Aluor, & Villanoua de Portimaon, qui fut le port d'Annibal.

Source : *Le Mercure portugais*, Paris, chez A. de Sommaville, 1643, pp.589–603.

Bibliographie : Guichard, *Géographie du Portugal...* ; Ribeiro, *Geografia...*

LA RICHESSE DU PORTUGAL

La péninsule ibérique est-elle riche ou pauvre ? Ce débat « historique » irrite souvent la susceptibilité des Espagnols et des Portugais. Pour le géographe grec Strabon, elle est aride et infertile. En revanche, pour Isidore de Séville, l'Hispanie est « la mère de tous les fruits ». Le Trinitaire F. Nicolau de Oliveira, auteur d'un ouvrage à la gloire de Lisbonne, s'inscrit dans la lignée d'Isidore de Séville en se faisant le chantre du Portugal et des richesses qu'il draine.

L'arrobe vaut environ 11 kg, le quintal (de 4 arrobes) 44 kg.

Le cruzado vaut 400 reis.

DE LA SITUATION DE CE ROYAUME ET DE SA FERTILITE

Avec raison, on peut dire et affirmer que ce royaume est situé dans la partie du monde la plus belle, la plus splendide, la plus douce, non seulement en raison de sa fertilité propre (qui est très grande, quoique le pays soit mal cultivé, les Portugais étant plus doués pour les armes que pour les travaux), mais aussi pour être placé presque au milieu de royaumes très grands et très fertiles, qui s'efforcent de le sustenter, comme un estomac, en lui envoyant le pain et d'autres provisions par le moyen du grand commerce. Dans ce royaume, on trouve aussi tant de produits appropriés, comme le vin, qui est abondant et de grande qualité, l'huile si abondante particulièrement à Santarem, que j'ai entendu dire à des autochtones que s'ils jetaient toute leur huile, cela fera un fleuve aussi grand que le Tage... De cette huile, on exporte chaque année, uniquement pour les Flandres, plus de 3000 pipes, sans compter celle envoyée dans les colonies ; et tant de blé que, s'il n'y avait pas tant d'étrangers en ce royaume, et si l'on n'en exportait pas vers les colonies, il y aurait autosuffisance ; si les campagnes étaient bien cultivées (ce que l'on pourrait faire à peu de frais), on pourrait expédier des bateaux chargés de blés, comme actuellement, ils viennent d'ailleurs... Tout ce que ce royaume produit est le meilleur et le plus abondant du monde, non seulement les poissons de la mer qui sont si abondants, que lors d'une seule marée, j'ai vu sortir de Lisbonne pour pêcher la sardine 112 embarcations et pas une ne revint (quand je les vis) avec moins de 20 000 prises, sans compter les nombreux bateaux que l'on arme à Paimogo, près de Peniche, à Cascaes, à Cezimbra, Setubal et Cines et d'autres endroits des côtes de l'Algarve. La dîme des poissons et sardines qui entrent en cette ville rapporte au seul duc de Bragance 22 500 *cruzados*.

Les viandes sont également abondantes et savoureuses, tout spécialement les vaches, les moutons, les brebis, les chèvres et le bétail noir, c'est-à-dire les porcs qui sont en très grand nombre en ce royaume... Et les droits de *la Casa de las carnes* sont affermés pour 55 000 *cruzados,* sans compter les boeufs et les porcs qui, au nom du roi, sont abattus pour les flottes des Indes. Les fromages sont les plus connus et les plus appréciés du monde. De plus, le royaume est très peuplé de volatiles sauvages de toutes les espèces et de gibier pour la chasse et la chasse à courre, avec de très importants troupeaux de sangliers... Outre l'abondance en sel, qui fertilise le royaume, il y a les marchandises rapportées de ses conquêtes, toutes sortes de drogues, conserves et sucres, dont il est tant pourvu qu'en l'année du Seigneur 1617 arrivèrent à Lisbonne en provenance du Brésil 26 413 caisses de sucre... ce qui représente environ si l'on considère que chaque caisse pèse au moins 15 arrobes, 396 195 arrobes ; sans compter ce qui vient de l'île de Madère, du Cap Vert et de Sao Tomé qui envoient au moins 10 000 caisses... ce qui fait au total 546 195 arrobes, sans compter ce qui arriva cette année-là à Viana, où l'on vendit plus de 5000 caisses de sucre... En ce qui concerne ces drogues et celles qui proviennent de l'Inde, de la Perse et de l'Ethiopie d'où viennent chaque année de nombreux bâtiments, des nefs (*naos*) gigantesques, chargées de drogues et de marchandises variées ; à savoir des étoffes, avec une grande quantité de soieries de couleurs très variées (soit tissées, soit sous la forme de fil), des taffetas, des damas, des velours et d'autres soieries, des tapis de toute beauté, certains d'entre eux valant 300 à 400 *cruzados,* des courtes-pointes très fines. Aucun bateau revenant de l'Inde ne rapporte moins de 400 tapis, de splendides couvre-lits de soie brodés d'or et une infinité de grandes caisses pleines de tissus divers, à savoir : des mousselines, tissus du Bengale, etc., avec plus de 400 gros ballots de tissus grossiers. Et finalement la cargaison d'une nef des Indes du Portugal est si grande qu'elle ne pourrait entrer dans quatre des plus grosses nefs des Indes de Castille. Outre les marchandises mentionnées, la nef transporte en nombre des pièces d'orfèvrerie très voyantes, d'un métal très fin, fabriquées à Ormuz, des pierreries de toutes sortes, de très belles perles d'une grande finesse, de la semence de perles et plein de choses charmantes. Le total de l'épicerie est incroyable, parce que les nefs viennent lestées de poivre, tandis que de Flandres et de France arrive le blé. Dans chacune, il y a au moins 5000 quintaux de poivre, sans compter le clou de girofle et le gingembre en abondance et de la cannelle en telle quantité qu'il n'y a pas un bateau qui n'en transporte au moins 2000 quintaux.

Elles rapportent également une grande quantité de caisses de porcelaine, certaines nefs jusqu'à 2000 et 3000... chaque bateau rapporte aussi en quantité du bois de Buano qu'on appelle bois de Mozambique, du bois de Aguila, de Calamba, beaucoup de bois de Chine si apprécié dans les pharmacies, beaucoup de benjoin, de l'encens en quantité, avec une infinité de pierres de bazar, du porc-épic, toutes choses qui sont d'un grand prix. Et ce qui est le plus surprenant, au service de Dieu, c'est la multitude d'âmes qui, au moyen de cette navigation, en viennent à connaître notre Sainte Foi Catholique ; car, outre les personnes qui viennent chaque année à Lisbonne de tous les pays déjà évoqués et même d'Ethiopie, de Chine et de l'Inde, de nombreuses villes et des royaumes entiers qui étaient idolâtres et pays de gentils sont maintenant devenus chrétiens...

... Le royaume de Galice envoie des fruits et du bois en telle quantité que rien qu'en poires, noix et noisettes, il s'en vend dans ce port pour plus de 50 000 *cruzados*... De Biscaye viennent le fer et l'acier, bien que le royaume ait de nombreuses mines d'étain, de plomb, de jais, d'or et d'argent ; et nombreux sont ceux qui vivent de l'orpaillage dans les zones du Douro et du Mondego...

En ce royaume, on vient de France, des Flandres, d'Angleterre, de Danemark, de Pologne, d'Allemagne et de nombreuses autres régions septentrionales, avec du pain, des viandes, des fromages et d'autres marchandises... De face, et au sud, on a toutes les îles, avec les Indes orientales et occidentales et l'Amérique, d'où viennent toutes les drogues mentionnées ci-dessus, avec beaucoup d'or, d'argent, de perles et toutes sortes de pierreries très fines. A gauche se trouve l'Andalousie et le détroit de Gibraltar, par où entrent des bateaux en très grand nombre des provinces d'Espagne et de France confinant au détroit, et de toute l'Italie et de toute la Grèce. Et en laissant le détroit et en suivant à gauche, il y a tout le commerce avec l'Afrique, où il y a tant de provinces et de peuples, comme on le sait maintenant, peuples qui furent ignorés dans l'Antiquité, car on croyait que la zone torride était inhabitable.

Source : Oliveira (le P. Nicolao), *Livro das grandezas de Lisboa*, Lisboa, na impressao regia, 1804, chapitre IV, pp.20–27. Première édition en 1620.

Bibliographie : Mauro, *Portugal, Brésil et Atlantique...*

LE VOYAGE DE PHILIPPE III A LISBONNE EN 1619 VU PAR PERE ROIZ SOARES

Dans le cadre d'une monarchie contractuelle, la visite du souverain à un royaume périphérique foral, était dans la logique des choses. Cette venue à Lisbonne s'imposait d'autant plus que, sous le valimiento *du duc de Lerma, les rapports hispano-portugais s'étaient sensiblement détériorés. Ce voyage promis dès l'avènement de Philippe III en 1598, sans cesse annoncé (1609, 1610, 1611), sans cesse remis, apparaît sous la plume du chroniqueur portugais comme une grande occasion manquée.*

En mai 1619, on commença à entendre parler de la venue du Roi Don Felipe III dans ce royaume et cette ville ; c'était la première fois qu'il venait. Comme, à plusieurs reprises, on avait annoncé sa venue, en vain, on ne croyait pas cette nouvelle, cependant les lettres et messages annonçant le déplacement affluaient. Enfin, le Roi écrivit au Vice-roi qu'il viendrait sans faute et demanda qu'on lui prépare à cet effet les palais. Puis, le Vice-roi convoqua la *Camara* [le corps municipal, il lui rendit compte de tout cela, en lui demandant de préparer les fonds promis pour le voyage en ce royaume. La *Camara* répondit qu'elle ne les donnerait pas tant que Sa Majesté ne serait pas arrivée au Portugal, en raison des nombreuses fois où le Roi avait promis de venir et n'avait pas pu le faire, et ainsi ils ne donnèrent pas l'argent avant que le Roi ne fût arrivé à Elvas...

Le Roi quitta Madrid le 22 avril 1619, arriva en la ville d'Evora le jour du Saint Esprit, et partout où il passa, on donna de belles fêtes, en grand nombre, avec des réceptions solennelles... Le duc d'Uceda, son favori, chevauchant derrière lui. La faveur que le Roi accorda à son favori fut grande, car dans des circonstances similaires, personne n'entrait à cheval avec le Roi même pas Philippe II, quand il entra en ce royaume dans une occasion similaire... les nobles firent remarquer au Roi qu'ils ne voulaient pas faire l'entrée avec le duc d'Uceda à cheval, car tous les seigneurs de ce royaume devaient aller à pied, découverts et devant le souverain, et que son père quand il vint en ce royaume n'amena avec lui aucun favori à cheval...

Qui plus est, une chose provoqua un scandale général :

ce fut l'ordre de loger les Castillans dans les maisons de la ville, l'ordre de prendre les maisons à leurs propriétaires, source d'affrontements et de scandales. On les laissa s'installer dans les maisons des orfèvres, des négociants, des confiseurs, avec leurs femmes et leurs filles. On fit déguerpir des propriétaires, en les mettant à la rue, et, ce qui est pire, une fois les maisons occupées, les propriétaires devaient se racheter avec quantité de doublons. Une fois le rachat effectué, arrivaient d'autres Castillans qui en prenaient possession, et les propriétaires se rachetaient à nouveau ; de la sorte certaines maisons furent rachetées trois, quatre et même jusqu'à cinq fois... Ils ne prenaient pas possession des maisons jugées vides, parce qu'il n'y avait personne pour les racheter...

Le dimanche 14 du dit mois de juillet, le serment fut prêté au prince en la grande salle richement décorée, comme il convenait en pareille circonstance. Et deux heures plus tard, commencèrent à arriver les nobles portugais, en leurs très riches atours. Les Castillans demeuraient stupéfaits de voir un tel nombre de nobles portugais, si richement vêtus, car en ce jour, pour cet événement et en cette ville, c'est tout le Portugal qui s'était donné rendez-vous : archevêques, évêques, ducs, marquis, comtes, seigneurs, sans en oublier aucun. De chaque ville, de chaque bourg, de chaque village, deux procureurs, désignés pour les Cortès étaient présents pour ce serment. La veille du serment, était arrivé le duc de Bragance avec son fils aîné. Il avait passé le fleuve sur un brigantin qu'il avait fait construire. Il ne voulut demander aucune des galères qui était là (à Lisbonne) ; il descendit près de la Madre de Dios, et de là, il partit à minuit en direction de la ville, qu'il traversa entièrement pour arriver à ses palais, suivi par une grande partie des nobles qui se trouvaient dans cette ville, quelques 200 hommes à cheval, tous ses *criados* (serviteurs), nombre d'entre eux étant chevaliers du Christ. De Vila Viçosa à cette ville, tout au long du chemin, il multiplia les faveurs...

Plus tard, le 18 du même mois, eut lieu la session des Cortès, dans la même salle, où de nouveau se réunirent les personnes mentionnées ci-dessus... et le jour suivant les trois états commencèrent à s'assembler ; à savoir, la noblesse à Santo Eloy, le clergé à Sam Domingos, et les peuples à Sam Francisco. Les messages circulaient de l'un à l'autre lieu. Les Cortès se terminèrent sans qu'on entendît parler, en une année, d'un quelconque résultat...

Le 10 août, le Roi se rendit à Rolassaõ à cheval, accompagné par des Portugais et par sa garde, et là, on lui soumit le cas d'une jeune fille passible de la peine de mort qui avait accouché d'une fille qu'elle avait enterrée vivante. Les *desembargadores* (juges) l'avaient condamnée publiquement à dix ans d'exil en Angola. Après la dite sentence, le Roi s'occupa du cas. De sa propre autorité, il la déclara libre, car c'était sa première visite à Rolassaõ et il la fit libérer avant son départ. Qui plus est, il fit donner 4 000 *(cruzados ?)* pour libérer les prisonniers pour dettes... Cela se fit avec diligence, en précisant dans les sentences que cela était la conséquence de l'heureuse venue du Roi en ce royaume...

Et quelques jours plus tard, le duc de Bragance partit en direction de Vila Viçosa, mais il prit congé du Roi avec des témoignages de grande affection *(amor)*, ce dernier faisant de même à son égard. Le duc dit qu'il ne demandait aucune faveur, si ce n'est une : que le Roi se souvienne de ce royaume, de cette ville, de la noblesse et de tous, et qu'il les traite comme ils le méritent... et le Roi répondit qu'il en ferait ainsi et, il embrassa le duc et ils se découvrirent et tous deux se quittèrent avec des manifestations de grande affection.

Le moment est venu que nous traitions à présent de quelques-unes des grandeurs de ce duc, si proche parent du Roi comme tout le monde le sait... La grandesse de ce duc et seigneur — la branche royale de Portugal étant unique — et le fait qu'il soit si proche, si aimé et chéri de tous font que tous lui témoignent généralement cette affection, où qu'il aille, et, partout où il s'arrête, on le couvre de mille bénédictions... Il en résulte que les Castillans murmuraient, et qu'ils étaient effrayés par l'état et le grand apparat dans lequel ce seigneur allait par les rues, en concédant des grâces sur son chemin. Dans cette ville, il donna de nombreuses aumônes à des veuves, à des pauvres de toutes les classes, et à des monastères, en leur demandant de prier Dieu pour sa vie. Ce duc et seigneur, en rendant visite au Roi vit à ses côtés le grand favori, le duc d'Uceda, fils d'un autre très grand favori le duc de Lerma, que les grands de Castille vénéraient et servaient comme leur propre Roi, car en ce moment, il était tout ; il était celui sur lequel le Roi se reposait. Tous lui couraient après, le cherchaient et il était plus difficile de lui parler qu'au Roi lui-même. Qui plus est, ce dernier ne pouvait s'en passer, ni les Castillans, quelque grands qu'ils fussent : ils ne pouvaient avoir accès au Roi ou au Prince qu'avec l'autorisation du duc. Les Portugais pouvaient seulement parler avec lui (le Roi) quand le favori leur accordait audience, et le Roi ne les traita, ni ne communiqua avec eux, comme l'avait fait le Roi, son père...

Durant toute la première semaine de septembre, à jour passé, on courut les taureaux pour le Roi sur le Terreiro do Paço. Pour ce faire, on construisit des arènes somptueuses et coûteuses, qui stupéfièrent les Castillans par leur grand appareil. A la rampe, au bas du palais, on construisit un grand théâtre, où prirent place le Roi, le Prince Infant et des dames. A ces courses, participèrent plusieurs nobles à cheval, avec leurs serviteurs vêtus de belles livrées. Ils réussirent fort bien leurs *suertes* (phases de la corrida) car tous les taureaux étaient de très bonne qualité...

... Et ainsi se termina le voyage du Roi, tout le monde était très mécontent *(desgosto)*, de lui, pour n'avoir accordé aucune faveur, ni n'avoir fait cas de la noblesse portugaise, dans la mesure où tout était décidé par les ministres et qu'il n'avait aucune bonne volonté à l'égard des Portugais. Tout cela montrait combien le Roi était un brave homme sans volonté qui se laissait mener par le bout du nez, et que tous se perdaient par sa faute.

Source : Roiz Soares (Pero), *Memorial,* revisaõ de Lopes de Almeida, dans *Actas Universitatis Conimbrigensis,* 1953, pp.418–434.

Bibliographie : Gaillard, *Portugal sous Philippe III...*; Oliveira Marques, *Histoire du Portugal...*; Marques, *Paranética Portuguesa e Dominação Filipina...*

LES INCERTITUDES DU SOULEVEMENT PORTUGAIS DU 1er DECEMBRE 1640, DISCOURS DE D. JOAO DA COSTA

Le soulèvement portugais du 1er décembre 1640 est le fruit d'un complot nobiliaire. Dans un discours à la Tite–Live, le comte d'Ericeira, historiographe officiel de la guerre d'Indépendance et célèbre ministre de Pierre II, expose méthodiquement les difficultés de l'entreprise.

Ils décidèrent cette nuit–là qui était celle du dimanche

26 novembre, de passer à l'action le samedi suivant 1er décembre, et ils firent savoir à tous que sur l'intervention du Père Nicolao da Maia, étaient gagnés à leur cause le *Juiz do Povo* (magistrat censé représenter le Tiers Etat), le greffier, des régents et quelques membres du Corps municipal, mais qu'alarmés par les événements d'Evora, ceux-ci avaient convenu qu'ils ne feraient pas le moindre mouvement sans la déclaration préalable de toute la noblesse : promesse qu'ils obtinrent facilement. Cette conférence fut communiquée à l'archevêque de Lisbonne qui avait obtenu l'autorisation d'abandonner les obligations qu'il avait à Madrid, représentant les fautes que commettait celui qui l'empêchait de gouverner ses ouailles. Il donnait un grand crédit à l'entreprise, persuadant par la vertu et l'éloquence — ayant été parmi les premiers à favoriser la libération de la Patrie —, car il trouvait injuste la sujétion au Roi de Castille, comme souverain illégitime, et ses parents le suivirent, et tous les ecclésiastiques de son obédience. Alors que l'entreprise était si avancée : il ne manquait que trois jours pour son exécution, il en fut rendu compte à D. Joao da Costa, homme doté d'une grande vaillance et d'un haut entendement, qualités qui lui avaient valu toute l'estime de la Cour, car sa sagesse était bien plus grande que ne le laissait attendre son jeune âge. Il écouta avec grande attention la proposition qui lui était faite et, après avoir considéré longuement la gravité de l'entreprise, il déclara avec éloquence : « Voilà bien longtemps, Messieurs, que j'observe avec une profonde affliction les calamités dont souffre le Portugal et que, dans le fond de mon coeur je cherche la voie qui mènera à sa liberté, aussi je n'ai jamais mis en doute les justes droits du Duc de Bragance à cette Couronne. Je n'ignore point la rigueur tyrannique du gouvernement de Castille, mais si le Duc est dans son droit et s'il est fait offense au Royaume, si ce sont là des considérations qui suffisent à nous justifier, nous n'en tirerons pas assez de force pour l'emporter. Car cette cause à laquelle nous voulons nous opposer ne sera pas gagnée par les arguments mais par les armes ; et il m'est avis que les motifs mêmes de notre résolution présentent les difficultés les plus grandes. J'avoue que le Duc de Bragance, selon ce que nous connaissons, est tout à fait digne de la Couronne ; mais celle que nous lui voulons donner est si pesante qu'elle requiert de hautes dispositions, qu'elle nécessite une expérience que n'a point le Duc non seulement politique mais militaire, car dans les circonstances actuelles, qui voudra empoigner le sceptre devra s'en servir pour

frapper. Une autre raison s'oppose à cela. Puisque ce dont nous avons le plus à nous plaindre des Castillans est l'extrémité à laquelle ils ont réduit ce Royaume pour en faire une Province, tirant de celle-ci des hommes, de l'argent, des armes et des chevaux, le manque de tout cela rend impossible notre projet. Ce sont là en effet les quatre éléments dont se compose le terrible corps de la guerre et comme tous les quatre nous font presque totalement défaut, quels peuvent être l'issue et l'espoir de notre entreprise ? Il est facile de faire Roi le Duc de Bragance, mais il est très difficile de maintenir la couronne sur sa tête. Pour certaines grandes entreprises les coeurs valeureux peuvent se fier à la fortune, mais s'en remettre à elle pour tout est la plus grande imprudence et la plus impardonnable témérité. En dressant l'état de toutes nos ressources, nous nous avisons que nous comptons quarante gentilshommes à Lisbonne, avec si peu de troupes que cela n'atteint pas deux cents hommes, la promesse du Juiz do Povo et des Corporations, si peu ferme, qui dépend de la volonté du peuple versatile et inconstant et quelques accointances dans de rares villages de l'Alentejo. Comme opposants au pouvoir limité dont nous disposons à Lisbonne, nous trouvons les soldats castillans qui gardent le Château, les tours et les navires au mouillage, soit au moins mille cinq cents hommes, en outre tous ceux qui peuvent servir la Castille et ceux qui craignant son pouvoir n'épouseront point notre cause.

De la deuxième assurance que donnent les villages de l'Alentejo, l'on doit faire très peu cas, eu égard au souvenir qu'ils gardent des représailles contre les révoltés d'Evora. Nous ne pouvons inférer de la décision du reste du Royaume sans nous mettre à deviner l'avenir, privilège qui, sans une grâce particulière, n'est en général pas accordé aux mortels. Mais supposons toutes ces difficultés surmontées et considérons le peuple de Lisbonne uni, répondant à l'appel du duc de Bragance, les châteaux, les tours et les navires attaqués et réduits par notre inexpérience, toutes les cités, les villes, les villages partageant le sentiment de Lisbonne, et les Terres conquises tout aussi consentantes que le Royaume, toutes choses dont je ne peux que douter, mais les supposant acquises ; quelles Armées, quelles Flottes pouvons-nous opposer au pouvoir castillan ? Il ne souffre pas le moindre doute (si Dieu n'aveugle pas les Castillans) qu'à l'instant même où la nouvelle de notre action parviendra à Madrid, les régiments, les troupes et la flotte destinés à la Catalogne feront route vers le Portugal pour entraver notre dessein qui constitue le plus grand dommage pour l'autre Monarchie. Lorsque la Hollande et la Catalogne décidèrent de secouer le joug de la Castille, elles avaient d'abord gagné l'amitié des princes voisins qui soutinrent leur parti avec d'importantes armées introduites dans les meilleures places, dans le temps même où éclatait le soulèvement contre les Castillans ; tandis que nous, non seulement nous choisissons l'occasion où les Castillans se trouvent armés en Espagne, mais encore nous nous fions tellement à nos bras que nous ne songeons à nul autre secours, et d'autant plus que, à supposer que nous obtenions immédiatement l'appui d'un prince, le délai est si bref, et il est si difficile aux secours d'arriver à point, eux qui forcément doivent se soumettre à l'inconstance de la mer, que nous pouvons à juste titre considérer l'échec plus probable que le succès. Tous ces raisonnements étant, à mon avis, sans réplique, il ne nous reste plus qu'à en appeler aux miracles, et les miracles, messieurs, il est juste qu'ils existent, il est bon de les mériter, mais il n'est pas raisonnable de s'y attendre. Cependant, bien que j'aie exposé les doutes qui m'apparaissaient dans un sujet aussi ardu et d'une telle importance, mon propos n'est pas de contrarier cette entreprise, ni de me tenir à l'écart de ses périls. Ce n'est pas, en effet, la première fois que le coeur s'éloigne de la raison dans des actions moins généreuses : mon intention est de bien montrer que j'adhère à ce qui me semble très difficile et très risqué et d'expliquer que s'il est une loi qui indignement m'oblige à mettre ma vie à la disposition de n'importe quel ami, il est une loi naturelle qui me force à sacrifier dignement ma vie à la liberté de ma Patrie... J'avoue que si j'avais reçu plus tôt cette nouvelle, mon voeu eût été que cette entreprise fût préparée avec plus de garantie, mais puisqu'il apparaît que nous avons si peu de temps entre notre dessein et son exécution, mon opinion est d'agir aussitôt, car le plus grand secret sera notre meilleur allié ». Ces arguments de D. Joao da Costa, fruits de son entendement non moins que de son courage, jetèrent un grand trouble dans l'esprit de tous les confédérés et suscitèrent un si grand embarras que Joao Pinto décida de demander au duc de Bragance de suspendre l'ordre fixant le soulèvement au 1er décembre, jusqu'à nouvel avis.

Source : Menezes (Conde de Ericeira, Luis de), *História de Portugal Restaurado,* Lisboa, 1751, t.I, pp. 102-105 (édition originale : Lisboa, 1679-1698, 2 vol.).

Bibliographie : Oliveira Marques, *Histoire du Portugal*...; Serrão, *História de Portugal*, vol.IV...; Elliott, *Count-Duke of Olivares*...

LA REVOLUTION PORTUGAISE DE 1640

Le premier soin de Jean de Bragance, lorsqu'il prit le pouvoir à Lisbonne, fut de justifier aux yeux de l'opinion internationale ce qui, à bien des égards, pouvait apparaître comme une usurpation et une révolte contre le souverain légitime. Il envoya immédiatement des ambassades dans tous les pays dont il pouvait espérer qu'ils ne lui seraient pas entièrement hostiles et diffusa largement, dans plusieurs langues, des manifestes justificatifs. Nous en avons ici un exemple, traduction française des lettres de créance de son envoyé auprès des Catalans, alors en rebellion contre la Castille, conservée à la Bibliothèque municipale de Bordeaux.

L'abbé René Vertot (1655-1735), prémontré et érudit français, publia son Histoire de la conjuration de Portugal *à la fin du XVIIe siècle. Ce travail lui valut les félicitations de Bossuet et de Madame de Sévigné. Ses* Oeuvres choisies *furent rééditées en 1819.*

MANIFESTE DU ROI DE PORTUGAL (1640)

Dom Jean par la grâce de Dieu, roi de Portugal, des Algarbes, d'Aquem, d'Alem, de la mer d'Afrique, seigneur de Guinée, de la navigation conquise et commerce d'Ethiopie, Arabie, Perse et Indes... Fais assavoir à tous ceux qui cette presente lettre de créance verront : que Dieu notre Seigneur m'a fait la grâce de me rendre et restituer la couronne de mes royaumes et états, par l'acclamation et consentement general des trois ordres desdits royaumes, de la noblesse, des ecclésiastiques et du menu peuple. Lesquels royaumes par le décès du seigneur roi Dom Henry mon oncle appartenaient de droit a la sérénissime Dona Catharina mon ayeule, fille légitime du sérénissime seigneur infant Dom Edouard mon bisayeul, frere unique et légitime dudit seigneur Dom roy Henry. A laquelle princesse Dona Catharina mon ayeule, Dom Philippes second, roi de Castille, avait osté lesdits royaumes par armes, violences et autres moyens injustes... Ayant donc reconnu que je suis naturellement obligé à vous conserver et à maintenir ces pays-la en leur liberté opprimée depuis longtemps par les injustices et vexations qu'ils ont enduré sous la tyrannie du gouvernement castillan, violant ses loix, ordonnances et libertés.

Après avoir par serment accepté la restitution de mesdits royaumes et avoir été le 15e jour de décembre, appelé, reçu et obéi en cette cité de Lisbonne publiquement et en la forme et solemnités accoutumées, pour roi et seigneur des dits royaumes... j'ai résolu, avec l'aide de Dieu, de défendre par armes la vraie actuelle et royale possession que j'ai reçue, et implore pour l'effet d'une si juste entreprise le secours et l'assistance de tous les princes, républiques et principautés. Et pour ce que les naturels habitants de la principauté de Catalogne... obligés par semblable tyrannies et vexations à la défense de leurs privilèges et libertés, ont aussi pris les armes, et qu'entre mes prédécesseurs rois et les rois naturels de la couronne d'Aragon, il y a toujours eu grande et étroite alliance de sang et d'amitié.

Pour ces raisons, il m'a semblé à propos d'envoyer en la dite principauté de Catalogne, Dom Ignacio Mascarenhas, mon très cher et bien aimé neveu, lequel, pour être personne ecclésiastique et de grande considération, je m'assure qu'il saura représenter à ladite principauté de Catalogne et aux députés d'icelle, la volonté que j'ai d'employer toutes mes forces pour les assister et leur donner main-forte... Pour cet effet, je constitue Dom Ignaco Mascarenhas mon commissaire irrévocable...

Donné en ma cité de Lisbonne, ce 19 décembre 1640.

[Signé] El rey

Source : Manifeste du roi de Portugal (Bibliothèque mun. de Bordeaux, H2386, t.III).

CONCLUSION DE L'ABBE VERTOT A SON « HISTOIRE DE LA CONJURATION DE PORTUGAL » (FIN DU XVIIe SIECLE)

Tel fut le succés de cette entreprise, qu'on peut dire qu'il fut un miracle du secret, soit que l'on considère le grand nombre, ou les diverses qualités des personnes a qui il fut confié. Mais ce fut une suite naturelle des sentiments d'aversion que chacun d'eux avait conçus depuis longtemps contre le gouvernement espagnol ; sentiments que les guerres frèquentes que ces peuples comme voisins ont toujours eues entre eux, firent naître dès le commencement de cette monarchie, que la concurrence dans la découverte des Indes, et de fréquents démêlés dans le commerce, avaient fort augmentés et qui étaient dégénérés en une haine violente depuis que les Portugais avaient été soumis à la domination de la Castille.

Source : Abbé Vertot, *Histoire des Revolutions de Portugal,* Paris, Menard, 1819, pp.118–119 (1ère édition en 1689).

Bibliographie : Elliott, Olivares... ; Serrão, História...

TRAITE DE PAIX ET D'ALLIANCE ENTRE LE ROI JOÃO IV ET CROMWELL, PROTECTEUR D'ANGLETERRE, SIGNE À WESTMINSTER, LE 10 JUILLET 1654, RATIFIÉ PAR LE PORTUGAL LE 9 JUIN 1656

Après les traités de Westphalie (1648) et le retrait hollandais qui permettent à l'Espagne de centrer ses efforts contre la France et le Portugal, João IV, qui avait soutenu Charles Ier durant la Guerre civile, est prêt, dans sa quête d'alliances, à faire d'importantes concessions commerciales au régicide Cromwell. Cet accord s'inscrit dans la longue suite des traités de commerce portugais (Provinces Unies, 1641 et 1661 ; Angleterre, 1662 ; France, 1667) qui sont sensés orienter la vie commerciale, mais en fait, le plus souvent, ne font que sanctionner ce qui existe.

Article II — Item qu'entre la République d'Angleterre et le Roi de Portugal et leurs peuples, il y ait liberté de commerce en tous lieux où ce commerce se pratique aujourd'hui, ou s'est pratiqué auparavant ; de façon à ce que, sans avoir besoin du moindre sauf–conduit, ni de toute autre autorisation générale ou particulière, et que ce soit par terre ou par mer, par les fleuves et les eaux douces, les peuples vassaux et habitants des deux parties puissent venir, entrer et naviguer dans lesdits domaines et royaumes et dans toutes leurs cités, villes, ports, côtes, anses et autres lieux, avec voitures, chevaux, charges ou navires, chargés ou à charger ; transporter des marchandises, acheter, vendre, s'approvisionner et faire tout ce qui est nécessaire à leur subsistance comme à leur départ, au juste prix ; réparer navires et voitures, qu'ils soient à eux, loués ou prêtés ; ainsi que repartir avec leurs biens, marchandises et toutes autres choses, avec la même liberté, vers leurs pays respectifs ou vers toute autre destination étrangère à leur choix, sans empêchement, à l'abri de toutes les lois et statuts de chaque lieu.

Article III — Item, que les peuples et habitants de ladite République puissent, dans les Royaumes, provinces, territoires et îles du Roi de Portugal, acheter et disposer directement de toutes les sortes de produits, biens et marchandises, au détail comme en grande quantité, quand et où ils le désirent ; et qu'ils ne soient pas contraints de s'adresser à des fermiers ou des buralistes, ni obligés d'acheter à prix fixes. Item, qu'ils puissent à leur gré vendre, négocier et emporter librement toutes les sortes de biens, produits et marchandises desdits Royaumes et Seigneuries, sans payer d'autres droits et taxes contraires pour les biens emportés, que ceux qui se payaient le 10 mars de l'année 1653-1654, ancien style. Et quant aux achats et ventes faites par courtiers, les dits peuples de cette République jouiront et auront usage des mêmes libertés, privilèges et exemptions que les Portugais eux-mêmes ; ils ne seront pas traités avec plus de rigueur que les habitants et ressortissants du pays. Ce que l'on appelle la Charte ancienne et tous les privilèges et immunités qui avaient auparavant été accordés aux Anglais, à quelque moment que ce soit, par tous les Rois de Portugal ou par certains d'entre eux, seront confirmés par édits, afin que les peuples et ressortissants de ladite République puissent en jouir, ainsi que tous autres privilèges et immunités déjà accordés ou qui viendraient à l'être par ledit Roi de Portugal à quelque autre Nation, Royaume ou République confédérée...

Article X — Item que les peuples de la République d'Angleterre puissent transporter librement sur leurs nefs toutes les choses, biens et marchandises de toutes sortes, ainsi qu'armes, vivres et toutes choses semblables, provenant des peuples et seigneuries de ladite République, ainsi que de tout autre port ou seigneurie, à partir du moment où cela ne sort pas de ports du Portugal et de ses Seigneuries pour être immédiatement livré en quelque port ou territoire que ce soit du Roi de Castille... Et que les personnes de cette République puissent librement amener aux Royaumes, ports et territoires du Roi de Portugal des armes, du pain, du poisson et toute autre sorte de marchandises, et les y vendre à leur gré, en détail ou en gros, à quiconque et pour tout prix qu'ils pourront obtenir ; ils n'en seront pas interdits, limités ou empêchés, ni par ladite Majesté Royale, ni par ses Ministres présidents, ses fermiers et buralistes, ni par aucune chambre ou juridiction de quelque tribunal que ce soit, privé ou public. Les marchandises et biens pour lesquels ils auront payé une fois les droits et taxes en n'importe quel port de Sa Majesté pourront librement être transportés vers tout autre port de ladite Majesté, sans payer d'autres sortes de droits, péages ou d'argent que ceux que paient les marchands portugais, si ces biens et marchandises leur appartiennent.

Article XI — Item, que les peuples et ressortissants de la République d'Angleterre puissent négocier, librement et en sécurité et faire du commerce du Portugal vers le Brésil et autres conquêtes dudit Roi aux Indes Occidentales, ainsi que du Brésil et desdites conquêtes vers le Portugal, pour tous produits et avec toutes les sortes de biens et marchandises (sauf la farine, la morue, le vin, l'huile d'olive et le bois de Brésil qui sont réservés par le Roi, à cause du contrat avec la Compagnie du Brésil) ; en payant les mêmes droits et taxes que tous ceux qui font du négoce de ce côté, et compte tenu de ce que les nefs anglaises affrétées par des Portugais devront se joindre à la flotte portugaise. Les dits peuples et ressortissants arrivant de ces ports et lieux du Brésil et autres conquêtes en quelque Seigneurie que ce soit dudit Roi ne seront pas obligés de décharger leurs nefs, ni d'en faire sortir aucun bien appartenant aux Anglais ; mais les officiers des douanes feront l'évaluation des biens sur les nefs elles-mêmes, pour qu'en soient payés les droits et taxes y afférant. On ne leur demandera pas, et ils n'auront pas à payer aux officiers du Roi, de droits et taxes plus lourds, ni de sommes plus importantes que si leurs biens étaient descendus à terre... et les biens chargés sur des nefs anglaises... ne paieront pias plus de taxes et autres droits que s'ils étaient chargés sur des nefs portugaises. De même, les peuples et ressortissants de la République anglaise pourront naviguer librement vers les colonies, îles, régions, ports, districts, villes, lieux et empires appartenant au Roi du Portugal dans les Indes orientales, en Guinée, au Bénin, dans l'île de São Tomé et en tout autre endroit des côtes et plages africaines ; et y demeurer, négocier, faire commerce..., en emporter toutes sortes de produits pour tout lieu ou région, avec la même liberté qu'auparavant, et que celle qui aurait pu être naguère accordée par traité ou l'être à l'avenir, aux ressortissants de toute nation confédérée et amie. Et quant aux taxes et droits..., ils ne paieront pas plus lourd que ne le font toutes personnes qui commercent en tous ces lieux et régions. Et le Roi du Portugal, ses vassaux, la Compagnie du Brésil, et toute autre, chaque fois qu'ils auront besoin de nefs étrangères pour exercer la navigation et le commerce du Brésil ou des régions et îles susdites, comme pour tout autre endroit, les affrèteront à cette République et à ses peuples, aux prix habituels et ordinaires qu'ils demandent, et à personne d'autre, ni Prince, ni République, tant qu'il y aura suffisamment de nefs anglaises pour leur usage ; à l'exception de la Compagnie du Brésil, qui pourra affréter à son gré deux nefs de guerre, et quatre autres pour l'envoi de chargements de morue au Brésil, à toute nation de son choix, conformément à la charte de libertés qui lui a été octroyée par décision royale...

Article XII — Item, comme le Sérénissime Roi du Portugal, par provision scellée de son sceau en la ville de Lisbonne, le 21 janvier de l'année de la naissance de Notre Seigneur de 1641, a octroyé aux ressortissants des terres sujettes aux domaines des Etats de Hollande la libre faculté d'amener et d'emporter toutes marchandises en ses Royaumes, domaines et territoires, le peuple de la République d'Angleterre jouira de la même faculté dans les Royaumes et domaines dudit Sérénissime Roi du Portugal...

Article XIV — Item, parce que les droits de paix et de commerce seraient nuls et inutiles si le peuple de la République d'Angleterre était inquiété pour cause de conscience, quand il va et vient dans les Royaumes et domaines dudit Roi de Portugal, ou y réside pour échanger des marchandises : par conséquent, pour que soit libre et sûr le commerce par mer et par terre, ledit Roi de Portugal fera diligence pour qu'ils ne soient effectivement ni molestés, ni inquiétés par qui que ce soit, homme, curie ou tribunal, pour cause de ladite conscience, ni pour avoir avec eux des Bibles anglaises ou d'autres livres. Et que le peuple de cette République soit libre d'observer et de professer sa religion dans les maisons privées, avec les familles de sa propre nation et religion, en toute Seigneurie dudit Roi de Portugal ; ainsi que de l'exercer à bord de ses nefs et navires comme il l'entendra, sans mauvais traitements, ni empêchement. Il leur sera enfin assigné un lieu adéquat pour enterrer leurs morts. Les Anglais sont toutefois mis en demeure de ne pas outrepasser ce qui est écrit dans cet article...

Article XX — Item, que le peuple et les marchands de la République d'Angleterre qui, pour motif de négoce, passeront par les Royaumes, Seigneuries et régions dudit

Roi, ou entreront dans ses ports avec leurs nefs, ne paieront ni l'ancrage, ni d'autres dépenses portuaires, ni quelque autre droit ou somme d'argent que ce soit, sinon ce qu'il est coutume de payer au Roi et à la Chambre de Lisbonne ; et si d'autres venaient malheureusement à être introduits par la suite, qu'ils ne les paient point…

Article XXVI — Item, il a été décidé et convenu que la présente paix et confédération ne sera annulée par aucune autre ligue ou confédération faite ou à venir, par le Sérénissime Protecteur d'Angleterre et par le Roi du Portugal, ou tous autres Princes ou Républiques ; mais que cette paix et confédération soit entièrement maintenue et reste toujours en vigueur…

Source : Borges de Castro (J.F.), *Collecção dos Tratados, Convenções e Actos Públicos,* Lisboa, Imprensa Nacional, 1856, pp.169–203.

Bibliographie : Renouvin, *Histoire des relations…*; Serrão, *História de Portugal…*

LE PORTUGAL FACE AUX NEGOCIATIONS DE LA PAIX DES PYRENEES (1659)

Le traité des Pyrénées constitue le tournant dans la guerre luso-espagnole. Avant, la guerre s'était limitée à des combats et à des razzias de frontière, avec cependant un durcissement des affrontements depuis 1656, marqué par la victoire portugaise d'Elvas (1659). Après, libéré de la pression française, Philippe IV concentre tous ses efforts sur la récupération du Portugal et lance tous les ans des offensives convergentes sur Lisbonne, jusqu'à la défaite définitive de Montes Claros en juin 1665. Le comte d'Ericeira (1632–1690), « le Colbert portugais », qui s'est distingué pendant la guerre d'Indépendance comme général d'artillerie, dispose de l'ample documentaire du Conseil de Guerre, en tant qu'historiographe officiel et Vedor da Fazenda, *c'est-à-dire surintendant des finances. Il expose ici le désarroi du Portugal devant les négociations de paix de 1659, où son exclusion est imposée par l'Espagne et admise par la France.*

La Reine Régente avait répondu à toutes les difficultés de la Monarchie avec un jugement si sûr et si avisé, éclairé par l'expérience des affaires les plus importantes dont elle assurait la conduite, que dans toutes les Cours d'Europe, elle était un exemple de valeur et de mâle entendement. Elle souhaitait au plus haut point accroître cette récupération par l'éducation du Roi son fils entré déjà en sa seizième année, et pour accomplir ce vertueux dessein, elle n'épargnait aucun soin divin et humain, mandant aux Ordres religieux de demander à Dieu de corriger les imperfections du Roi et cherchant continuellement à y couper court, tantôt par des prières, tantôt par des menaces… ; car son tendre sentiment de mère et les inévitables menaces qui pesaient sur le Royaume ne permettaient le moindre relâchement de sa vigilance dans des affaires si importantes. Toutefois, tant d'application vertueuse ne suffisait pas à remettre dans le droit chemin l'esprit du Roi perturbé par des défauts originels et perverti par les pernicieux exemples de certains de ses proches (…).

L'état où demeura le Royaume après les campagnes de Badajoz et d'Elvas, sans sujets, sans argent, obligea la Reine Régente à nommer ambassadeur extraordinaire auprès le Roi de France le comte de Soure, s'en remettant au grand talent et au zèle louable avec lesquels il avait conclu les importantes affaires dont Elle l'avait chargée et que de nouveaux accidents, après son départ, aggravèrent encore plus (…). Les instructions que la Reine lui fit remettre étaient de présenter en France les dangers que court le maintien de notre Royaume, encore que victorieux, étant donné la perte de maintes troupes aguerries lors des sièges de Badajoz, d'Elvas et de Monçao, et de demander pour cette raison au Roi Très Chrétien un secours de 4 000 fantassins répartis en 6 Régiments, et de 1 000 cavaliers payés par le Trésor français, de pouvoir choisir et recruter pour occuper les postes de Maître de camp général (1) deux personnes de grande réputation, au mérite et à la fidélité reconnus par le Cardinal Jules Mazarin, Premier Ministre de la Couronne de France. S'il n'était pas possible d'obtenir ces secours payés par ce pays, qu'il demande l'autorisation de lever le même nombre d'hommes aux frais de notre Roi et qu'il lui remette à cet effet un crédit de 100 000 cruzades. L'instruction détaillait également toutes les démarches qui dans les ambassades antérieures avaient été faites à la suite du traité de la ligue offensive et défensive de cette Couronne, et il était recommandé au comte de mener l'affaire à son terme, d'informer Francisco de Mello à Londres de l'issue de cette affaire, car si elle ne réussissait pas en France, ordre lui était donné de conclure dans les mêmes formes avec l'Angleterre une alliance qui plusieurs fois lui avait été offerte. Le comte partit de Lisbonne le 13 avril dans un navire anglais et emmena comme secrétaire d'ambassade Duarte Ribeiro de Macedo, qui terminait son triennat en qualité de Gouverneur de la *Comarca* (2) de Torre de Moncorvo, et était un sujet justement estimé. Il fut escorté par un bateau de guerre de la même nation, le capitaine s'étant engagé à l'accompagner jusqu'au Havre de Grâce. La mer et les vents furent aussi adverses au comte qu'à terre ses démarches, la tempête l'obligeant à perdre quarante jours du port de Lisbonne au Canal d'Angleterre. A ce moment il rencontra trois frégates de guerre anglaises, et s'étant reconnues mutuellement, elles se mirent à la cape, et les trois capitaines vinrent rencontrer à bord de son navire le comte-ambassadeur. Ils lui firent savoir que le gouvernement anglais connaissait un bouleversement total, car Richard Cromwell, qui avait succédé à son père à la tête du gouvernement, avec le même titre de Protecteur, venait d'être déposé et de retourner à la vie privée, et que le Parlement détenait l'autorité souveraine. Le traité de paix entre les Couronnes de France et de Castille était tenu pour fait, car en Flandres la suspension d'armes avait été décrétée jusqu'à nouvel ordre et le parti de la France se sentant fort, il était incroyable qu'il se risquât à perdre les avantages qu'il pouvait attendre de la poursuite de la guerre en cours, sans la ferme assurance de la paix future. La nouvelle chagrina fort l'ambassadeur, car en vérité, elle modifiait la substance des instructions qu'il avait, changeait la tournure de l'affaire dont la résolution devenait une difficile mission, puisqu'il ne restait d'autre espoir que de négocier l'entrée dans le traité de paix ou d'obtenir une clause favorable, s'il arrivait qu'il fût exclu de la négociation. Après le départ des Capitaines, le navire entra dans le port de Plymouth et, ayant confirmation de la nouvelle touchant le traité de paix, le comte écrivit à la Reine pour lui communiquer la chose. Il remit les lettres à Francisco de Mello et l'informa de sa mission et de la difficulté qui venait de surgir, compromettant ses premières instructions ; qu'à Paris il attendait de lui une réponse et une information sur les affaires présentes. Deux jours plus tard, le comte partit pour le Havre de Grâce où il entra le 26 mai. La Reine Régente Anne d'Autriche s'occupait toujours des affaires du Royaume de France et son fils Louis XIV, entrait dans sa vingt-et-unième année, avec le talent et la grâce qui correspondaient à sa haute naissance et avec des qualités acquises dans l'exercice des arts libéraux. Les plaisirs de la

Cour l'éloignaient de telle sorte des soucis du gouvernement que les courtisans y trouvaient à redire, mais bientôt ses actions héroïques y remédieraient. La Reine gouvernait avec le seul concours du Cardinal Jules Mazarin qui lui était redevable de la constante détermination avec laquelle elle l'avait maintenu aux plus hautes fonctions dans les troubles civils que la haine inspirée par son pouvoir avait fait naître dans le royaume. Le talent du Cardinal était à la hauteur de sa fortune et avait réussi à rétablir la paix après que le Prince de Condé eut quitté la France, après qu'il eut lui-même apaisé le Duc d'Orléans Gaston de France, et à présent les meilleures maisons recherchaient des alliances avec ses nièces. Il menait pour la France cette guerre avec d'éclatants succès, sous le commandement du maréchal de Turenne, et n'engageait que peu de forces en Catalogne et en Italie.

NOTES

1. Equivalent de général.
2. Comarca correspond à district.

Source : Menezes (Condé de Ericeira, Luis de), *História de Portugal Restaurado*, Lisboa, 1751, t.I, pp. 256-260 (édition originale : Lisboa, 1679-1698, 2 vol.).

Bibliographie : Serrão, *História de Portugal*, vol.V... *Recueil des instructions*...; Renouvin, *Histoire des relations internationales*...

REPEUPLER LE PORTUGAL EN FONDANT DES COLONIES DANS LE ROYAUME

Les « arbitristes » espagnols ne sont pas les seuls à déplorer la dépopulation. Leurs homologues portugais font de même, en particulier le polygraphe Manuel Severim de Faria (1583-1654), chantre du chapitre d'Evora. Très influencé par la pensée de J. Bodin, Severim de Faria vante pour tout pays l'intérêt de « muita gente ». Il voit trois causes à la dépopulation : l'émigration outre-mer (véritable « constante structurelle » du Portugal pour V. Magalhaes Godinho), la faiblesse de l'industrie nationale, le peu d'intérêt pour l'agriculture. Parmi les solutions, il insiste sur la nécessité d'introduire les arts mécaniques et de fonder des colonies de peuplement à l'intérieur du royaume.

Les politiques font remarquer que les anciens Romains, tant pour cultiver toute l'Italie que pour multiplier les habitants — ce qu'ils se donnèrent toujours comme but — utilisèrent beaucoup ce remède que sont les colonies...

On a utilisé ce remède également dans ce royaume dès les origines, car depuis le comte D. Henrique jusqu'au roi D. Dinis, non seulement les rois fondèrent de nombreuses villes, mais aussi les prélats, les corps municipaux et les nobles à titre individuel, en répartissant les domaines dont ils disposaient entre ceux qui désiraient s'y installer... De telle sorte qu'une bonne partie du royaume se peupla grâce à ce moyen, et principalement l'Alentejo qui, outre le fait d'être la dernière province portugaise conquise, restait la moins peuplée ; toutefois, presque toutes les fondations d'Alentejo furent réalisées par l'évêque et le chapitre d'Evora, par les maîtres d'Avis et de Saint-Jacques et par d'autres nobles.

Etant donné que grâce au moyen des colonies, le royaume commença à se peupler, on ne peut pas en chercher un autre, plus approprié, ni plus facile pour peupler le royaume, surtout d'Alentejo, qui pour être presque aussi vaste que tout le reste du Portugal est presque désert et ne compte que peu de *vilas* (bourgs) et *lugares* (hameaux). La raison en est que tout l'Alentejo est divisé en domaines, desquels les laboureurs ne sont pas propriétaires, mais seulement fermiers à bail... On n'ose pas planter un arbre fruitier ou une treille, parce qu'ensuite le voisin surenchérit lors du prochain fermage, pour être mieux établi. Il en résulte qu'aujourd'hui cette province est si dépeuplée, alors qu'à l'époque romaine, elle avait plus de *lugares* que les autres provinces de la Lusitanie. Pour la peupler, il ne serait pas nécessaire d'employer la force car, si on donnait aux hommes les terres et quelques facilités au début, ils seraient nombreux à venir s'y installer de leur propre volonté.

On peut faire deux objections à ce moyen : la première est que les terres de l'Alentejo sont des friches sableuses et stériles ; la seconde, est que l'eau, sans laquelle il ne peut y avoir peuplement, fait défaut. Cependant, ces deux difficultés peuvent être surmontées.

A la première, on peut objecter que tout l'Alentejo n'est pas constitué de landes et de terres stériles, dans la mesure où la plus grande partie si cette province a des sols fertiles et généreux ; et la partie qui est couverte de landes, n'est pas entièrement constituée de mauvaises terres. Qui plus est, comme nous l'avons démontré, aucune terre ne peut être qualifiée d'infructifère ; car, celle qui n'est pas bonne pour le blé l'est pour l'orge, le seigle ou la vigne ; et quand ce n'est pas le cas, elle convient pour les pâturages, qui ne sont pas moins importants que les campagnes céréalières, comme c'est le cas dans la plus grande partie de la Hollande, dont les campagnes, selon les géographes, ne servent pas à autre chose qu'aux pâturages, et grâce à cela, la Hollande est richissime. On voit la même chose dans l'Extrémadure de Castille, dont les terres ne servent à rien d'autre qu'à paître les troupeaux de pasteurs qu'on appelle de la Mesta et qui assurent aux propriétaires de ces lieux de très importantes rentes. Ainsi, dans les endroits où la terre n'est pas bonne, elle peut être utilisée comme nous l'avons dit ou même avec d'excellents ruchers, comme on le voit dans la sierra de Serpa, dans celle de Portel ou sur le territoire municipal de Palmela. Sa production de la cire, activité nouvelle, n'est pas moins rentable que n'importe quelle denrée commercialisée ; nous allions bien la chercher au Cap Vert et en Berbérie...

En ce qui concerne la seconde objection pour l'Alentejo (l'absence d'eau), il ne faut pas s'y arrêter ; car on peut y creuser de bons puits en grand nombre. Cela n'est pas nouveau... Actuellement consomment de l'eau des puits pour la boisson la ville de Faro, les *vilas* de Serpa, Montemor-o-Novo...

Quant à l'autre difficulté, qu'on pourrait mettre en avant (le coût pour les finances royales des débuts de ces *vilas* et l'introduction de ces colonies), on peut répondre qu'il n'est pas nécessaire qu'en cette matière Sa Majesté fasse une quelconque dépense ; il suffira qu'elle concède aux fondateurs les privilèges accordés dans le passé aux communautés ou aux nobles en particulier : le titre de seigneur. Les deux pôles qui font tourner toutes les affaires du Monde sont l'honneur et le profit... Même si le Roi concède ce léger titre de seigneur, il lui reste les nouveaux vassaux, les nouveaux tributs et menus profits, et la future croissance de toutes les productions de ces populations...

Ainsi, non seulement s'accroîtra la population, mais aussi l'abondance en blé, dont manque ce royaume, non par défaut naturel, mais par la cupidité de certains qui s'arrangent à maintenir et à accroître l'importance de leurs domaines. Plus ces derniers sont grands, moins ils sont cultivés, d'une part parce qu'il n'y a pas de laboureurs assez puissants pour avoir des capitaux suffisants pour de si grands travaux, d'autre part plus grand est le domaine, plus élevé est le nombre de soles de répartition ; et si un domaine a plusieurs soles, on n'en sème qu'une, les autres demeurent en friches, et c'est la raison pour laquelle ce royaume manque de blé.

Source : Severim de Faria (Manuel), *Dos Remedios para a Falta de Gente (1655)*, dans Sergio (Antonio), *Antologia dos Economistas portugueses (século XVII)*, Lisboa, Livraria Sa da Costa Editora, 1974, pp.147–153.

Bibliographie : Mauro, *Portugal, Brésil, Atlantique...*

SUR L'INTRODUCTION DES ARTS MECANIQUES AU PORTUGAL

Le courant mercantiliste portugais s'est inspiré surtout du modèle colbertien, avec cependant quelques clins d'oeil en direction de la Hollande et des « arbitristes » espagnols. Avant la mise en pratique par le comte d'Ericeira entre 1675 et 1690, il s'est appuyé sur la réflexion de théoriciens comme Duarte Gomes Solis, Manuel Severim de Faria, le P. Antonio Vieira. L'avocat le plus ardent du mercantilisme est sans doute Duarte Ribeiro de Macedo (1618–1680), letrado *qui a pu observer l'expérience française durant les années passées en France, d'abord comme secrétaire de la mission portugaise de 1659, ensuite comme ambassadeur de 1668 à 1677. C'est d'ailleurs à Paris en 1675 qu'il écrit son* Discours sur l'introduction des arts dans le royaume.

Le premier inconvénient considéré, de l'avis de la plupart de nos ministres, est de dire que si nous introduisons les arts mécaniques nous perdrons l'exportation de nos *drogas* (produits d'outre-mer) que les étrangers recherchent en échange de leurs produits manufacturés, et nous perdrons les Conquêtes qui ne subsistent que grâce à ce commerce, et le Trésor Royal perdra les droits de douane. Et cette raison est si bien admise que certains tiennent pour odieuse la pratique d'introduire les arts mécaniques et que beaucoup la tiennent pour dangereuse. Mais laissant pour un autre chapitre les bienfaits particuliers que leur introduction apportera au Royaume et supposant qu'elle peut présenter des inconvénients, je vais répondre à ses détracteurs.

1 — Qu'il est nécessaire d'examiner quel est le plus grand dommage : continuer dans l'état actuel qui vide l'argent du Royaume et nous laisse les *drogas*, ou réduire l'exportation des *drogas* en introduisant les arts mécaniques,

seul remède que nous ayons pour empêcher que sortent du Royaume la monnaie, l'or et l'argent ?

2 — Je ne dis pas qu'il faudrait introduire tant d'arts mécaniques que nous puissions nous passer des arts étrangers (encore que ce soit mon opinion) ; je dis simplement que pour le moment il nous faut introduire les plus nécessaires et ceux d'usage le plus courant, et les autres suffiraient largement à l'échange des *drogas* et des marchandises que nous pouvons offrir. Par exemple, si nous avons 4 millions de *drogas* et de marchandises à vendre, et que nous en avons besoin de 8, introduisons des arts mécaniques d'une valeur de 4. Tel est, comme cela a été dit et prouvé, le seul remède que nous ayons pour garder notre argent ; et à ce compte, qui n'est pas difficile à faire, disparaîtra la crainte que l'on a de cet inconvénient, et l'on verra que l'introduction des arts mécaniques non seulement n'est pas préjudiciable mais très nécessaire au salut du Royaume.

3 — Le principe selon lequel l'exportation de nos *drogas* dépend de l'absence des arts mécaniques est faux, parce qu'il est compensé par un autre principe plus naturel : les étrangers ont besoin de nos *drogas.* S'ils en ont besoin, aucune difficulté ne saurait résulter de l'abondance des arts mécaniques. Le cas nous est arrivé : il y a quelques années le sucre et le tabac étaient fort exportés, parce que nous seuls avions en abondance ces *drogas,* et tous en avaient besoin ; les nations du Nord firent des fabriques de sucre et de tabac dans les îles d'Amérique, et notre exportation chuta, parce qu'on n'avait plus besoin de ces *drogas,* par où l'on voit que le manque d'arts mécaniques n'entraîna pas un grand usage de ceux-ci et que l'introduction des arts mécaniques n'a pas entraîné leur peu d'usage.

Il y a également un autre principe qui contrarie l'exportation de nos *drogas* : leur présence ailleurs et à meilleur compte ; mais l'on peut y remédier en abaissant notre prix, c'est en effet le moyen qu'utilisent les Hollandais dans le Monde entier et qui leur permet de rester maîtres du commerce.

La grande abondance de ces marchandises peut entraîner aussi des excédents, même si tous en ont besoin ; car s'il ne faut à l'Europe que 50 000 caisses de sucre et que nous en apportons 100 000, il est inévitable que 50 000 caisses ne trouvent pas d'acquéreur, sans que l'introduction des arts mécaniques en soit la cause. Cela arrive communément pour tous les produits de la terre où ils sont plus ou moins abondants selon les années, comme nos *drogas* qui certaines années se vendent toutes et d'autres sont excédentaires parce qu'il y en a plus qu'on en peut consommer.

4 — Si nos *drogas* ne se vendent pas parce que les étrangers ne sont pas venus les chercher, soit par l'introduction des arts mécaniques (ce qui ne sera jamais le cas), soit parce qu'ils en ont chez eux, nous les transporterons où ils le font, car enfin, nous leur avons enseigné l'art de la navigation. Ainsi nous suppléerons le manque d'exportation de nos *drogas* par leur qualité très supérieure à celle des étrangers.

Source : Ribeiro de Macedo (Duarte), *Sobre a introducão das Artes,* 1675, pp.193-195.

Bibliographie : Hanson, *Economy and society in Baroque Portugal...*; Sergio (Antonio), *Antologia dos Economistas...*

LA LOI SOMPTUAIRE DE 1677

De l'Antiquité romaine à Olivarès, les lois somptuaires présentent une réelle continuité. Celles qui frappent le Portugal sous Pierre II ont à la fois une finalité morale et un but économique dans le cadre de la politique mercantiliste du comte d'Ericeira.

PRAGMATIQUE PAR LAQUELLE S'ETABLISSENT LA MODERATION ET LA DECENCE POUR LA PARURE DES VETEMENTS, DES FUNERAILLES ET DES VOITURES, ET PAR LAQUELLE SERONT INTERDITS LES JEUX D'ARGENT (1677)

Dom Pedro, par la grâce de Dieu, Prince du Portugal et des Algarves... comme Régent et Gouverneur des dits Royaumes et Seigneuries, je fais connaître à ceux qui verront cette mienne loi que, sur la représentation et à la demande instante des Etats du Royaume, réunis en Cortès, que j'ai mandé convoquer dernièrement, j'ai voulu cesser les graves dommages qui étaient occasionnés dans ces Royaumes et leurs Conquêtes, en commun comme en particulier, par le laisser-aller des costumes, le coût excessif des habits de fête, le luxe avec lequel se décoraient les maisons, se fabriquaient les voitures, se vêtaient les laquais, le nombre croissant de ceux-ci, la coûteuse vanité des funérailles, des formes de deuil et des abus vestimentaires par lesquels mes vassaux, avec une profusion extraordinaire, une ostentation vaniteuse et des dépenses immodérées, engageaient leur patrimoine, ruinaient leurs héritiers et en arrivaient souvent à appauvrir et à dégrader de diverses façons les familles les plus nobles et les plus opulentes, au plus grand détriment du service de Dieu, au grand dommage de la bienséance, des moeurs, du bien public du Royaume et de son maintien. Et, considérant l'obligation que j'ai de trouver un remède à tous ces maux, non seulement pour l'exemple de ma Personne et Maison Royale, mais aussi en cherchant par tous les moyens possibles à extirper les abus, éviter les ruines et modérer les parures exagérément pompeuses et vaines des personnes, maisons et familles par l'introduction de la gravité dans les costumes et d'un éclat dont la magnificence reste décente, afin de conduire à la restriction des dépenses et à améliorer les moeurs, j'ai ordonné avec ceux de mon Conseil de faire la pragmatique et loi de la manière suivante :

1 — Premièrement, j'ordonne et je commande qu'aucune personne de quelque condition, degré, qualité, titre, dignité, prééminence que ce soit, si grande soit-elle, aussi bien hommes que femmes, dans ces Royaumes et Seigneuries du Portugal et de ses Conquêtes jusqu'au Cap de Bonne Espérance, ne puisse utiliser pour la parure de ses personnes, enfants et serviteurs, maison, service et usage, qu'ils feront faire nouvellement, de soie, dentelles, rubans ; broderies ou garnitures, qui aient de l'or ou de l'argent, fin ou faux ; et je les autorise seulement à mettre sur les costumes des boutons et boutonnières de fil d'or ou d'argent ; d'argent ou d'or martelé, mais pas en filigrane, sans aucune autre sorte de garniture, même de rubans ; et j'autorise seulement les femmes à porter des garnitures de six doigts de largeur, qui ne soient pas des matières interdites ci-dessus, et qui pourront être en dentelles faites dans le royaume, et de la même largeur.

2 — J'ordonne et je commande que l'on ne puisse utiliser aucune sorte de dorure ou d'argenture, dans les choses qui seront faites nouvellement ; parce que je ne les autorise que dans les églises, chapelles, oratoires et choses se rapportant au culte divin, et d'aucune manière pour toute chose profane ; cependant, ne sont pas comprises dans cette interdiction les soies, rubans, broderies, garnitures d'argent, d'or fin ou faux, travaux argentés ou dorés, qui viendront de l'Inde, étant entièrement travaillés et faits dans cet Etat, étant produits de l'Asie, parce que l'on pourra utiliser librement toutes ces choses.

3 — Personne de quelque condition que ce soit... ne pourra revêtir d'habits longs, excepté les clercs des ordres sacrés ou les bénéficiers qui seront notoirement connus comme tels ; les juges et les étudiants immatriculés à l'Université de Coimbra et Evora ; à la condition qu'aucun ne porte quoi que ce soit sur la soutane ou la chape, car je l'interdis formellement.

4 — Personne ne pourra revêtir d'étoffe qui ne soit fabriquée dans ce royaume ; de même, on ne pourra pas utiliser des tours de dentelle, ceintures, ceinturons, baudriers et chapeaux, qui n'y soient faits.

5 — J'ordonne et je commande que dans la maison des défunts de quelque condition, degré, qualité, titre, état, dignité et prééminence que ce soit, si grande soit-elle ; comme dans les églises où ils seront enterrés, où auront lieu les offices à leur intention, on n'utilise aucun autre ornement funéraire qu'une estrade d'une marche couverte de noir sans passement, ni galon, ni broderie d'or, d'argent, fin ou faux, estrade sur laquelle se pose le corps ou le cercueil, avec quatre torchères aux angles et deux chandeliers à croix, sans aucune autre sorte de décoration ou d'ornement funèbre.

6 — Personne ne pourra revêtir de deuil long et l'on utilisera uniquement le court ; cependant, on pourra porter une cape longue de drap ou de flanelle, avec fraise, ou avec rabat plat ; et l'on ne pourra d'aucune façon utiliser de capuchon ou de manteau à capuche ; ni de coches, carrosses, calèches, berlines, litières ou voitures couvertes à l'intérieur ou à l'extérieur de quelque espèce de deuil que ce soit.

7 — Les coches, carrosses, calèches, berlines, litières et voitures, que l'on fera faire nouvellement, ne pourront être extérieurement recouvertes d'aucune espèce de soie, ni d'aucune autre sorte d'ornement, à l'exception d'une seule frange.

8 — Personne, de quelque titre ou prééminence que ce soit, si grande soit-elle, ni à l'intérieur de cette ville, ni en quelque autre lieu, où sera présente ma Personne et Maison Royale, ne pourra faire tirer coche, carrosse, calèche ou autre berline, par plus de quatre mules ou chevaux et je permets seulement qu'on puisse en mettre six en sortant d'icelle, au couvent de Santa Clara, à celui de Santa Martha et à l'église des *Anjos* (Anges), et en ces dits endroits, ils seront retirés avant d'y entrer.

9 — Personne de quelque titre et prééminence que ce soit, si grande soit-elle, ne pourra amener ou se faire accom-

pagner, si elle va à cheval, de plus de deux laquais ou valets libres ou esclaves ; et de même nombre si elle va en voiture, en plus du valet qui la conduit ; et si elle va en coche, litière, carrosse, berline ou calèche, elle se fera accompagner du même nombre de laquais ou de valets, en plus des deux porteurs de litière ou des cochers ; cependant, si mari et femme vont ensemble, ils pourront se faire accompagner de quatre laquais ou valets.

10 — Les livrées que l'on fera faire nouvellement pour les cochers, porteurs de litière, laquais et valets, ne pourront être faites d'aucune autre matière que d'étoffe faite dans le Royaume, ni doublées de quoi que ce soit, sinon de laine, sans le moindre ornement d'aucune sorte : les bas ne seront pas en soie ; les boutons et boutonnières le seront, mais ni en or, ni en argent, fin ou faux ; et s'il faut ajouter des rubans aux costumes, ce sera uniquement aux culottes, avec ceux que l'on a coutume d'avoir ; les vêtements de deuil seront courts, sans capes, ni robes longues...

Lisbonne, le 25 janvier 1677

Source : Collecção Chronologica de Leis Extravagantes, t.II, Coimbra, 1819, pp.79-82.

Bibliographie : Oliveira Marques, *Histoire du Portugal...*, Hanson, *Economy and society in Baroque Portugal...* Sergio (Antonio), *Antologia dos Economistas ;* Macedo (Jorge Borges de), *Problemas da Historia da Industria...*

LA NOBLESSE PORTUGAISE SOUS PIERRE II

La noblesse portugaise est un monde complexe, qui cache derrière l'unité juridique du braço *(le bras) une grande diversité socio-économique. C'est un sujet d'intérêt pour Jean-Baptiste Colbert, futur marquis de Torcy, envoyé extraordinaire de Louis XIV en 1684.*

Plusieurs fidalgues sont partisans de l'Espagne, et au lieu que c'estoit autre fois un crime, que d'estre seulement soupçonné d'avoir l'inclination castillane, ceux qui l'ont à present ne s'en cachant plus. Ils soustiennent publiquement des intérests des Espagnols, et ils disent que les Portugais doivent regarder l'Espagne comme le plus ferme rempart, qu'ils ayent, contre la puissance de la France.

Plusieurs ne seroient pas fachez de retourner sous la domination d'Espagne, dans l'esperance qu'ils ont, qu'ils pourroient avoir des emploies beaucoup plus considérables, que ceux auxquels ils peuvent pretendre en Portugal...

Le Roy D.P. même, n'est pas exempt des deffauts de sa nation. Ce prince a eu trente six ans le 20e du mois d'avril dernier (1684)...

Son humeur sombre fait qu'il ne trouve de plaisir qu'avec des mulastres et des valets qui l'entretiennent de tout ce qu'on dit parmy le peuple, et qui sont les ministres de ses débauches. Cette manière de vivre éloigne de luy tous les Portugais, et il seroit abandonné des fidalgues, s'ils n'estoient retenus par leurs propres interests.

Comme leurs biens de patrimoine ne pouroient pas suffire pour les entretenir, ils tachent tous, d'obtenirs des charges, des commanderies ou des pensions.

Le Roy donne toutes les charges de son Royaulme, et les provisions ne s'en expédient que pour trois ans, cependant ces charges ne sortent guère des maisons de ceux à qui on les donne.

Il donne aussy beaucoup de comanderies, comme grand maistre des trois ordres militaires, de Christ, de St Jacques et d'Aviz, quelques unes de ces Commanderies sont d'un revenu considerable. Beaucoup de fidalgues, en possedent en meme temps plusieurs, et on les leurs donne souvent pour trois ou quatre vies. Le Roy du Portugal donne encore les titres et on les assit ordinairement sur quelque domaine de la Couronne. Ils ont un revenu fort modique, qui est augmenté ou diminué selon la dignité des titres. Plusieurs n'en ont point. Quand un portugais veut obtenir des charges, des commanderies ou des pensions, il faut qu'il represente ses services, et non seulement les siens sont compris, mais encore ceux de ses ancestres, s'ils n'ont pas esté récompensez. Ceux qu'on envoye dans les ambassades ou à qui l'on donne des gouvernements ou d'autres employes, ne partent point qu'ils ne soient assurez d'avoir de nouvelles graces.

Comme tout ce que le Roy peut donner est pour la noblesse, afin de récompenser les gens de moindre qualité, on a fait plusieurs chevaliers de Christ, a qui l'on a assigné des pensions, dont les moindres doivent être de vingt escus, pour pouvoir joüir des privilèges de l'ordre, qui sont assez considérables. Il n'y a que cette espérance d'obtenir des graces qui tient les Portugais auprès du Roy D.P...

La Cour du Roy D.P. seroit belle s'il vouloit se laisser voir. Elle est fort grosse des jours d'audiance, et de chapelle.

Quand le Roy donne audiance a quelque ministre estranger on écrit aux titres de s'y trouver. Il y a en Portugal trois sortes de titres. Les Ducs, les marquis et les comtes. Les Ducs ont le premier rang, les marquis vont après, les archevesques sont audessus des Comtes, et les comtes au dessus des Evesques. Il n'y a point d'introducteur des ambassadeurs. C'est le maistre de salle, qui en fait les fonctions, cette charge est presque comme en france celle de maistre des cérimonies...

Ces Ducs sont aussy dans la balustrade et ils ont des sieges pliants derriere la courtine du Roy. Les marquis sont hors de la balustrade et ils ont des sieges avec des Carreaux. Les titrés d'égale dignité prennent leurs places entre eux, suivant l'ancienneté de leur reception, et non pas selon l'ancienneté de leurs titres.

La difference des titrés est encore plus grande dans les audiances qu'ils ont du Roy. Les Ducs ont un siege plaiant, ils parlent assis, et couverts, et ils reçoivent de mesme la responce du Roy.

Les marquis parlent debout, et couverts mais ils se découvrent pour recevoir la réponse. Les Comtes sont debout, et decouverts quand ils parlent, et quand le Roy leur répond.

Les duchesses sont traittées dans leurs audiances de Cérémonies, comme les ambassadeurs Elles ont un carreau sur le coin de l'estrade à costé droit. Les marquises en ont un hors l'estrade et les comtesses n'ont qu'un simple tapis. Il n'y a aucune difference hors ces audiances et ceremonies.

Le Duc de Cadaval est au jourd'huy le seul Duc, qui soit en portugal.

Il y a neuf marquis et trente Comtes...

Les fidalgues portugais sont persuadés qu'il n'y a point au monde de meilleur noblesse que la leur. On ne leur parle dès leur enfance que de la grandeur de leurs maisons. Amsy ils se persuadent aisément qu'elles sont aussy illustres, qu'on leur dit, et ils ferment les yeux aux déffauts qu'ils y trouvent, quand ils les connoissent.

Ils prennent souvent les noms de leurs meres quand elles sont des meilleurs, ou pour oster la connoissance des taches qui peuvent se trouver dans leurs races.

Les moindres de ces taches sont les simples mésalliances qu'ils appellent : *seuderizas*. Ils ne s'en soucient pas, quand elles sont anciennes.

Les maisons où il y a des bâtardises n'en sont pas

moins estimées, et il n'y en a presque point, qui en soient executés.

Le mahométisme et le judaisme principallement sont les seuls deffautes considerables, et qui ne s'effacent jamais. On appelle ces desfauts *Reparos*.

Les filles des maisons qui les ont ne trouvent pas à se marier. Celles des maisons que n'ont point de desfauts et qu'ils appellent *limpas* sont au contraire fort recherchées, et se marient même sans dot.

Source : Uma Relação do reino de Portugal em 1684, dans *Boletim da biblioteca de Coimbra*, vol. XXV, 1962, pp.83-142. Ce texte est probablement de J.B. Colbert, futur marquis de Torcy.

Bibliographie : Godinho, *Estrutura da antigua sociedade portuguesa...*; Hanson, *Economy and society in Baroque Portugal...*; Labourdette (Jean-François), *Le Portugal de 1780 à 1802.*

LES FLUCTUATIONS DU COMMERCE DE FRANCE EN PORTUGAL

Bien que déjà, au XVIIe siècle, le commerce anglais au Portugal soit largement prédominant, le commerce français n'est pas pour autant négligeable. Ce commerce traditionnel est favorisé par la fameuse « alliance » franco-portugaise de revers — même si cette dernière n'est pas dépourvue d'ambiguïté — par la présence ancienne d'une « nation » française structurée qui compte environ à la fin du XVIIe siècle 2000 personnes, dont la moitié à Lisbonne. Mais ce commerce est pénalisé par le manque de complémentarité entre les deux économies nationales (par exemple, après 1680, les sucres brésiliens présentent un intérêt moindre pour la France) et par les mesures protectionnistes que le comte d'Ericeira, soucieux de protéger les manufactures portugaises, dresse contre les produits français, au demeurant trop onéreux et souvent mal adaptés au marché lusitanien. D'où la relative médiocrité des échanges (à la fin du XVIIe siècle, Lisbonne reçoit tout au plus 40 à 50 vaisseaux français par an) et de grandes fluctuations liées aux vicissitudes européennes et à la conjoncture de l'« Atlantique portugais ».

LETTRE DU CONSUL LESCOLLE A PONTCHARTRAIN, 26 DÉCEMBRE 1689

... Le Portugal, Mgr, n'est plus qu'ombre de ce qu'il a esté autrefois, soit par le commerce, la navigation, les richesses, la politique, le gouvernement et la bravoure de ses peuples : c'est la paresse et la fainéantise, à quoy ils sont enclins joint à l'ignorance, qui sont cause de tout cela...

Antrefois le commerce de France aveq le Portugal estoit considérable par la quantité de manufactures de soye, laines, dorures, chapeaux, rubans et autre marchandises qui venoient icy et qui avoient grand débit, et les retours se fesoient en sucres, tabaqs, bois de Brésil, en piastres, et en lettres de change, mais tout cela est tombé et en voicy les raisons.

La première est parce que les Anglois, Hollandois, et Gennois ont estably chez eux les mesmes manufactures qu'en France, et ont trouvé le secret de les donner à meilleur marché, et par ce moyen, ont eu tout le débit au préjudice de celles de France. La deuxième est qu'alors les Isles de l'Amérique ne fournissoient presque point de sucres à la France : ainsy l'on estoit obligé d'en tirer d'icy, et comme il en vient à présent une quantité sufisante, l'on ne veut point celuy de Portugal, sur lequel l'on a mis en France cinq escus de droits d'entrée sur cent livres pesant, ce qui fait un droit de plus de 63 pour cent, car l'on a icy cent livres de sucre pour 22 francs, ce qui fait qu'il y a beaucoup à perdre à en envoyer ; la mesme perte sur le tabaq. Ainsy, Mgr, s'il n'y a pas de quoy faire les retours, il est innutil d'envoyer des marchandises ; de remettre en argent, cela ne se peut, car il y a 25 pour cent à perdre, l'argent ayant haussé icy depuis trois ans de 20 pour cent, et pour remettre en lettres de change, il y a 18 et 20 pour cent à perdre ; encore n'en trouve-t-on pas. Ainsy, Mgr, voilà le pitoyable esta auquel est réduit le commerce de Portugal, et ce qui l'a achevé de perdre entièrement, c'est la *pragmatique* que l'on a fait depuis 4 ans, et qui s'observe aveq la dernière rigueur, laquelle défend touttes sortes de draps estrangers, d'estoffes aveq or ou argent, estoffes de soye brodées que l'on apelle brocards sans or ny argent, touttes sortes de rubans unis et façonnés, chapeaux et touttes sortes de dorures, et comme c'estoit là le fort du commerce de la France, la source en est tarie...

LETTRE DE L'AMBASSADEUR ROUILLE A PONTCHARTRAIN, 19 NOVEMBRE 1697

Depuis dix ans, le commerce de France en Portugal n'avoit été si abondant, ce que la paix ne pouvoit qu'augmenter. En effet, il n'est jamais venu autant de marchandises de France icy : elles ne sont pas à la vérité de mesme nature que celles qui venoient autrefois. Depuis la pragmatique de l'année 1686, les étoffes d'or et d'argent n'y sont plus receues, mais cela ne fait pas une perte pour le commerce ; au contraire, la deffense de ces étoffes a jetté icy dans l'usage des étoffes de soye, dont on use bien plus grande quantité qu'on faisoit des premières, parce que, étant moins prétieuses et moins solides, on les conserve moins, et l'on est obligé d'en changer plus souvent, et ce renouvellement donne lieu à un fort grand débit qui fait le proffit du marchand. D'ailleurs, l'effet de cette Pragmatique est presque anneanty ; hors pour les étoffes d'or et d'argent, la Cour s'est d'elle mesme relachée sur quelques points, comme sur les draps noirs et les chapeaux qu'on souffre entrer icy, où il en vient de France comme de parttout ailleurs. Sur les autres chefs qu'on veut qui subsistent, tout le monde se lisentie, et pourveu qu'on aille point à la Cour avec quelques unes des choses deffendues, on porte ailleurs tout ce qu'on veut, par exemple les hommes et les femmes portent autant de rubans qu'ils veulent : s'il ne s'en fait pas une aussi grande consommation qu'il s'en faisoit autrefois, c'est parce que l'on sait qu'à la Cour de France, la mode n'en est plus, et si l'on aprenoit icy qu'elle revint, il s'en feroit icy plus de débit que jamais. Pour les hommes, il n'y en a pas un qui contre les deffenses ne se pique de porter des habits et des manteaux rouges : ils ne s'en abstiennent que lorsqu'ils vont à la Cour. Ainsy, Monsieur, l'on peut conter qu'il n'y a aucun sujet de plainte sur la diminution de ce commerce ; je pense que vous ne l'auriez pas crû, et je ne suis revenu sur cela de l'idée généralle que le commerce de France en Portugal étoit fort diminué, que par l'aveu démonstratif de ces marchands, et le silence de tous les autres. Quand je les ai pressé de parler, il n'y a qu'un seul point sur lequel ils se plaignent tous également, et avec raison, qui est le peu d'expédition et la dureté qu'ils trouvent à la douane...

LETTRE DE L'AMBASSADEUR ROUILLE
A PONTCHARTRAIN, 24 NOVEMBRE 1699

Par l'atention que je donne aux affaires du comerce en ce pais cy, je vois qu'on en tire cette année pour France plus de tabac que les précédentes : il en sort pour le compte seul des fermiers généraux du tabac, 3500 rouleaux, et il y a des commissions particulières pour près de 1500 rouleaux, ces deux articles qui font 5000 rouleaux, sont de 800 000 #. Les sucres sont encore un article considérable : il en ira d'icy en France pour plus de 400 000 #. Les fruits qu'on en tire, qui paroissent peu de chose, ne laissent pas de monter à une assez grosse somme, les oranges seules montent à plus de 300 000 #. Il va, outre cela, d'icy en France, quantité de choses provenant des Indes, comme diamans, porcelennes, épiceries qui jointes ensemble font un capital. De tout cela je conclus qu'il va d'icy en France cette année pour plus de 2 000 000 de denrées, et je ne vois pas que les retours puissent approcher de cette somme, à beaucoup près, non seulement parce que le deuil que l'on porte de la Reyne empêche l'usage et, par conséquent, le débit des étoffes de soye et des rubans qui est ce qu'on tire de plus de France pour ce pais cy, mais parce qu'en général, il y a moins de consommation que jamais de ces sortes de choses par la disette ou la cherté des vivres et les nouveaux imposts réduisent les Portugais depuis quelques années. Je crois que cette inégalité de commerce demanderoit quelque remède : le plus naturel seroit de se passer en France s'il étoit possible, d'une moindre quantité de tabac et de sucre du Brézil, qui sont les deux marchandises qui emportent le plus d'argent...

LES CHIFFRES DU COMMERCE FRANÇAIS A LISBONNE DE 1686 À 1702, D'APRES LA VALEUR DES DROITS DE CONSUL (0,25 %)

Années	Valeur des droits de consul		Valeur totale du commerce en livres tournois
	en *reis*	en livres tournois	
1686	1 390 704	5 795	2 318 000
1687	1 523 335	6 348	2 539 200
1688	895 700	3 732	1 492 800
1689	586 600	2 441	976 400
1690	1 034 000	4 308	1 723 200
1691	1 730 000	7 208	2 883 200
1692	1 091 000	4 546	1 818 400
1693	1 182 000	4 925	1 970 000
1694	1 655 000	6 896	2 758 400
1695	870 000	3 625	1 450 000
1696	897 000	3 737	1 494 800
1697	1 375 000	5 729	2 291 600
1698	1 835 000	7 646	3 058 400
1699	2 860 300	11 918	4 767 200
1700	3 143 000	13 096	5 238 400
1701	1 742 800	7 262	2 904 800
1702	1 397 000	5 821	2 328 400

Note : Les chiffres de 1699 et 1700 ont été glonflés par les importations de blé français au Portugal.

Source : d'après Labourdette (Jean-François), *La nation française à Lisbonne de 1669 à 1790. Entre Colbertisme et libéralisme*, pp.319–322 et 637.

Bibliographie : Hanson, *Economy and society in Baroque Portugal...*; Mauro, *Portugal, Brésil et Atlantique... Recueil des instructions...*

DES INTERETS DU PORTUGAL A L'EGARD DE L'ANGLETERRE

De Dona Filipa de Lancastre, l'épouse de João Ier, à l'époque contemporaine, le Portugal et l'Angleterre ont toujours eu des rapports privilégiés. Un auteur anonyme anglais, qui dit avoir séjourné plusieurs années au Portugal, se plait à analyser ces relations sur la longue durée, juste à la veille de l'entrée du Portugal dans l'alliance anglaise et de la conclusion du traité Methuen.

Je ne croi pas qu'il y ait jamais eû au monde de Nation qui ait fait moins valoir fes bons offices, ni qui en ait rendu de fi confidérables à une autre, qu'a fait la Nation Angloife à l'égard du Portugal. Auffi l'aurois-je placée la premiére, fi j'avois voulu ranger les autres felon la place qu'elles méritent dans l'eftime des Portugais. Car enfin, il eft jufte que les Anglois foient mis au premier rang des fondateurs, des protecteurs & des reftaurateurs du Roïaume de Portugal : ils en ont été affurément les amis les plus fûrs & les plus defintéreffez...

Les Ecrivains Portugais anciens & modernes conviennent, que les Anglois contribuerent extrémement à la conquête de Lisbonne, faite fur les Maures, par laquelle le Portugal vint à avoir le nom de Roïaume...

Si des Hiftoriens de ce Payïs-là ne nous trompent point, les Anglois ont eu autant de fois part à la défenfe & à l'affermiffement de ce Roïaume, qu'il a été de fois en danger du côté des ennemis de dehors . Deux fois il faillit à être entierement envahi par les Caftillans, qui s'étoient rendus maîtres de la plus grande partie du Roïaume ; qui avoient gagné & mis de leur côté quantité de perfonnes de qualité ; & qui auroient pû prendre Lisbonne même : la premiere fois, durant le Régne de Ferdinand, dernier des légitimes defcendans d'Alfonfe Henriquez ; la feconde, lors que Jean I. de qui tous les fucceffeurs tirent leur droit, combatoit pour la Couronne ; & autant de fois les Portugais furent fecourus par les Anglois, & mis en état de porter la guerre dans le payïs ennemi nos Princes du fang même voulant bien aller en perfonne à leur affiftance, premierement *Edmund de Langley,* alors Comte de Cambridge, & puis *Jean de Gaunt,* Duc de Lancaftre. Que fi dans la fuite, après plufieurs régnes floriffans ils furent enfin reduits fous le joug de l'Efpagne, ce fut leur propre faute ; les Anglois envoïerent une bonne flotte & une belle armée à leur fecours, fous Dom Antonio, qu'ils avoient fait leur Roi : mais ils ne voulurent point accepter la Délivrance ; ainfi ils demeurerent fous le pouvoir de leurs ennemis...

Dans la derniere guerre, la France avoit abandonné les Portugais, ou les avoit affiftez d'une maniere qu'elle n'oferoit avoüer fans confufion : toute l'Europe regardoit leur ruïne comme inévitable : quelques perfonnes même du Roïaume furent fi fort de cette opinion, qu'ils crurent qu'il étoit temps de penfer à fe fauver eux-mêmes, & de faire leur paix avec l'Efpagne ; de ce nombre furent le Duc d'*Aveirro,* &

l'Ambaffadeur de Portugal en Hollande, qui fe rangerent du côté des Efpagnols : le Cardinal Mazarin plaifantoit avec nôtre *Lockhart* fur la folie de tout le refte, qui ne faifoit pas la même chofe, & qui s'imaginoit pouvoir réfifter plus long-temps : & Dom Loûïs de Haro, qui n'étoit pas reputé fanguin, comptoit pour rien la petite expédition que fon Maître avoit entrepris contre le Duc de Bragance, car ce fut fur ce pied-là qu'il en parla à Charles fecond aux Pyrenées : dans ces circonftances-là le peu de troupes que le Roi Charles envoïa après fon rétabliffement, déciderent la querelle par leur incomparable valeur ; & les victoires qui furent remportées par leur moïen, fecondées par la vigilance, la dexterité & la fageffe des Miniftres du même Roi, délivrerent le Portugal, & le mirent dans l'état où il eft maintenant.

Ces troupes confiftoient en trois Regimens, deux d'infanterie, de 2400 hommes, & un de cavalerie, d'environ 600. Elles furent d'abord commandées par le Comte d'*Inchiquin* : mais ce Seigneur étant retourné en Angleterre avant qu'elles fe fuffent mifes en campagne, elles furent, par ordre du Roi de la Grand'Bretagne, mifes fous la conduite du Comte de Schomberg, qui avoit lui-même le commandement immédiat du Régiment de cavalerie & d'un des Régimens d'infanterie. Elles arriverent en Portugal auffitôt que Dom Jüan eut fini cette heureufe campagne de 1662, dont j'ai parlé, & furent mifes dans des quartiers jufqu'au Printemps fuivant, qu'elles joignirent l'Armée Portugaife pour fecourir Evora...

Après avoir parlé des bienfaits que la Nation Portugaife a reçu de nous, on s'attendra peut-être que je rapporte ceux que nous avons reçû d'elle. Il faut reconnoître à l'honneur des Portugais, qu'en diverfes occafions ils ont témoigné s'intéreffer genereufement pour nos Rois Charles I. & Charles II. dans leurs adverfitez, leur aïant rendu plufieurs bons offices par leurs Miniftres, tant en Angleterre, qu'ailleurs ; & qu'ils reçurent avec beaucoup d'hofpitalité les Princes Robert & Maurice dans leur Port de Lisbonne, quoiqu'ils ne s'expofaffent pas par-là eux-mêmes à de petits maux. Le fouvenir de ces chofes fut fans doute un grand motif au Roi Charles II. pour les prendre en fa protection. Mais quant à des bienfaits de la même efpece que font ceux qu'ils ont reçu de nous, nôtre Nation, graces à Dieu, n'en a jamais eû befoin : & les forces du Portugal font fi bornées, qu'on n'en fçauroit attendre que peu de chofe dans la plus urgente occafion. A la vérité, le concours des Portugais auroit pu être fort utile dans les Ligues qui ont été faites dernierement contre l'Ennemi commun, quand ce n'auroit été qu'à caufe de la commodité de leurs Havres, qui en une guerre par mer auroit pû être très avantageufe au Parti qu'ils auroient favorifé. Mais ils crurent qu'il étoit de leur intérêt de continuer toûjours à être neutres : & nos Princes ne jugerent pas à propos de les obliger à fe declarer, quoi-qu'il s'agît de la Liberté commune, dans laquelle ils étoient auffi intéreffez que les autres. Nous fouffrîmes qu'ils joûïffent de l'avantage du Commerce, dont nous fûmes privez nous-mêmes, pendant que nous fûmes engagez dans leur défenfe. Nous ne fîmes pas la moindre démarche pour qu'ils étoient entierement à nôtre difcretion, vû que nous étions maîtres de toutes les mers qui les environnent, de l'Ocean & de la Méditerrannée, auffi-bien que de nôtre Manche. Une telle contrainte auroit détruit nôtre don, & retiré cette indépendance dans laquelle nous les avons maintenus. C'eft le propre d'un autre Monarque de traiter comme des Vaffaux les Souverains qu'il prend en fa protection ; de les reduire fous fa domination, en les affiftant ; & alors de fe fervir d'eux pour operer la ruïne de leurs voifins, & la leur propre parmi le refte ; au-lieu que nos Princes ont eû une toute autre conduite, & bien loin de rendre leurs bienfaits fâcheux à ceux qui les recevoient, ou d'en faire des piéges pour les enlacer, ils ont traité comme Souverains ceux qu'ils avoient élevez auffi haut qu'eux-mêmes ; & nonobftant l'avantage qu'ils avoient d'un pouvoir beaucoup plus grand que le leur, ils fe font abftenus de tout ce qui auroit pû avoir la moindre apparence de contrainte : croïant qu'il étoit au deffous d'eux de requerir une foûmiffion, même à leurs plus juftes demandes, qui auroit pû bleffer la Majefté d'une Tête Couronnée.

Un procedé fi généreux a dû faire une grande impreffion fur l'efprit d'un Prince auffi magnanime qu'on fçait qu'eft Sa Majefté Portugaife, & lui impofer de plus fortes obligations que toutes autres confidérations n'auroient pû faire. Et par conféquent fi les Anglois n'ont pas été traitez dans fon Roïaume comme ils méritoient, le faute en doit être entierement imputée à fes Miniftres & à fes Officiers inferieurs.

Si les Priviléges de nos Compatriotes demeurant en Portugal, accordez & confirmez par tant de Rois fes Ancêtres, & ratifiez par des Traitez folennels, ont été, ces derniéres années ou manifeftement violez, ou éludez par tous les petits artifices de la Chicane ; fi durant le derniére guerre fes Villes maritimes, qui étoient prefque les feuls Ports de la Chrêtienté laiffez libres & exemts de nôtre domination, étoient devenus des réceptacles des Armateurs François & Irlandois ; fi à caufe de nôtre religieufe obfervation de la paix avec le Portugal, ces Corfaires trouverent une plus fûre retraite à Lisbonne, à O Porto, à Faro, qu'à Marfeille, qu'à S.Malo, qu'à Dunkerque ; & fi nos Flottes marchandes étoient plus infeftées fur les Côtes de Portugal, que fur celles de France, ou dans le Détroit : fi nos Vaiffeaux pris fous les Châteaux des Portugais, & dans leurs Rivieres, étoient menez & négotiez à la veûe du Palais du Roi, au-lieu que par un article expres de nos Capitulations tous les Vaiffeaux Anglois, par qui qu'ils euffent été pris, lors qu'ils feroient amenez dans quelqu'un des domaines du Portugal, devoient être rendus à leurs légitimes propriétaires : enfin, fi en de telles occafions, & en toutes les autres, on avoit plus d'égard aux menaces de la France, lors même qu'elle ne pouvoit faire autre chofe que menacer, qu'à nos plaintes, lors que nous avions le remede entre nos mains : fi, dis-je, tout cela alloit de la forte, le blâme en doit affûrement être donné aux Miniftres, ausquels, comme il a été dit, le Roi défere fi fort dans la conduit des affaires ; & il ne faut pas croire qu'un Prince qui a autant d'honneur, de juftice & de prudence qu'en a Sa Majefté Portugaife, ait eû aucune part dans des procedez fi infoûtenables. Quant aux chofes que chacun peut plus aifément remarquer, nos Négotians Anglois qui réfident en Portugal, ont grand fujet d'être contens de la Nation ; veû qu'ils y font traitez avec tout le refpect & toute la civilité qu'ils peuvent attendre d'un Peuple qui ne peut être infenfible aux grands avantages que nôtre Commerce apporte à leur Payïs, car nous les fourniffons de toutes les chofes néceffaires à la vie, en échange de marchandifes pour nôtre luxe ; nous les habillons avec nos Manufactures de laine ; & nous les nourriffons confidérablement avec nôtre poiffon de Terre-neuve : & en échange de ces Commoditez, nous déchargeons, là un prix exceffif, le Payïs de leurs vins, dont les plus fages perfonnes d'entre eux aiment mieux fe défaire, à quelque prix que ce foit, que de les garder chez eux ; la Nature les aïant pourvûs d'une liqueur plus faine & plus agréable. Mais ce n'eft pas feulement l'avantage de nôtre Commerce qui rend nos Compatriotes recommandables à la Nation Portugaife ; leur honnête & génereux procedé dans le Négoce leur donne tant de crédit, que *Palavra de hum Ingrez, la Parole d'un Anglois* eft regardée comme la meilleure fûreté. Il eft vrai que dans les endroits éloignez de la mer, les horribles idées que le peuple y a des Hérétiques, car il nous prend pour tels, leur fait regarder nos Compatriotes comme une étrange efpece de monftres. De forte que lors que notre petite Armée marcha dans la campagne, les payïfans, au lieu de bénir nos gens comme leurs Liberateurs, cherchoient l'occafion de faire du mal à ceux qui batoient l'eftrade. Mais la premiere Campagne finie, ils trouverent que les Anglois étoient une toute autre forte de Créatures qu'ils ne s'étoient imaginé, & commencerent non feulement à les prendre pour des hommes, mais pour quelque chofe de plus, reconnoiffant qu'ils étoient auffi paifibles & auffi doux dans leurs quartiers, qu'ils avoient été fiers en campagne. Car au-lieu de maîtrifer leurs hôtes & de faire les tyrans, comme faifoient les François, nos foldats emploioient leur temps à fervir les gens chez qui ils étoient en quartier, & à faire tout ce qui étoit neceffaire dans la famille, quelque travail que ce fût. Un procedé fi obligeant de gens, dont ils avoient tant fujet d'admirer la bravoure, changea fi fort leurs fentiments touchant ces Hérétiques, que fi un Anglois voïageoit dans les endroits les moins fréquentez du Payïs, ou à peine on ait oûï parler du nom d'Anglois, foit avant, foit depuis la guerre, il fera reçû & careffé avec toutes les marques d'affection que le pauvre peuple peut donner ; pendant qu'un François courroit rifque d'avoir la tête caffée. J'ay rapporté ces chofes plûtot parce que les moeurs de nos Compatriotes femblent s'être changées fi fort, ces derniéres années, que peut-être ceci leur paroîtra quelque chofe dont j'aïe parlé : car peut-être que les peuples d'Irlandes & de Flandres ont des idées bien differentes de celles que les Portugais ont de nos Soldats Anglois.

On ne remarque point que le petit peuple de Lisbonne faffe aucun outrage aux Anglois pour leur Religion. Ceux qui ont eû fujet de fe croire les plus expofez à des affronts de cette nature, n'en ont reçu aucun : ce qui, felon moi, doit être attribüé à l'humanité dont a ufé envers nous la Nation Portugaife, depuis qu'elle a un peu connu les perfonnes de la nôtre, auffi-bien qu'à la prudence du Gouvernement. Il eft vrai que les paroles injurieufes contre les Etrangers font fi féverement défenduës, que fur la plainte qui feroit faite contre quelqu'un qui auroit appellé Hérétique un Anglois, on croiroit que la mort, ou les galeres, ne feroient pas une trop grande punition pour cette offenfe...

Source : Relation de la cour de Portugal sous D. Pedre II à présent régnant... Amsterdam, Thomas Lombrail, 1702, pp.439–519.

Bibliographie : Oliveira Marques, *Histoire du Portugal...*, Hanson, *Economy and society in Baroque Portugal...*; Francis, *The Methuens and Portugal...*; Fisher, *Portugal trade, study of Anglo–Portuguese commerce...*

LE TRAITE METHUEN
(Lisbonne, 27 décembre 1703)

Conclu quelques mois après que le Portugal eut rejoint l'alliance anglaise, le traité Methuen (du nom des négociateurs anglais, le père et le fils, John et Paul, successivement ambassadeurs à Lisbonne) est un des traités les plus célèbres de l'histoire commerciale et également un des plus brefs. Traditionnellement considéré comme le début de la mainmise anglaise sur l'économie portugaise, il est plutôt la conséquence que la cause de la situation économique du Portugal. Né de la conjonction d'intérêts complémentaires, il ne crée pas en fait pour le Portugal une situation irréversible.

Article I — Son Auguste Majesté, le Roi de Portugal promet, tant en Son Nom propre qu'au nom de ses Successeurs, d'admettre dorénavant et pour toujours dans le Royaume de Portugal, les étoffes de laine en provenance de l'Angleterre, comme c'était la coutume jusqu'à ce que cela ait été interdit par la loi, et nonobstant toute condition contraire.

Article II — Il est stipulé que Son Auguste et Royale Majesté Britannique, en Son Nom propre comme au nom de ses successeurs, sera dorénavant et pour toujours obligée d'admettre en Grande–Bretagne les vins produits au Portugal, de sorte qu'à aucun moment (qu'il y ait paix ou guerre entre les Royaumes d'Angleterre et de France) on ne pourra exiger d'autres droits de douane pour ces vins, sous quelque prétexte direct ou indirect que ce soit, et qu'ils soient transportés vers l'Angleterre en pipes, en tonneaux ou en toutes autre futaille, que ceux que l'on demande ordinairement pour des quantités ou des mesures équivalentes de vin de France ; et en diminuant ou abattant d'un tiers le droit habituel. En outre, s'il arrivait que cette déduction ou cet abattement d'un tiers de droit, fait comme déclaré ci-dessus, soit enfreint ou remis en cause, sous une forme ou sous une autre, Son Auguste Majesté Portugaise pourrait justement et légitimement interdire l'entrée des étoffes de laine et tous autres produits fabriqués en laine en provenance d'Angleterre.

Article III — Leurs Excellences Messieurs les Plénipotentiaires promettent et prennent sur eux que leurs Seigneurs ci-dessus mentionnés ratifieront ce traité, et que les ratifications auront lieu dans un délai de deux mois.

Source : dans Correia (F. Antonio), *História Económica de Portugal,* vol.II, Lisboa, 1931, pp.44-45.

Bibliographie : Hanson, *Economy and society in Baroque Portugal...*; Francis, *The Methuens and Portugal...*; Fisher, *Portugal trade, study of Anglo-Portuguese commerce...*

BIBLIOGRAPHIE

Alcalá-Zamora y Queipo de Llano (José), *España, Flandes y el Mar del Norte (1618-1639). La última ofensiva de los Austrias madrileños*, Barcelone, Planeta, 1975, 556 p.

Aldea Vaquero (Quintín) et Vives Gastell (José), dir., *Diccionario de Historia Eclesiástica de España*, Madrid, CSIC, 1972-1975, 4 vol., 2818 p.

Almeida (Fortunato de), *História da Igreja em Portugal*, réédition, Porto, Libraria Civilizacão, 1967-1971, 4 vol.

Andrade (Antonio Alberto Banha de), *Dicionário de história da Igreja em Portugal*, Lisbonne, Resistência, à partir de 1980, plusieurs vol. en cours de publication.

Anés (Gonzalo), *Las crisis agrarias en la España moderna*, Madrid, Taurus, 1979, 517 p.

Antonil (André João), *Cultura e opulencia do Brasil por suas drogas e minas*, éd. Mansuy (Andrée), Paris, Institut des Hautes Etudes de l'Amérique latine, 1968 [1711], 627 p.

Arnoldsson (Sverker), *La leyenda negra. Estudios sobre sus orígenes*, Goeteborg, Acta Universitatis Gothoburgensis, 1960.

Azevedo (João Lucio de), *A evolução do Sebastianismo*, 2e éd., Lisbonne, 1947 [1918].

Azevedo (João Lucio de), *História dos Cristãos novos portugueses*, 2ème éd., Lisbonne, Livraria Clássica Editora, 1975, 517 p.

Bataillon (Marcel), *Erasme et l'Espagne*, Paris, Droz, 1937, LIX+904 p. Version espagnole révisée : *Erasmo y España. Estudios sobre la historia espiritual del siglo XVI*, 2ème édition, México, Fondo de Cultura Económica, 1966, 921 p.

Bataillon (Marcel), *Erasme et la cour de Portugal*, Coïmbre, Imprensa do Universidade, 1927, 36 p.

Bazin (Germain), *Les palais de la foi. Le monde des monastères baroques, Italie, pays ibériques, France*, Paris, Ed. Vilo, 1980, 308 p.

Bély (L.), Bercé (Y.-M.), Bérenger (J.), Corvisier (J.), Kintz (J. P.), Loupès (Ph.), Meyer (J.) et Quatrefages (R.), *Guerre et Paix dans l'Europe du XVIIe siècle*, Paris, SEDES, 1991, 3 vol., 1 196 p.

Bennassar (Bartolomé), *Valladolid au siècle d'or. Une ville de Castille et sa campagne au XVIe siècle*, Paris-La Haye, Mouton, 1967, 634 p.

Bennassar (Bartolomé), "Etre noble en Espagne", *Histoire économique du monde méditerranéen – 1450–1650, Mélanges Fernand Braudel*, Toulouse, Privat, 1973, p.95–106.

Bennassar (Bartolomé), *L'homme espagnol. Attitudes et mentalités du XVIe au XIXe siècle*, Paris, Hachette, 1975, 252 p.

Bennassar (Bartolomé), *L'Inquisition espagnole. XVe–XIXe siècle*, Paris, Hachette, 1979, 402 p.

Bennassar (Bartolomé), *Un siècle d'or espagnol (vers 1525–vers 1648)*, Paris, Robert Laffont, 1982, 332 p.

Bennassar (Bartolomé), dir., *Histoire des Espagnols VIe–XXe siècle*, Paris, Robert Laffont, 1992, 1132 p.

Bennassar (Bartolomé), dir., *L'Espagne de l'immobilisme à l'essor*, Paris, Presses du CNRS, 1989, 204 p.

Bennassar (Bartolomé et Lucile), *Les Chrétiens d'Allah. L'histoire extraordinaire des renégats – XVIe et XVIIe siècles*, Paris, Perrin, 1989, 493 p.

Bennassar (Bartolomé), *Histoire de la tauromachie : une société du spectacle*, Paris, Desjonquères, 1993, 218 p.

Bercé (Y.-M.), Delille (G.), Sallmann (J.-M.), Wacquet (J.-Cl.), *L'Italie au XVIIe siècle*, Paris, SEDES, 1989, 336 p.

Bethencourt (Francisco), *O Imaginário da magia. Feiticeiras, saludadores e nigromantes no século XVI*, Lisbonne, Universidade Aberta, 1987, 316 p.

Boissonnade (Pierre), *Histoire de la réunion de la Navarre à la Castille... (1479–1521)*, Paris, Picard, 1893, 688 p.

Bottineau (Yves), *Le Portugal et sa vocation maritime*, Paris, Boccard, 1977, 453 p.

Bourdon (Albert-Alain), *Histoire du Portugal*, Paris, PUF, "Que sais-je", 1977, 126 p.

Boxer (Charles Robert), *The Portuguese seaborne Empire, 1415–1825*, Londres, Pelican, 1973, 436 p.

Boyajian (James C.), *Portuguese Bankers at the Court of Spain*, New Brunswick (N. J.), Rutgers University Press, 1983, XIV+289 p.

Braudel (Fernand), *La Méditerranée et le monde méditerranéen à l'époque de Philippe II*, Paris, Armand Colin, 2ème édition, 1966, 2 vol., 592+632 p.

Campos y Fernández de Sevilla (Fray Javier), *La mentalidad en Castilla la Nueva en el siglo XVI (Religión, economía y sociedad según las "Relaciones Topográficas" de Felipe II)*, Escorial, EDES, 1986, 478 p.

Canellas López (Angel), *Aragón en su historia*, Saragosse, Caja de Ahorros de la Inmaculada, 1980.

Cantel (Raymond), *Prophétisme et messianisme dans l'œuvre d'Antonio Vieira*, Paris, 1960.

Carrasco (Raphaël), Dérozier (Claudette) et Molinié-Bertrand (Annie), *Histoire et civilisation de l'Espagne classique. 1492-1808*, Paris, Nathan, 1991, 384 p.

Cardaillac (Louis), *Morisques et chrétiens. Un affrontement polémique (1492-1640)*, Paris, Klincksieck, 1977, 544 p. Version espagnole révisée : *Moriscos y cristianos. Un enfrentamiento polémico (1492-1640)*, Madrid, Fondo de Cultura Económica, 1979, 567 p.

Cardaillac (Louis), éd., *Les morisques et leur temps*, Paris, CNRS, 1983, 540 p.

Cardaillac (Louis), dir., *Les morisques et l'Inquisition*, Paris, Publisud, 1990, 350 p.

Caro Baroja (Julio), *Les sorcières et leur monde*, Gallimard, Paris, 1972, 304 p.

Chandeigne (Michel), *Lisbonne hors les murs, 1415-1580. L'invention du monde par les navigateurs portugais*, Paris, Autrement, 1990, 285 p.

Chauchadis (Claude), *Honneur et société dans l'Espagne de Philippe II*, Paris, CNRS, 1984, 249 p.

Chaunu (Huguette et Pierre), *Séville et l'Atlantique (1504-1650)*, Paris, Armand Colin, SEVPEN, Institut des Hautes Etudes de l'Amérique latine, 1955-1959, 10 vol. Un résumé pratique en espagnol : *Sevilla y América. Siglos XVI-XVII*, Séville, Publicaciones de la Universidad de Sevilla, 1983, 328 p. Il existe également un résumé en français : *Séville et l'Amérique, XVIe siècle – XVIIe siècle*, Paris, Flammarion, coll. "Sciences", 1977, 367 p.

Chaunu (Pierre), *L'expansion européenne du XIIIe au XVe siècle*, Paris, PUF (Nouvelle Clio), 1969, 396 p.

Chaunu (Pierre), *Conquête et exploitation des nouveaux mondes*, Paris, PUF, (Nouvelle Clio), 1969, 445 p.

Chaunu (Pierre), *L'Espagne de Charles Quint*, Paris, SEDES, 1973, 2 vol., 659 p.

Cidade (Hernâni), *A literatura Portuguesa e a Expansão Ultramarina*, 2e éd., Coimbra, 1963-1964, 2 vol.

Clavero (Bartolomé), *Mayorazgo y propiedad feudal en Castilla (1369-1836)*, Madrid, Siglo XXI, 1974, 434 p.

CODOIN, *Colección de Documentos Inéditos para la historia de España*, rééd., Nenden (Liechtenstein), Kraus Reprints, s. d. [éd. originale à partir de 1842], 115 vol.

Coelho (António Borges), *Inquisição de Evora dos primórdios a 1668*, Lisbonne, Caminho, 1987, 2 vol., 448+327 p.
Colas La Torre (Gregorio) et Salas Ausens (Jose Antonio), *Aragón en el siglo XVI. Alteraciones sociales y conflictos políticos*, Saragosse, Universidad de Zaragoza, 1982, 664 p.
Cortés Echanove (Luis), *Nacimiento y crianza de personas reales en la corte de España*, Madrid, CSIC, 1958, 385 p.
Dedieu (Jean Pierre), *L'Inquisition*, Paris, Cerf, 1987, 128 p.
Dedieu (Jean Pierre), *L'administration de la foi. L'inquisition de Tolède (XVIe–XVIIIe siècle)*, Madrid, Casa de Velázquez, 1989, 406 p.
Defourneaux (Marcelin), *La vie quotidienne en Espagne au Siècle d'or*, Paris, Hachette, 1964, 284 p.
Delumeau (Jean), *Le catholicisme entre Luther et Voltaire*, Paris, PUF (Nouvelle Clio), 1971, 358 p.
Devèze (Michel, *L'Espagne de Philippe IV (1621–1665) (Siècle d'or et de misère)*, Paris, SEDES, 1970–1971, 2 vol., 609 p.
Domínguez Ortiz (Antonio) et Vincent (Bernard), *Historia de los moriscos. Vida y tragedia de una minoría*, Madrid, Revista de Occidente, 1978, 313 p.
Domínguez Ortiz (Antonio), *La Hacienda de Felipe IV*, Madrid, CSIC, 1960, XII+394 p.
Domínguer Ortiz (Antonio), *Las clases privilegiadas en la España del Antiguo Régimen*, Madrid, Istmo, 1973, 464 p.
Domínguez Ortiz (Antonio) et Aguilar Piñal (Francisco), *Historia de Sevilla*, t. IV, *El Barroco y la Ilustración*, Séville, Universidad de Sevilla, 1976.
Dos Santos (Eugenio), "Les missions des temps modernes au Portugal", dans : Delumeau (Jean), dir., *Histoire vécue du peuple chrétien*, Toulouse, Privat, 1979, t.I, p. 431–454.
Duviols (Jean Paul), *L'Amérique espagnole vue et rêvée. Les livres de voyage de Christophe Colomb à Bougainville*, Paris, Promodis, 1985, 490 p.
Elliott (John Huxtable), *The Revolt of the Catalans. A Study in the Decline of Spain (1598–1640)*, Cambridge, Cambridge University Press, 1963. Version espagnole : *La rebelión de los Catalanes. Un estudio sobre la decadencia de España (1598–1640)*, Madrid, Siglo, XXI, 1977, 573 p.
Elliott (John Huxtable) et Brown (Jonathan), *A Palace for a King : the Buen Retiro and the Court of Philip IV*, Newhaven et Londres, Yale University Press, 1980, XVIII+296 p.

Elliott (John Huxtable), *The Count-Duke of Olivares. The Statesman in an Age of Decline*, Yale, Yale University Press, 1980, XXX+733 p.

Fisher (H. S.), *The Portugal trade, a study of Anglo-Portuguese commerce, 1700-1770*, Londres, Methuen, 1971, 171 p. Traduction portugaise : *De Methuen a Pombal. O comércio anglo-português de 1700 a 1770*, Lisbonne, Gradiva, 1984, 235 p.

Foulché-Delbosc (Raymond), *Bibiographie hispano-française, 1477-1700*, rééd., New York, Kraus Reprints, 1962, 3 vol., 699 p.

Francis (Alan David), *The Methuens and Portugal, 1691-1708*, Cambridge, Cambridge University Press, 1966, 397 p.

Gachard (Prospère), *Don Carlos et Philippe II*, Bruxelles, 1863, 2 vol. Traduction espgnole : *Don Carlos y Felipe II*, Escorial, Swan, 1984, 452 p.

Gaillard (Claude), *Le Portugal sous Philippe III d'Espagne. L'action de Diego de Silva de Mendoza*, Grenoble, Ed. de l'Université des Langues et Lettres, 1982, 425 p.

García Baquero González (Antonio), *Cádiz y el Atlántico (1717-1778)*, Cadix, Diputación Provincial de Cadiz, 1976, 4 vol.

García Cárcel (Ricardo), *Historia de Cataluña. Siglos XVI-XVIII*, Barcelone, Ariel, 1985, 2 vol.

García Cárcel (Ricardo), *La lagenda negra. Histocia y opinión*, Madrid, Alianza, 1994, 298.

García Fuentes (Lutgardo), *El comercio español con América. 1650-1700*, Séville, Diputación provincial de Sevilla, 1980, XXVI+574 p.

García Sanz (Angel), "Dîmes et production agraire dans l'Espagne moderne, de la fin du XVIe au XIXe siècle", *Les prestations paysannes, dîmes, rente foncière et mouvement de la production agricole à l'époque préindustrielle*, Paris, EHESS/Mouton, 1982, vol. I, p. 369-383.

Garzón Pareja (Manuel), *La Hacienda de Carlos II*, Madrid, Instituto de Estudios Fiscales, 1981, 526 p.

Gil Fernández (Luis), *Panorama social del humanismo español (1560-1800)*, Madrid, Alhambra, 1981, XVI+753 p.

Godinho (Vitórino Magalhaes), *Estrutura da antigua sociedade portuguesa*, Lisbonne, Arcadia, 3ème éd., 1977, 318 p.

Godinho (Vitórino Magalhaes), *L'économie de l'Empire portugais aux XVe et XVIe siècles*, Paris, SEVPEN, 1960, 857 p.

Godinho (Vitórino Magalhaes), *Les découvertes, XVe-XVIe siècle. Une révolution dans les mentalités*, Paris, Autrement, 1990, 88 p.

Guichard (François), *Géographie du Portugal*, Paris, Masson, 1990, 224 p.

Guilarte (Alfonso Mariá), *El régimen señorial en el siglo XVI*, 2ème éd. révisée, Valladolid, Universidad de Valladolid, 1987, 346 p.

Gutierrez (Asencio), *La France et les Français dans la littérature espagnole, un aspect de la xénophobie en Espagne, 1598-1665*, Saint-Etienne, Publications de l'Université de Saint-Etienne, 1977, 581 p.

Haliczer (Stephen), *The Comuneros of Castille. The Forging of a Revolution. 1475-1521*, Madison, The University of Wisconsin Press, 1981, 305 p.

Hamilton (Earl J.), *American Treasure and the Price Revolution in Spain, 1501-1650*, New York, Octagon Books, 1934. Version espagnole : *El tesoro americano y la revolución de los precios en España (1501-1650)*, Barcelone, Ariel, 1975, 462 p.

Hamilton (Earl J.), *War and Prices in Spain. 1651-1800*, Harvard, Harvard University Press, 1947. Version espagnole : *Guerra y precios en España, 1651-1800*, Madrid, Alianza, 1988, 324 p.

Hanson (Carl A.), *Economy and Society in Baroque Portugal, 1668-1703*, Londres, Mac Millan, 1981, 354 p.

Hermann (Christian), dir., *Le premier âge de l'Etat en Espagne, 1450 à 1700*, Paris, CNRS, 1989, 416 p.

Herrera Puga (Pedro), *Sociedad y delincuencia en el Siglo de Oro. Aspectos de la vida sevillana en los siglos XVI y XVII*, Grenade, Universidad de Granada, 1971, XXVI+ 484 p.

Hespanha (Antonio Manuel), *História das instituções portuguesas. Epoca medieval e moderna*, Coïmbre, Livreria Almedina, 1982, 569 p.

Juderías (Julian), *La leyenda negra. Estudios acerca del concepto de España en el extranjero*, 2ème édition révisée, Madrid, Editora Nacional, 1974 [1917], 426 p.

Kamen (Henry), *Histoire de l'Inquisition espagnole*, Paris, Albin Michel, 1966, 344 p. Version espagnole remaniée : *La Inquisición española*, 2e édition, Madrid, Crítica, 1985, 399 p.

Kamen (Henry), *Spain in the latter seventeenth century, 1665-1700*, Londres et New York, Longman, 1980, 418 p. Version espagnole : *La España de Carlos II*, Barcelone, Crítica, 1981, 664 p.

Labourdette (Jean François), *La nation française à Lisbonne de 1669 à 1790, entre colbertisme et libéralisme*, Paris, Fondation Calhouste Gulbenkian, 1988, 726 p.

Labrousse (Ernest), Léon (Pierre) et coll., *Histoire économique et sociale de la France*, t. II, *Des derniers temps de l'âge seigneurial aux préludes de l'âge industriel (1660-1789)*, Paris, PUF, 1970, 779 p.

Lafront (Auguste), *La fête espagnole des taureaux vue par les voyageurs étrangers, XVIe-XVIIe siècles*, Nimes, Club des bibliophiles taurins en France, 1988 [1957], 194 p.

Lapeyre (Heuri), *Simon Ruiz et les asientos de Philippe II*, Paris, Armand Colin, 1953, 137 p.

Lapeyre (Henri), *Une famille de marchands, les Ruiz*, Paris, Armand Colin, 1955, 672 p.

Lapeyre (Henri), *Géographie de l'Espagne morisque*, Paris, SEVPEN, 1959, 304 p. Version espagnole : *Geografía de la España morisca*, Valence, Diputació provincial de València, 1986, 344 p.

Lapeyre (Henri), *Les monarchies européennes du XVIe siècle. Les relations internationales*, Paris, PUF (Nouvelle Clio), 1967, 384 p.

La Roncière (Monique de), *Les portulans : cartes maritimes du XIIIe au XVIIe siècle*, Paris, Nathan, 1984, 295 p.

Lavallé (Bernard), *L'Amérique espagnole de Colomb à Bolivar*, Paris, Belin, 1993, 320 p.

Lea (Henry Charles), *A History of the Inquisition of Spain*, réimpression, New York, American Scholar Publications Inc., 1966, [1906-1907], 4 vol., 620+608+575+619 p.

Lemeunier (Guy) et Pérez-Picazo (María Teresa), *El proceso de modernización en la región de Murcia*, Murcie, Editora regional de Murcia, 1984, 422 p.

Léon (Pierre), *Histoire économique et sociale du monde*, Paris, Armand Colin, 6 vol. Vol. I, Bennassar (Bartolomé) et Chaunu (Pierre), *L'ouverture du monde, XIVe-XVIe siècle*, 1977, 606 p. ; vol. II, Deyon (Pierre) et Jacquart (Jean), *Les hésitations de la croissance*, 1978, 607 p.

Le Roy Ladurie (Emmanuel), éd., *Les monarchies*, Paris, PUF, 1986, 328 p.

Leroy (Béatrice), *La Navarre au Moyen Age*, Paris, Albin Michel, 1984, 200 p.

Lesure (Michel), *Lépante. La crise de l'empire ottoman*, Paris, Julliard (coll. Archives), 1972, 280 p.

Lewis (Michael), *L'Invincible Armada*, trad. française, rééd., Paris, Payot, 1980 [1962], 214 p.

Mahn-Lot (Marianne), *Bartolomé de Las Casas et le droit des Indiens*, Paris, 1982.

Maltby (William S.), *The Black Legend in England. The Development of Anti-Spanish Mentality, 1558-1660*, Durham, Durham University Press, 1971, 180 p. Traduction espagnole : *La leyenda negra en Inglaterra. Desarrollo del sentimiento anti-hispanico, 1558-1660*, México, Fondo de Cultura Económica, 1982.

Maravall (José Antonio), *La philosophie politique espagnole au XVIIe siècle dans ses rapports avec l'esprit de la Contre-réforme*, Paris, Vrin, 1955, 336 p.

Maravall (José Antonio), *Estado moderno y mentalidad social. Siglos XV a XVII*, Madrid, Revista de Occidente, 1972, 2 vol., XIV+530+620 p.

Maravall (José Antonio), *La cultura del barroco. Análisis de una estructura histórica*, Barcelone, Ariel, 1975, 536 p.

Marcel (Gabriel), *Recueil de portulans*, Paris, Gauthier, s.d., 2 vol.

Marques (Antonio de Oliveira), *Histoire du Portugal des origines à nos jours*, Roanne, Horvath, 1978, 601 p.

Marques (João), *A Parenética Portuguesa e a Dominação Filipina*, Lisbonne, INIC, 1986, 451 p.

Mas (Albert), *Les Turcs dans la littérature espagnole du siècle d'or : recherches sur l'évolution d'un thème littéraire*, Paris, CNRS, 1967, 2 vol.

Mauro (Frédéric), *Le Portugal et l'Atlantique au XVIIe siècle (1570-1670). Etude économique*, , Paris, SEVPEN, 1960, 550 p. Version révisée : *Le Portugal, Le Brésil et l'Atlantique au XVIIe siècle, 1570-1670*, Paris, Fondation C. Gulbenkian, 1983, 653 p.

Mauro (Frédéric), *Etudes économiques sur l'expansion portugaise, 1500-1900*, Paris, Fondation C. Gulbenkian, 1970.

Méchoulan (Henry), *Le sang de l'autre ou l'honneur de Dieu. Indiens, juifs et morisque au Siècle d'Or*, Paris, Fayard, 1979, 303 p.

Mendoza (José Lourenço) et Moreira (António Joachim), *História dos principais actos e procedimentos da Inquisição em Portugal*, Lisbonne, Imprensa Nacional, 1980, 429 p.

Mihou (Alain), *Colón y su mentalidad mesiánica en el ambiente franciscano*, Valladodid, Casa-Museo Colón, 1983, 480 p.

Molinié-Bertrand (Annie), "Les hidalgos dans le royaume de Castille à la fin du XVIe siècle", *Revue d'Histoire Economique et Sociale*, I, 1974, p. 51-82.

Molinié-Bertrand (Annie), *Au siècle d'Or, l'Espagne et ses hommes. La population du royaume de Castille au XVIe siècle*, Paris, Economica, 1985, 445 p.

Morineau (Michel), *Incroyables gazettes et fabuleux métaux. Les retours des trésors américains d'après les Gazettes hollandaises (XVIe-XVIIIe siècles)*, Londres-Paris, Mouton, 1985, 687 p.

Nadal (Jordi), *La población española (Siglos XVI a XX)*, 2e édition révisée, Barcelone, Ariel, 1984, 270 p.

Nader (Helen), *The Mendoza Family in the Spanish Renaissance, 1350-150*, New Brunswick (N. J.), Rutgers University Press, 1979, XV+275 p. Version espagnole : *Los Mendoza y el renacimiento español*, Guadalajara, Diputación provincial de Guadalajara, 1986, 294 p.

Oliveira (Aurelio de), *História de Portugal*, vol. II, Porto, Porto Editora, 1985, 247 p.

Oliveira (Aurelio de) et Lima Cruz (Maria Augusta), *História dos descobrimentos e expansão portuguesa*, Lisbonne, Universidade Aberta, 1990, 321 p.

Oliveira (Luis Felipe) et Rodrigues (Miguel Jasmins), "Um proceso de reestructuração do dominio social da nobreza. A titulação na 2a dinastia", *Revista de História económica e social*, XXII, 1-4/1988, p. 77-114.

Oliveira (P. Miguel de), *História Eclesiástica de Portugal*, 3e éd., Lisbonne, 1958.

Oliveira Marques (António Henrique de), *Histoire du Portugal. Des origines à nos jours*, Roanne, Horvath, 1978.

Parker (Geoffrey), *The army of Flanders and the Spanish Road. The Logistics of Spanish Victory and Defeat in the Low Countries War, 1567-1659*, Londres, Cambridge University Press, 1971, XVIII+309 p. Version espagnole : *El ejército de Flandes y el camino español, 1567-1659. La logística de la victoria y derrota de España en las guerras de los Paises Bajos*, Madrid, Revista de Occidente, 1976, 367 p.

Parker (Geoffrey), *Philip II of Spain, 1978*. Traduction espagnole : *Felipe II*, Madrid, 1983.

Pélorson (Jean-Marc), *Los letrados, juristes castillans sous Philippe II. Recherches sur leur place dans la société, la culture et l'Etat*, s. l., 1980, 549 p.

Pérez (Joseph), *La révolution des "Comunidades" de Castille (1520-1521)*, Bordeaux, Institut d'Etudes Ibériques et Ibero-américaines, 1970, 736 p. Verson espagnole : *La revolución de las Comunidades de Castilla (1520-1521)*, Madrid, Siglo XXI, 1977, 719 p.

Pérez (Joseph), *L'Espagne du XVIe siècle*, Paris, Armand Colin (Prisme), 1973, 258 p.

Pérez (Joseph), *Isabelle et Ferdinand, Rois Catholiques d'Espagne*, Fayard, Paris, 1988, 486 p.

Pérez Moreda (Vicente), *Las crisis de mortalidad en la España interior*, Madrid, Siglo XXI, 1980, 526 p.

Pidal (Marquis de), *Philippe II, Antonio Pérez et le royaume d'Aragon*, Paris, Pigoreau, s. d. [traduction d'un ouvrage espagnol publié en 1862].

Pinto Crespo (Virgilio), *Inquisición y control ideológico en la España del siglo XVI*, Madrid, Taurus, 1983, 334 p.

Pires (António Machado), *D. Sebastião e o Encoberto*, Lisbonne, 1971.

Ponsot (Pierre), "En Andalousie occidentale : les fluctuations de la production de blé sous l'Ancien Régime", *Les fluctuations du produit de la dîme*, Paris–La Haye, Mouton, 1972, p. 304–319.

Ponsot (Pierre), *Atlas de historia económica de la Baja Andalucía, siglos XVI–XIX*, Séville, Editoriales Andaluzas Unidas, 1986, XXII+730 p.

Postigo Castellanos (Elena), *Honor y privilegio en la Corona de Castilla. El Consejo de las Ordenes Militares y los Caballeros de Hábito en el siglo XVII*, Valladolid, Junta de Castilla y León, 1988, 288 p.

Quatrefages (René), *Los Tercios españoles (1567–1577)*, Madrid, Fundación Universitaria Española, 1983, 288 p.

Randles (W. G. L.), *De la terre plate au globe terrestre. Une mutation épistémologique rapide (1480–1520)*, Paris, Armand Colin, 1980, 120 p.

Recueil des instructions données aux ambassadeurs français depuis la paix de Westphalie jusqu'à la Révolution française, t. III, *Portugal*, Paris, Alcan, 1886 ; t. XI, *Espagne*, Paris, Alcan, 1894.

Redondo (Augustin), éd., *L'humanisme dans les lettres espagnoles. Actes du XIXe colloque International d'Etudes Humanistes*, Paris, Vrin, 1979, 378 p.

Renouvin (Pierre), *Histoire des relations internationales*, t. III, *Les temps modernes*, Paris, Hachette, 1955, 375 p.

Ribeiro (Orlando), *Geagrafía de España y Portugal*, 1955.

Ricard (Robert), *Etudes sur l'histoire des Portugais au Maroc*, Coïmbre, Universidade, 1955, 501 p.

Ruiz Martín (Felipe), "La banca en España hasta 1782", *Banco de España. Una historia económica*, Madrid, Banco de España, 1980, p. 1–150.

Ruiz Rodríguez (Antonio Angel), *La Real Chancillería de Granada en el siglo XVI*, Grenade, 1987, 298 p.

Salomon (Noël), *La campagne de Nouvelle-Castille à la fin du XVIe siècle, d'après les Relations Topographiques*, Paris, EPHE/SEVPEN. 1964, Version espagnole révisée : *La vida rural en tiempos de Felipe II*, Barcelone, Planeta, 1973, 427 p.

Saraiva (António José), *A Inquisição portuguesa*, 2e éd., Saber, Lisbonne, 1956.

Saraiva (António José), *Inquisição e cristãos-novos*, 5e éd., Lisbonne, Estampa, 1985, 309 p.

Saunders (A. C. de C. M.), *A social history of black slaves and freedmen in Portugal, 1441-1555*, Cambridge, Cambridge University Press, 1982, 283 p.

Schnapper (Bernard), *Les rentes au XVIe siècle. Histoire d'un instrument de crédit*, Paris, SEVPEN, 1957, 309 p.

Sérgio (António), *Antologia dos Economistas Portugueses*, rééd., Lisbonne, Prefácio, 1974 [1924].

Serrão (Joaquim Veríssimo), *O Reinado de D. António, Prior de Crato*, Coïmbre, 1956.

Sicroff (Albert), *Les controverses des statuts de "pureté de sang" en Espagne du XVe au XVIIe siècle*, Paris, Didier, 1960, 318 p. Version espagnole : *Los estatutos de limpieza de sangre. Controversias entre los siglos XV y XVII*, Madrid, Taurus, 1985, 377 p.

Silva (Inocencio F. da), *Dicionário bibliográfico portugues*, Lisboa, Nova Imprenza Nacional, rééd., 1968-1972, 25 vol.

Silva (José Gentil da), *Stratégie des affaires à Lisbonne entre 1595 et 1607 : lettres marchandes de Rodrigues d'Evora et Veiga*, Paris, SEVPEN, 1956, XI+442 p.

Silva Dias (José Sebastian), *Portugal e a cultura europea (sec. XVI a XVIII)*, Coïmbre, 1953.

Silva Dias (José Sebastian), *Correntes de sentimento religioso em Portugal (sec. XVI-XVIII)*, Coïmbre, 1960, 2 vol.

Les sociétés fermées dans le monde ibérique (XVIe-XVIIIe siècles), Paris, CNRS, 1986, 258 p.

Stoop (Anne de), *Demeures portugaises. Histoire et décor*, Porto, Weber-Civilização, 1986.

Stradling (R. A.), *Europe and the decline of Spain. A Study of the Spanish System, 1580-1720*, Londres, Allen and Unwin, 1981, 222 p. Version espagnole : *Europa y el declive de la estructura colonial española (1580-1720)*, Madrid, Cátedra, 1983.

Stradling (R. A.), *Philip IV and the Government of Spain, 1621-1665*, Cambridge, Cambridge University Press, 1988. Version espagnole : *Felipe IV y el gobierno de España, 1621-1665*, Madrid, Cátedra, 1989, 510 p.

Teyssier (Paul), *Histoire de la langue portugaise*, Paris, PUF (Que sais-je), 1980, 127 p.

Thompson (Ian), *War and Government in Habsburg Spain. 1560-1620*, Londres, Athlone Press, 1976, VIII+373 p. Version espagnole : *Guerra y decadencia. Gobierno y administración en la España de los Austrias, 1560-1620*, Barcelone, Crítica, 1981, 410 p.

Ulloa (Modesto), *La Hacienda Real de Castilla en el reinado de Felipe II*, 2e éd., Madrid, Fundación Universitaria Española, 1986, 892 p.

Vassberg (David E.), *Land and Society in Golden Age Castille*, Londres, Cambridge University Press, 1986. Version espagnole : *Tierra y sociedad en Castilla. Señores, poderosos y campesinos en la España del siglo XVI*, Barcelone, Crítica, 1986, 331 p.

Vázquez de Prada (Valentin), *Historia económica y social de España*, vol III, *Siglos XVI y XVII*, Madrid, Confederación de las Cajas de Ahorros, 1980.

Vilar (Jean), *Literatura y economía : la figura satírica del arbitrista en el Siglo de oro*, Madrid, Revista de Occidente, 1973, 336 p.

Vilar (Pierre), dir., *Historia de Catalunya*, vol. IV, Sales (Nuria), *Els segles de la decadencia*, Barcelone, Edicions 62, 1989, 516 p.

Vincent (Bernard), "Les morisques et la circoncision", Temimi (Abdeljelil), *Religion, Identité et Sources Documentaires sur les Morisques Andalous*, 2 vol., Publications de l'Institut Supérieur de Documentation, Tunis, 1984, p. 189-200.

ORIENTATION BIBLIOGRAPHIQUE

La bibliographie proprement dite de l'ouvrage indique les livres qui nous paraissent les plus utiles pour le commentaire de chaque texte. On trouvera ici une brève liste commentée d'introductions ou d'ouvrages de référence connus qui ne figurent pas nécessairement dans la bibliographie générale, mais qu'il convient d'avoir lu ou de consulter de manière générale.

Espagne

Amalric (Jean Pierre), Bennassar (Bartolomé), Pérez (Joseph), Témime (Emile), *Lexique historique de l'Espagne, XVIe-XXe siècle*, Paris, Armand Colin, 1976, 230 p. Sous forme de vocabulaire, un petit ouvrage pratique, quoique succint, indispensable pour le commentaire de texte.

Bennassar (Bartolomé), *Un siècle d'or espagnol (vers 1525-vers 1648)*, Paris, Robert Laffont, 1982, 332 p. Vision personnelle d'un maître. Ouvrage stimulant, qui prend en compte des aspects souvent négligés.

Bennassar (Bartolomé), dir., *Histoire des Espagnols*, Paris, Robert Laffont, 1992, 1132 p. Les chapitres concernant les XVIe et XVIIe siècles, constituent la meilleure introduction en français à la période, qu'ils replacent fort bien dans le contexte de l'histoire globale de l'Espagne.

Carrasco (Raphaël), *L'Espagne classique – 1474–1814*, Paris, Hachette, 1992, 224 p. Excellente introduction, conçue en priorité pour les étudiants de langue et littérature.

Chaunu (Pierre), *L'Espagne de Charles Quint*, SEDES, Paris, 1973, 2 vol., reste très stimulant, mais délicat à manier.

Kamen (Henry), *Spain in the latter seventeenth century, 1665-1700*, Londres et New York, Longman, 1980, 418 p. Version espagnole : *La España de Carlos II*, Barcelone, Crítica, 1981, 664 p., le seul ouvrage d'ensemble, en une langue autre que l'espagnol, sur la seconde moitié du XVIIe siècle. Du même, *The War of Succession in Spain, 1700–1715*, Londres, Weidenfeld et Nicolson, 1969, 436 p., doit absolument être connu, même s'il n'intéresse pas directement la période que nous traitons, car il traite de problèmes qui se posaient déjà alors.

Hermann (Christian) et Marcadé (Jacques), *La péninsule ibérique au XVIIe siècle*, SEDES, Paris, 1989, 348 p., remplacement avantageusement l'ouvrage vieilli de Michel Devèze sur *L'Espagne de Philippe IV (1621-1665)*, SEDES, Paris, 1970-1971, 2 vol. Il concerne aussi le Portugal.

Pérez (Joseph), *Isabelle et Ferdinand, Rois Catholiques d'Espagne*, Fayard, Paris, 1988, 486 p. Quoique ne concernant pas directement la période abordée dans le présent ouvrage, sa lecture est nécessaire pour replacer les problèmes dans leur contexte.

Vilar (Pierre), *Histoire de l'Espagne*, Paris, PUF (Que sais-je), 128 p. Nous n'indiquerons pas de date, du fait des multiples rééditions de cette excellente introduction qui reste, malgré un âge respectable, un point de départ nécessaire.

Vincent (Bernard), *1492 "L'année admirable"*, Paris, Aubier, 226 p. Synthèse précise sur l'Espagne de la fin du XVe siècle.

Il existe, en outre, de nombreuses histoires collectives d'Espagne, en espagnol, dont certaines sont remarquables. Leur consultation est fortement recommandée à ceux qui lisent cette langue. Nous citerons, parmi d'autres, sur la période qui nous intéresse :

Historia de España. Colección Menendez Pidal, Madrid, Espasa-Calpe. Les volumes nombreux de ce classique aux mille auteurs, jamais achevé et cent fois recommencé sont inégaux, mais souvent riches d'information. On les trouve dans la plupart des bibliothèques. On ne consultera que ceux qui appartiennent à la série la plus récente, publiée à partir des années 70. Concernent notre période, à la date où nous écrivons ces lignes :

t.XIX, *El siglo XVI. Economía. Sociedad. Instituciones*, 1989 ; t.XX, *La España de Carlos Quinto. El hombre, la política española, la política europea*, 2e éd., 1975 ; t.XXII, *España en tiempo de Felipe II. 1568-1598*, 5e éd., 1988, 2 t. ; t.XXIII, *La crisis del siglo XVII. La problación, la economía, la sociedad*, 1989 ; t. XXIV, *La España de Felipe III La política interior y los problemas internacionales*, 1979 ; t.XXV, *La España de Felipe IV. El gobierno de la monarquía, la crisis de 1640 y el fracaso de la hegemonía europea*, 1982 ; t.XXVI, *El siglo del Quijote (1580-1680)*, 1986, vol. I : *Religión, filosofía, sciencia* ; vol. II, *Las letras, las artes* , t.XXIX, *La época de los primeros Borbones*, vol II, *La cultura española entre el Barroco y la Ilustración (1680-1759)*, 1985.

Nous vous personnellement trouvé utile l'*Historia general de España y América*, publié par les éditions Rialp, de Madrid : vol. VI, *La época de la plenitud. Hasta Felipe II (1517-1598)*, 1986 ; vol. VIII, *La crisis de la hegemonía española. Siglo XVII*, 1986.

Portugal

En ce qui concerne le Portugal, nous ne disposons malheureusement pas de nombreuses histoires générales de qualité. La seule importante, rééditée à plusieurs reprises, vieillie dans sa conception, quoique toujours utile est :

Serrão (Joaquim Veríssimo), *História de Portugal*, Lisbonne, Verbo, 1979-1980, vol. III, *O Século de Ouro (1495-1580)*, 476 p. ; vol. IV, *O Governo dos Reis Espanhois, 1580-1640*, 490 p. ; vol. V, *A Restoração e Monarquia absoluta, 1640-1750*, 430 p.

Outre l'ouvrage de Christian Hermann et Jacques Marcadé, déjà cité à propos de l'Espagne, on utilisera : Bourdon (Albert-Alain), *Histoire du Portugal*, Paris, PUF (Que sais-je), 1977, 128 p., pour une mise en place événementielle.

Chandeigne (Michel), *Lisbonne hors les murs, 1415-1580. L'invention du monde par les navigateurs portugais*, Paris, Autrement, 1990, 285 p., présente intelligemment la question.

Durand (Robert), *Histoire du Portugal*, Paris, Hatier, coll. "Nations d'Europe", 192, 347 p.

Vitórino Magalhaes Godinho est le maître de l'histoire économique du Portugal à l'époque moderne. On consultera, de lui, *Les Découvertes, XVe-XVIe siècle. Une révolution des mentalités*, Paris, Autrement, 1990, 88 p. et *L'économie de l'Empire portugais au XVe et XVIe siècle*, Paris, SEVPEN, 1960, 857 p.

Hanson (Carl A.), *Economy and Society in Baroque Portugal, 1668-1703*, Londres, Mac Milan, 1981, 354 p., constitue une synthèse fondamentale sur le règne, longtemps négligé et encore mal connu, de Pierre II. Il témoigne de la place grandissante, que les chercheurs anglais et américains prennent au Portugal.

Labourdette (Jean-François), *Le Portugal de 1780-1802*, Paris, SEDES, 1989, quoique consacré à une période très en aval de la nôtre, est important pour l'étude des structures, sociales en particulier.

Mauro (Frédéric), *Le Portugal, Le Brésil et l'Atlantique au XVIIe siècle, 1570-1670*, Paris, Fondation C. Gulbenkian, 1983, 653 p., réédition d'une grande thèse fondamentale pour la compréhension de l'économie-monde lusitanienne. Les pages concernant l'économie du Portugal métropolitain sont les meilleures écrites en français.

Oliveira Marques (António Henrique de), *Histoire du Portugal. Des origines à nos jours*, Roanne, Horvath, 1978, traduction française d'un ouvrage portugais, est la seule histoire générale accessible en français.

Serrão (Joel), dir., *Dicionário de História de Portugal*, réédition, Porto, Iniciativas Editorias, 1979, 6 vol., inépuisable mine de renseignement, constitue un outil de travail indispensable.

TABLE DES MATIERES

Composé par C.D.U. et SEDES

Achevé d'imprimer par Corlet, Imprimeur, S.A.
14110 Condé-sur-Noireau (France)
N° d'Éditeur : 1433 - N° d'Imprimeur : 2245 - Dépôt légal : avril 1994

Imprimé en C.E.E.